조선후기 倭館의 운영실태 연구

조선후기 倭館의 운영실태 연구

金 剛 一 지음

景仁文化社

　지난 1월 초에 있었던 어느 모임에서, 손승철 선생님이 당신의 제자 김강일의 학위논문을 유고집 형태로 책으로 편찬하고 싶다는 말씀을 하셨다. 그나마 학위논문이 책으로 세상에 나온다면 고인의 영혼이 위로를 받지 않겠느냐는 뜻이었다. 손선생님의 따스한 제자 사랑이 느껴지는 순간이었다. 이 유고집의 발간은 무엇보다 故人의 지도교수인 손승철 선생님의 제자 사랑이 발현된 것임을 먼저 밝혀두고자 한다.

　故김강일 선생은 매우 늦게 학문에 뜻을 두어 2012년 8월에 학위를 취득하였다. 그의 나이 57세의 일이었다. 나이에 비해 매우 건강했고 스스로 초학이라고 칭하며 많은 가르침을 청하는 겸손함을 갖추고 있어서 많은 시간을 함께 하였다. 우리 학회에 헌신적으로 활동하였던 것이 무엇보다 기억에 남는다. 박사학위 과정에 있으면서 학회 정보이사로 활동하였고, 학위 취득 후인 2013년부터는 2016년까지 4년 동안 총무이사로 학회의 궂은일들을 열심히 처리하던 모습이 눈에 선하다.

　2015년 교통사고를 당하면서 故人의 불행은 시작되었다고 기억한다. 한참 학문적 성과가 다듬어지고 빛을 보려던 때 사고로 인한 거듭되는 수술과 재활치료는 학문적 성숙을 더디게 하였고 고인을 초조하게 하였던 것 같다. 더구나 경제적 문제로 마음 편하게 쉬지 못하고 여기저기 강의를 하면서 여러 가지 프로젝트에 참여했다고 기억한다. 가끔 만났을 때, 학위 논문에 잘못되고 부족한 부분이 많다고 좀 더 손을 보아 책으로 편찬하고 싶다고 입버릇처럼 말했었지만 결국 손 볼 시간을 얻지 못하였음은 안타까운 일이다. 교통사고 이후 발표된 논문(부록에 게재)에 대한 동학들의 이견을 편하게 수용하지 못했던 것도 다 고인에게 닥친 초조감에 기인한 것이 아니었을까 생각해본다. 재활치료가 제대로 끝나면 자신의 연구를 잘 정리해 보겠다고 그리고 좀 더 시기를 내려가서 개항기의 왜관을 살펴보고 싶다며 사료를 수집하던 고인의 뜻은 안타깝게도 이루어질 수 없었다. 수술과 재활치료를 거듭하던 중에 폐암이 발견된 것이다. 2017년 가을의 일로 기억한다.

그 이후로도 故人은 변함없이 학회활동에 애정을 표하였다. 발표회 후에 식사를 같이 하지 못하기도 하고, 때로는 몸 상태가 나빠져서 발표회 중간에 자리를 뜨기도 하였지만, 꾸준히 참석하려고 노력하였다. 그러나 2019년 초, 고인은 우리 곁을 떠났다. 고인의 부고 소식은 우리 학회에는 큰 충격이었다. 고인이 원치 않았기에 폐암으로 고생하고 있었다는 사실을 아는 회원들도 적었고, 무엇보다 평소의 자신감과 건강에 비추어 볼 때 우리는 고인이 교통사고의 후유증을 극복하고 완쾌하여 다시금 큰 목소리로 학회의 나아갈 방향에 대한 자신의 주장을 펼 것으로 기대하였기 때문이다.

이제 고인이 우리를 떠난 지 1년이 지났다. 고인의 박사학위논문 「조선후기 왜관의 운영실태에 관한 연구」에 더하여 그 후에 발표한 논문과 자료를 부록으로 묶어서 한 권의 책으로 발간한다. 고인의 음성이 귓가에 들리는 듯하다. 고인의 연구가 우리 학계에 조그만 디딤돌이 될 수 있다면 멀리서나마 고인도 만족할 것이다. 삼가 고인의 명복을 빈다. 그리고 모든 수고를 감당해 주신 우리 학회의 손승철 초대 회장님, 교정을 맡아 주신 이상규 전 총무님, 허지은 총무님께 학회를 대신하여 감사드린다. 다시 한 번 고인을 추억하며 이글을 바친다.

2020년 3월
한일관계사학회 회장 현명철 배

倭館이란 좁은 의미로는 15세기 초부터 19세기 말까지 한반도에 설치되어 있던 일본 사절을 위한 접대시설(客館)을 의미하지만, 넓은 의미로는 객관을 포함하여 왜관 주변에 퍼져 있는 일본인을 위한 거주구역을 가리킨다. 즉 왜관은 통교와 무역을 원하며 내항하는 일본인을 접대·통제하기 위하여 조선정부가 설치한 특수시설이며, '朝貢者를 위한 공적 宿舍'로서의 성격을 가지고 있었다. 이 점은 외교를 수반하지 않으며, 상인을 위한 시설이었던 나가사키의 도진마치(唐人町)와 데지마(出島) 등과 근본적으로 다른 점이다.

왜관을 어떻게 인식하는가는 양국의 입장 차이가 크게 작용하였다. 조선의 입장에서 볼 때 왜관은 어디까지나 일본 사절을 위한 객관이었으며, 통제와 규제의 대상일 뿐이었다. 그러나 대마번에서는 왜관을 「朝鮮屋敷」 내지는 「日本館」으로 표현하는 것처럼 대마번 屋敷의 연장으로 파악하려는 경향이 있다.

근세 왜관은 규제의 대상이라는 측면이 있는 반면에, 임진왜란 이후 200여년 동안의 평화시대에 조일 간의 외교와 무역이 이루어지던 곳으로서, 조선후기 양국의 선린관계를 상징하는 곳이라는 양면적인 성격을 갖고 있다. 왜관에 대한 조선정부의 시각은 대체로 긍정적으로 보는 측면과 부정적으로 보는 측면이 동시에 존재했는데, 격리시키고 통제해야 할 대상으로 보는 부정적인 의견이 지배적이었다.

초량왜관은 1876년(고종 13)에 강화도조약이 체결되어 왜관이 폐쇄될 때까지 198년 동안 존속하였다. 그 동안 초량왜관은 국가적으로 부단한 외교적 관심의 대상이 되어 항상 주목을 받았으며, 동래지역의 입장에서는 막대한 부와 民力의 소모를 강요하는 곳으로서 비판의 대상이 되었다.

조선시대의 관제에는 중앙직과 지방직 모두 일정한 임기가 있었다. 동래부사는 당상관으로서 임기가 900일(2년 6개월)이지만, 초량왜관 시기의 동래부사는 평균 임기가 12.65개월에 불과하다. 이 시기의 동래부사 148명 중 임기를 모두 마치고 이임한 부사(瓜遞)는 불과 12명뿐이며, 2년 6개월의 임기 중 1년도 채우지 못하고 이임한 부사가 56명이므로 대부분의 부사는 임기 도중에 교체되었음을 알 수 있다. 교체의 원인으로는 倭情과 관련된 것이 가장 많았으며, 그 이유는 대일외교와 무역이 이루어지는 동래부의 특수성이 반영된 것으로 생각할 수 있다.

동래지역으로 건너오는 일본 사신들이 왜관에 체류할 수 있는 기간은 己酉約條에 명시되어 있으며, 체류기간 동안 조선정부로부터 몇 차례의 宴享과, 지위에 따라 날마다 일정량의 식료품·과일·술까지 지급받을 수 있어서 관내의 생활에는 아무런 지장이 없었다. 그밖에도 날마다 정해진 수량의 땔감과 숯을 지급받았으며, 임무를 마치고 돌아갈 때는 배에서 먹을 양식인 過海糧까지 지급받았다.

동래부에서 지출한 왜관 유지비용이 얼마나 되는지 정확하게 알 수는 없지만, 조선측 사료를 검토해 보면 경상도 세금의 상당 부분이 왜인 접대비로 쓰였다는 점을 알 수 있다. 선행연구에 따르면 왜관 유지비용은 경상도 세입의 약 22.3%였고, 접대와 외교비용은 그 절반인 10.6% 정도로 보고 있다. 이처럼 왜인들에 대한 접대에는 막대한 경비가 소요되었다. 이러한 경비는 결국 동래지역 주민들에게서 걷어들인 것이었으며, 민중들의 과중한 부담은 결국 동래지역 주민들의 경제생활을 파탄으로 몰아넣는 결과를 가져왔다. 조선왕조가 중요시했던 대일외교에서의 선린·우호도 따지고 보면 동래지역민의 희생 위에서 가능했다고 볼 수 있다.

조선후기의 대일외교에서 일반적으로는 왜관의 館守를 동래부사의 외교 상대로 보고 있다. 그러나 사료를 검토해 보면 동래부사의 외교 상대

는 대마도주였으며, 관수는 대마번의 使者 신분으로 조선과 대마번의 현
안 문제를 도주를 대리하여 처리하는 지위에 불과하다고 보는 것이 타당
하다. 이렇게 보는 것이 조선국왕과 막부 장군, 예조참판과 막부 家老,
예조참의 및 동래부사와 대마도주로 대응되는 통교체제를 일목요연하게
설정할 수 있기 때문이다.

임란 후 대일 강화교섭 과정에서 조선이 취한 대일정책은 기본적으로
조선전기의 중화적 교린체제를 부활하는 것이었다. 즉 명의 册封을 전제
로 한 조선국왕과 일본국왕간의 대등관계(敵禮關係)를 회복하고, 이를
바탕으로 조선과 대마번의 상하관계(羈縻關係)를 재편성하는 이원적인
교린체제를 원했던 것이다.

豊臣秀吉의 조선 침략으로 중단된 조일관계는 조선국왕과 막부장군을
대등한 관계로 설정하는 형태로 복구되었다. 이 시기는 양국 모두 강한
자국중심주의 의식이 있었으며, 내심으로는 상대를 조금이라도 낮게 보
려는 우월감이 있었다. 이와 같은 상황 아래 일개 번으로써 막부에 충성
을 맹세하고, 조선에게도 조공자로서의 입장을 취했던 대마번은 양국의
자국중심주의 의식을 만족시키면서 쌍방의 긴장을 완화시킬 수 있는 존
재였다. 에도시대의 대마번이 조일간의 모든 외교실무를 담당하게 되었
던 것은 이러한 배경이 있었기 때문이다.

조선에 대한 대마번의 조공행위는 進上이었다. 임진왜란 이후에는 일
본인의 국내 통행이 금지되었다. 따라서 한양까지 올라갈 수 없었던 대
마번의 사자는 下船宴이 끝난 후 초량객사로 가서 국왕의 상징물(殿牌)
에 대하여 신하로서의 예를 올리고(肅拜), 蘇木, 胡椒 등의 동남아시아산
물자와 일본산 공예품을 공물로 바쳤다(進上). 그러면 조선측에서 인삼·
虎皮·織物 등의 답례품이 내려졌다(回賜). 조선국왕의 殿牌에 四拜禮를
올리는 외교의례를 통해서 조선은 대마번이 '羈縻圈' 안에 있다는 것을
재확인하였다. 조선은 대마번을 회유와 보호의 대상으로 파악하고 조선

의 대외질서(朝貢體制) 속에 포섭하려고 노력했으며, 대마번을 '藩臣'으로 간주했던 것이다. 대마도주의 進上과 조선국왕의 回賜가 핵심이 되고, 公貿易과 私貿易이 외연에 위치하는 통교형태는 동아시아 세계에서 널리 볼 수 있는 '朝貢과 回賜' 시스템과 동일한 것이다.

임진왜란 이후 조선과 일본 사이에는 進上·回賜, 公貿易과 私貿易, 求請 등 초량왜관을 통하여 다양한 형태의 물품교류가 이루어지고 있었다. 왜관을 통해 조선으로 들어온 일본산 물품은 구리와 유황이 대부분이었고, 丹木(蘇木)·물소뿔 등의 동남아시아산 물품도 수입되었다. 조선에서 대마번으로 건너간 물품은 조선산 무명 및 쌀(公作米)이 중심이 되었고, 대마번의 중개무역을 통해서 오사카 및 교토(京都) 등지로 들어갔던 물품은 인삼을 비롯하여 각종 한약재, 서적, 중국산 生絲와 비단 등이었다. 대마번은 조선산 물품의 수입대금으로 일본산 은(人蔘代往古銀)을 지불했고, 조선은 일본산 물품의 수입대금으로 쌀을 지불하는 것이 관례였다.

대마번이 수입하는 조선산 쌀은 번의 경제에 반드시 필요한 생필품이었다. 조선이 수입하는 일본산 물품도 국가 경영에 반드시 필요한 물품이었지만, '交隣의 道理' 때문에 수입에 대한 대가로 쌀을 지급한다는 것이 호조와 선혜청의 공통된 인식이었다. 즉 조선정부의 입장에서 볼 때 공작미는 무역 결제수단이 아니라 일본과의 외교관계를 고려한 경제적 지원이라는 인식이 강했다.

조선후기 조일간의 무역에서 기록에 남아 있는 구청 사례는 대마번이 조선측에 요청한 것이 대부분이다. 그러나 대마번(내지 막부)쪽의 구청만 있었던 것은 아니며, 조선도 일본 측에 대하여 한약재, 유교서적 등의 물품을 구청한 사례가 있다.

근세 동아시아 세계는 조선·중국(明, 淸)·일본 3국 모두 민간인의 해외 도항을 국가가 통제하는 쇄국정책을 폈다. 이것은 국가가 '사람'과 '물건'의 해외 출입 및 이에 따른 '해외정보'의 유입을 관리·통제한다는 의미이다.

인접국에 대한 정보수집은 대마번이나 막부만이 행했던 것은 아니며 조선도 마찬가지였다. 북쪽 국경이 여진족의 위협에 노출되어 있는 상황에서 임진왜란 이후 일본의 정세를 파악하는 것은 절대적으로 필요했으며, 통신사가 가져오는 부정기적인 정보와 왜관을 통하여 얻는 일상적인 정보를 기초로 대일정책을 결정하였다. 이러한 의미에서 왜관은 조선 및 중국관련 정보가 유출되는 창구인 동시에 일본 정보가 들어오는 창구역할을 하였다. 조선이 왜관 운영에 막대한 비용을 들이면서도 메이지 정부에 의하여 강제로 접수당할 때까지 왜관을 폐쇄하지 않았던 이유는 이처럼 조선 나름대로의 현실적인 필요성이 있었기 때문이다.

초량왜관에는 공무 또는 상업 등을 이유로 대마도에서 건너온 役人과 상인들이 장기간 체류하면서 무역과 외교교섭에 임하고 있었다. 이들 대마도인과 조선의 역관·상인 등이 일상적으로 접촉하면서 각종 사건이 자주 발생하던 곳이 왜관이다.

왜관에서 흔히 일어나는 사건으로는 절도·강도, 폭행, 潛商(밀무역), 일본인이 왜관 밖으로 무단히 나가거나(闌出), 조선인이 금령을 어기고 왜관으로 잠입하여 매춘을 하는 것(交奸), 倭債(路浮稅, 밀무역 자금)와 관련한 마찰 등이 문제가 되었다. 양국인의 잦은 접촉은 이따금 양국인 사이에 행패와 다툼(喧譁, 打擲)이 일어나고 살인사건을 동반하기도 하였다.

潛商·交奸·闌出·폭행 등은 근세의 왜관 업무가 시작된 이래 조선정부에서 지속적으로 통제를 가하고 금령을 마련했던 사안이지만 각 사건이 갖는 의미는 다르다. 교간은 개인 간의 범죄행위에 속하는 일이며, 조선측에서는 엄금했지만 일본 측에서는 사건 해결에 미온적인 편이었다. 잠상은 양국 모두 재정수입(商業稅)과 관련된 문제이므로 엄격하게 금지하였다. 난출은 금령의 위배라는 점에서 양국(특히 조선)의 정책 결정에도 영향을 주는 사건이었으며, 대개는 양국의 외교문제로 비화하여 조선이 금령을 강화시키는 계기가 되었다.

에도시대의 일본은 대외적으로는 海禁政策을 표방했지만, 이른바 '네 개의 창구(四つの口)'를 열어 두고 외국과 교류하였다. 특히 나가사키(長崎)를 통해서 포르투갈에 이어 네덜란드와 적극적으로 교류하면서 유럽의 선진문물을 받아들였고, 이렇게 해서 축적된 국력을 바탕으로 메이지 유신에 성공할 수 있었다. 對馬口는 막부 말기에 이르기까지 조선에 관한 정보가 들어오는 유일한 통로였으며, 대마번과 왜관을 거쳐 조선으로 이어지는 정보수집 루트는 간접적으로나마 막부가 중국 대륙과 연결할 수 있는 고리이기도 했다. 막부는 이와 같은 입장에서 왜관을 중요시하였다.

대외적으로 쇄국을 표방했던 조선에서도 어떠한 대일정책을 펴느냐에 따라 왜관은 밖으로 열려 있는 창구의 역할을 수행할 수도 있었지만, 규제 일변도의 왜관 정책은 여러 가지 부작용을 낳게 되었다. 그러나 총체적으로 평가할 때, 왜관을 접점으로 하는 근세 조일관계는 충분히 평화적인 범주에 속한다고 볼 수 있으며, 왜관은 갈등과 타협을 적절히 조화시키면서 탄력적으로 운영되었다고 할 수 있다.

|차 례|

발간사 ···4
프롤로그 ···6

Ⅰ. 서론

1. 연구동향 ···19
2. 연구의 목적과 방법 ··30

Ⅱ. 조선후기 왜관의 성립과 성격

1. 왜관의 성립과 役員 ··37
2. 왜관의 성격 ··64

Ⅲ. 동래부와 동래부사

1. 동래부사의 교체 실태 ···77
2. 동래부의 재정과 왜관 운영비용 ·······················89
3. 동래부사와 館守 ··92

Ⅳ. 왜관의 기능

1. 외교무대로서의 기능 ··99
2. 무역의 장소 ···101

3. 정보유통 기능 ……………………………………130

Ⅴ. 범죄를 통해서 본 왜관의 운영실태

1. 闌出 …………………………………………172
2. 交奸 …………………………………………192
3. 폭행사건(喧譁·打擲) …………………………205

Ⅵ. 결론 ……………………………………213

참고문헌 ……………………………………221

보론

1. 철공철시 연구 …………………………………231
   1) 머리말
   2) 왜관 통제책
   3) 撤供撤市의 동기
   4) 撤供의 대상과 철회
   5) 撤市의 범위
   6) 결론

2. 대마도인 퇴거 이전의 한일교섭 …………………255
   1) 머리말
   2) 大修參判使의 파견

14

3) 팔송사와 차왜
4) 요시오카(吉岡) 사절단과 大修參判使
5) 결론

부록

1. 종가 역대 도주 명단 ……………………………………………289
2. 역대 관수 명단 ……………………………………………291

찾아보기 ……………………………………………295
편집후기 ……………………………………………299

| 표 목차 |

[표 1] 초량왜관의 수리·보수 및 改建 일람표

[표 2] 소통사의 명칭, 인원수, 임무

[표 3] 館直의 종류와 인원수 및 임무

[표 4] 관수왜에게 주는 1년 지급량

[표 5] 동래부사 명단과 임기(草梁倭館)

[표 6] 대일교역에 관한 약조 비교

[표 7] 「朝鮮より所望物集書」에 기록된 조선의 구청 사례

[표 8] 『華夷變態』의 조선관계 정보

[표 9] 『分類紀事大綱』의 중국 및 조선 관련 사정을 수집한 기록

[표 10] 實錄과 『邊例集要』에 나오는 闌出 기록

[표 11] 『分類紀事大綱』에 나오는 闌出 관련 기록

[표 12] 柴炭의 1일 및 연중 지급량

[표 13] 삭감된 柴炭의 1일 및 연중 지급량

[표 14] 『邊例集要』 권14 「雜犯」조 및 『分類紀事大綱』의 교간사건
        기록

[부 표] 『分類紀事大綱』의 폭행(打擲) 사건

1. 서론

1. 연구동향

1) 왜관 개관

倭館이란 좁은 의미로는 15세기 초부터 19세기 말까지 한반도에 설치되어 있던 일본인 사절을 위한 접대시설(客館)을 의미하지만, 넓은 의미로는 객관을 포함하여 왜관주변에 퍼져 있는 일본인을 위한 거주구역을 가리킨다. 당시 한양에는 외국 사절을 접대하기 위한 객관이 여러 곳에 있었는데, 중국 사신을 위한 太平館, 북방의 여진 사신을 위한 北平館, 일본 사절을 위한 東平館이 있었다. 이 東平館의 통칭이 倭館이며, 일본 사절이 상경했을 때 머무는 장소였다.

일본 사절의 객관이 설치된 배경에는 고려 말부터 막대한 피해를 끼쳤던 왜구 금압이라는 정치적인 고려가 있었다. 왜구대책에 부심하던 조선 정부는 다양한 방법으로 왜구를 평화적인 통교자로 전환시키려고 노력했는데, 그 중 하나가 왜인을 정식 사절로 인정하는 것이었다. 사절에게는 조선과 무역할 수 있는 기회가 주어졌기 때문이다.

조선정부는 연이어 건너오는 왜인이 조선의 항구에 자유롭게 입항하던 상황을 통제하기 위하여 입항장을 제한했는데, 사송선의 정박지를 남해안의 富山浦와 乃而浦(薺浦) 두 곳으로 한정하였다. 나중에는 鹽浦가 입항장으로 추가되었으며, 이들 세 곳을 일본인 통교자가 기항할 수 있는 浦所로 정했다(三浦倭館 / 浦所倭館). 왜관은 이 浦所倭館의 개설과 동시에 설치된 것으로 보고 있다. 浦所倭館은 1510년(중종5)의 三浦倭亂으로 폐쇄되었는데, 대마도주 소오씨(宗氏)의 노력으로 통교관계가 부활되지만 입항장은 薺浦 한 곳만을 개항했으며, 얼마 후 釜山浦가 개항장으로 추가되었다. 그러나 1544년(中宗 39) 蛇梁津倭變으로 다시 통교가 단절되었고, 이때 薺浦가 폐지되고 浦所倭館은 釜山浦 한 곳만 남게 되었다.

조일관계는 임진왜란으로 일시 단절되었지만, 전후에 다시 국교가 재개되고 왜관이 설치되어 일본 통교자를 받아들이게 되었다. 임란 직후의 강화교섭 과정에서 조선으로 건너오는 일본 사절의 숙식을 위하여 絶影島에 왜관이 마련되었는데, 이곳은 조선정부의 정식 허가를 얻지 못한 임시왜관(假倭館)이었다.

1607년(선조40)에는 제1차 회답겸쇄환사가 파견되고 국교재개 논의가 본격적으로 시작되었으며, 이때 豆毛浦에 정식 왜관이 설치되었다(舊倭館). 1609년(광해군 1)의 己酉約條로 조선과 대마번 사이의 통교관계가 회복되자 豆毛浦倭館은 조일무역의 거점으로서 번영을 누리기 시작하였다. 조선정부는 豆毛浦倭館 주위에 처음에는 목책을 둘렀지만 나중에 돌담을 쌓는 등 조선인과 일본인 사이에 명확한 경계선을 그음으로써 양국인의 혼재를 막는 정책을 취했다. 그러나 豆毛浦倭館은 부지가 좁고 항구가 멀리까지 얕은 데다가 바람이 강해서 기항지로는 부적합한 곳이었다. 이런 이유 때문에 대마번에서는 1640년(인조18) 이후부터 왜관 이전을 요구하게 되는데, 40년 가까운 교섭과정을 거친 끝에 1678년(숙종4)에는 왜관을 草梁項으로 이전하게 되었다. 이후 草梁倭館(新倭館)은 조일 양국의 외교와 무역이 이루어지는 현장으로서 막부 말기까지 대마번 관계자의 도항과 거주가 계속되었다. 일본에서 메이지 유신으로 막부가 무너지고 메이지 정부가 수립되자 1872년(고종9, 메이지 5)에는 메이지 정부의 외무성이 신속하게 왜관을 관할 아래 두었으며, 이로써 대마번이 막부의 家役으로 왜관을 통하여 조선과 통교하던 근세 왜관시대는 종말을 맞이하게 된다.

위와 같이 장기간에 걸쳐서 존재하였던 왜관은 당연히 시대에 따라 존재 양상이 일정하지 않았고, 이에 관하여 많은 연구성과가 축적되어 있다. 따라서 두모포왜관 시대부터의 연구성과를 개략적으로 살펴본 뒤에, 본 연구에서 주된 관심의 대상인 초량왜관 시대의 대표적인 연구성과를 언급하고, 이를 기초로 왜관에 대한 연구 동향을 알아보고자 한다.

2) 조선후기의 왜관

(1) 조선후기 왜관의 성립배경에 관한 연구

조선후기 왜관은 임진왜란 이후 1601년에 임시로 설치하였던 절영도 왜관에서부터 두모포왜관, 초량왜관을 거쳐 강화도조약으로 초량왜관이 폐쇄될 때까지 존재했던 왜관을 말한다. 이 시기에 왜관의 변천 과정을 通時的으로 정리한 것으로는 金義煥의 연구를 들 수 있다.[1] 그는 이 연구에서 왜관의 기원과 변천 과정을 언급하고, 부산이 개항된 이후 왜관이 일본의 專管地가 되어 가는 과정을 자세히 서술하였다. 아울러서 왜관이 19세기 말 조선 각지에 설치된 日本專管地의 모델케이스로 평가하고 있다. 그밖에 조일무역의 거점이 되었던 왜관의 상업적 역할에 착안하여 왜관에 관한 조일 쌍방의 職官 구성과 그 역할을 밝혔다.[2] 장순순은 조선전기 왜관의 설치와 포소왜관 시대, 후기 왜관의 설치와 移建 교섭과정, 왜관의 기능과 수리실태, 메이지 정부의 왜관 침탈과 왜관의 租界化 과정으로 나누어 전 시기에 걸친 왜관의 변천 과정을 연구하였다.[3]

---

1) 金義煥,「李朝時代に於ける釜山の倭館の起源と変遷」,『日本文化史研究』第2号, 1977.

2) 金義煥,「釜山倭館の職官構成とその機能について」,『朝鮮學報』108, 1983.

3) 장순순,『朝鮮時代 倭館變遷史 研究』, 전북대학교대학원 박사학위논문, 2001; 동『朝鮮後期 倭館의 設置와 移館交涉』,『한일관계사연구』5, 1996; 동『草梁倭館의 폐쇄와 일본 租界化 과정』,『日本思想』第7號, 2004.10.

임진왜란은 15세기 이래 이어져 오던 조일관계를 근본적으로 바꾸어 놓았다. 임진왜란 이후에는 원칙적으로 일본인의 상경이 금지되었고, 釜山浦가 유일한 입항장이 되었다. 小田省吾는 임진왜란이 종결된 직후, 아직까지 조일관계가 불안정하던 시기에 釜山浦 건너편의 絕影島(影島, '牧ノ島')에 임시 왜관이 설치되었던 사실을 밝혀냈다.4) 絕影島倭館에 대한 연구는 우리 학계에서 아직 연구가 미진한 부분이다. 지금까지 간행된 연구에서는 절영도에 7년간(1601~1607) 임시왜관이 존속했었다는 사실만 간단히 언급하고 있는 실정이다.5) 구체적인 사료와 물증이 없다는 것이 근본적인 원인인데, 최근에 절영도왜관의 建置 연혁과 위치 등을 비교적 상세하게 논증한 연구가 나왔다.6) 김재승은 이 논문에서 절영도왜관의 始末은 倭浦(薩摩堀)에 被虜人들이 도착하고, 조선측에서 파견한 관리가 도착하여 강화교섭에 착수했던 때, 즉 1601년 6월 제5차 강화요청사가 도착한 때를 기준으로 판단해야 한다고 주장하였다. 절영도왜관의 폐쇄 시기도 부산포 주민들이 절영도왜관 건물을 임의로 철거한 시점인 1607년 3~4월경으로 보는 것이 타당하며, 존속기간은 약 6년으로 보아야 한다고 주장하였다. 그리고 절영도왜관의 정확한 위치는 현재 영도구 大平洞 2가 일대였다고 한다.7)

1609년에 己酉約條가 체결됨으로써 본격적으로 조선과 대마번 사이의 통교관계가 회복되었다. 도쿠가와 정권도 이에 호응하여 안정된 조일관계가 진행되면서 두모포왜관은 조일무역의 거점으로 번영해 갔다. 이 시기의 연구성과로는 두모포왜관의 경관과 변화과정을 밝힌 연구, 두모포

---

4) 小田省吾, 「李氏朝鮮時代に於ける倭館の變遷」, 京城帝國大學法文學會, 辺江書院, 昭和4(1929) 111~120쪽.

5) 金義煥, 『釜山近代都市形成史研究』, 연문출판사, 1973; 하우봉, 「임진왜란 이후의 부산과 일본관계」, 『항도부산』 제9호, 1992. 12.

6) 김재승, 「絕影島倭館의 존속기간과 그 위치」, 『동서사학』 제6·7합집, 2000. 9.

7) 김재승, 위의 논문 108쪽.

왜관 운영을 위한 행정체계와 지방관의 역할을 밝힌 연구가 있다.[8] 왜관
의 구성원에 대해서는 長正統이 對馬宗家文書의 왜관관계 기록을 기초
로 왜관 役人의 구성과 직무 분담, 기타 역대 관수와 裁判의 인명, 재임
기간을 밝혀서 왜관연구의 기초자료가 되고 있다.[9]

왜관의 이전문제를 다룬 尹裕淑의 연구는 집요하게 이전을 요구하는
대마번과, 이에 대하여 조선은 수동적인 입장이었다는 지금까지의 연구
를 비판하고 그 극복의 필요성을 주장하였다.[10] 이 연구에 따르면, 40년
이나 계속된 이전 요구의 내용이 동일한 것은 아니며, 1660년대 후반부
터 전환을 맞이했던 점을 지적하였다. 구체적으로는 조선으로 건너가는
창구의 변경과 大船越 開鑿 등 대마번 영내에 있어서 대조선 통교시설의
정비와 관련성이 있음을 시사하였다. 또 대마번은 막부의 양해를 얻음으
로써 移館을 '幕命'으로까지 격상시키는 정치공작이 행해졌음을 밝혔다.
초량으로 이관한 뒤에는 왜관을 둘러싸고 양국이 통제강화를 시도했던
사실로 보아 '朝日通交의 재정비'로 평가하였다.[11]

조선후기 왜관의 성립배경에 관한 연구성과에서 특징적인 점은 대개
왜관의 외부적인 경관, 왜관 구성원에 관한 연구, 왜관 이전문제를 둘러
싼 교섭과정 등을 다루고 있다는 점이다.

---

8) 양흥숙, 「17세기 두모포왜관의 경관과 변화」, 『지역과 역사』 15호, 2004; 동 「17
   세기 두모포왜관 운영을 위한 행정체계와 지방관의 역할」, 『한국민족문화』 31,
   2008.
9) 長正統, 「日鮮關係における記錄の時代」, 『東洋學報』 50-4, 東洋學術協會, 1968.2.
10) 윤유숙, 「18·19세기 왜관의 개건·수리실태」, 『아세아연구』 113, 2003.
11) 윤유숙, 「17세기 후반~18세기 초두 왜관통제와 한일교섭」, 한일관계사연구논집
    편찬위원회편 『통신사·왜관과 한일관계』, 경인문화사, 2006.

(2) 조선후기 왜관의 기능에 관한 연구

왜관의 기능에 관한 연구는 對馬宗家文書의 館守日記·裁判日記 등 왜관관계 자료가 공개됨으로써 사료를 바탕으로 한 실증적인 연구가 진행되고 있다. 모두 10만점이 넘는 宗家文書는 이후에도 왜관을 연구하는 기본자료가 될 것이 확실하며, 사료집과 마이크로필름 또는 디지털기술의 응용 등으로 사료 활용의 편리성이 향상되면 왜관연구 역시 더욱 촉진될 것으로 생각된다.

長正統은 근세의 조일관계를 남아 있는 「기록」의 측면에서 새롭게 파악하였다.[12] 이 연구에 따르면, 일본은 조선에 비하여 기록체제가 늦게 정립되었지만, 17세기 후반부터 19세기 중기에 일본 측의 기록이 비약적으로 증대한다는 사실을 지적하고, 이 시기를 조일관계에 있어서 「記錄의 時代」라고 불렀다. 長正統의 연구는 對馬島宗家文書 중에서 왜관관계 기록을 분석한 것인데, 기록이 증대한 요인으로는 외교교섭의 현장에서 무력을 배경으로 협상에 임했던 힘의 외교시대(이른바 '武威의 시대')가 끝나고, 선례에 근거를 둔 고도의 논리성이 필요하게 되어 기록의 중요성이 증대되었다는 점을 지적하고 있다.

田代和生은 근세의 조일교역에 착안하여 對馬宗家文書를 분석대상으로 하면서, 무역액과 거래품 등 경제사적 측면에서의 실태를 연구하였다.[13] 이 연구에 따르면, 당시의 조일교역은 조선과 일본 양국만에 그치

---

12) 長正統,「日鮮關係における記錄の時代」,『東洋學報』50-4, 東洋學術協會, 1968.2.

13) 田代和生,『近世日朝通交貿易史の研究』, 創文社, 2002년 第4刷. 기타 왜관에 관한 通史的인 연구는 다음과 같다. 小田省吾,「李氏朝鮮時代に於ける倭館の變遷」京城帝國大學法文學會, 辺江書院, 昭和4(1929); 田中建夫,『中世對外關係史』第六章「鎖國成立期における朝鮮との關係」, 東京大學出版會, 1975; 中村榮孝는『日鮮關係史の研究』(下), 三「江戶時代の日鮮關係」(145~336쪽)에서 해당 시기의 朝日關係는 14세기 중엽부터 한반도 연안 지역에 피해를 준 왜구대책의 일환으로 일본인을

는 것이 아니라 중국과 동남아시아 등을 포함하는 광역적인 경제권을 상
정할 수 있는 것이며, 그 속에서 왜관의 중요성에 대하여 언급하고 있다.
왜관연구로는 朝日交易史 연구와 관련하여 주로 근세후기의 초량왜관을
대상으로 하고 있다. 당시의 연구에서는 왜관을 총체적으로만 파악해 왔
는데, 田代和生은 왜관을 구성하는 건조물의 명칭과 역할 등 내부구조를
명확히 밝힘으로써 외교의 場이던 西館과 경제활동의 場이던 東館의 성
격을 명확히 규정하였다. 그리고 『왜관』에서는 긴 시간 동안 존재했던
왜관의 역사 속에서 왜관과 관련을 맺고 살아갔던 사람들의 다양한 모습
을 묘사했으며, 조일 양국의 문화가 교차하는 장소로서의 새로운 倭館像
을 제시했다는 점에서 주목된다.14) 특히 이 책의 역주는 근세 조일관계
에 관한 모든 사항을 거의 망라적으로 정리하였는데, 왜관에 관한 사항
을 이해할 때 참고하면 매우 유용하다.

医學史・博物學史 분야에서는 享保 연간에 8대장군 도쿠가와 요시무네
(德川吉宗)가 지시했던 조선의 동식물 조사에 관한 연구가 있다. 요시무
네의 명으로 대마번은 왜관을 거점으로 조선 전국을 대상으로 하는 동식
물 및 약재조사에 착수하게 되는데, 왜관에 출입할 수 있는 조선 역관의
협력 없이는 완수할 수 없었다. 이 조사의 배경에는 本草學에 조예가 깊
었던 요시무네의 인삼 국산화라는 열망이 있었음을 밝히고 있다.15)

鶴田啓는 초량왜관을 出島・唐人屋敷・横濱居留地 등의 다른 외국인 거
류지와의 비교를 통해서 그 특징을 밝히고 있다. 그에 따르면, 근세의
「鎖國」 체제 아래에서 예외적인 무역의 場으로서는 공통적이지만, 왜관
은 상업활동만이 아니라 외교가 수반된 통교자를 위한 시설이라는 점을

정식 사절로 받아들였고, 이런 정책이 거듭되면서 통교체제가 구축되어 가는 과
정을 서술하였다.

14) 田代和生저 정성일역, 『왜관 - 조선은 왜 일본사람들을 가두었을까?』, 논형, 2005.
15) 田代和生, 『江戸時代朝鮮藥材調査の研究』, 慶應義塾大學出版會, 1999.

강조하고 있다.16)

근세의 「拔荷」(밀무역)를 분석한 荒野泰典은 왜관 이전의 배경에 伊藤小左衛門에 의한 무기밀수사건이 있었다고 한다. 1677년(숙종3) 博多町人인 伊藤小左衛門이 금제품이던 鳥銃·硫黃·鎧·槍 등의 무기를 조선과 밀거래했던 것이 발각되었다. 이처럼 대규모의 밀무역사건이 발각됨으로써 막부 및 대마번에서 밀무역 대책이 문제가 되었으며, 보다 통제를 강화하기 위해서도 왜관의 이전이 필요했다고 한다.17)

1678년에 초량으로 이전한 초량왜관에 대해서는 방대한 문헌자료가 남아 있으므로 다양한 테마 및 분야에 걸친 연구를 들 수 있다.

金東哲은 豆毛浦·草梁項에 200년 가까이 왜관이 설치되어 있었다는 점에 착안하여 왜관의 존재가 초래하는 주변 지역에 대한 영향과 특질에 대하여 연구하였다. 특히 동래부 소속의 하급 관리인 「小通事」에 대하여 언급하면서, 그들 대부분은 초량에 거주하는 자이며, 밀무역과 교역의 알선 등으로 축재를 거듭하는 등 왜관과 주변의 주민이 깊은 관계가 있다는 사실을 밝혔다.18)

왜관에 체류하던 일본인이 일상생활을 살아가는 데 필요한 생활물자(야채·생선 등) 확보는 왜관 주변지역에 거주하는 조선인들에게 의존하고 있었다. 왜관의 내부에는 조선인 관리 등 한정된 자들만이 출입할 수 있었지만, 한편으로 왜관의 守門 밖에는 매일같이 시장이 열려서 일본인과 조선인이 접촉하는 기회가 생겼다. 양국 간의 접촉이 때로는 범죄사건으로 연결되고, 점차 양국 사이에 외교문제로 비화하는 경우도 있었다.

---

16) 鶴田啓, 日本史リブレット41 『對馬からみた日朝關係』, 山川出版社, 2006.

17) 荒野泰典, 「小左衛門と金右衛門 -地域と海禁」をめぐる斷章」, 『海から見た日本文化』, 小學館, 1992. 대마번의 밀무역 사건을 다룬 논문으로는 정성일, 「1861~62년 對馬藩의 密貿易事件 處理過程」, 『한일관계사연구』 2, 1994; 尹裕淑, 「日朝通交における拔船事件」, 『近世日朝通交と倭館』 第2章 補論(149~163쪽) 등이 있다.

18) 김동철, 「17~19세기 東萊府 小通事의 編制와 對日活動」, 『지역과 역사』 17, 2005.

이와 같은 왜관을 둘러싼 양국 간의 문제에 대하여, 조선왕조에 의한 왜관의 관리라는 시각에서 이해하려는 일련의 연구가 있다.

윤유숙은 왜관의 통제라는 관점에서 약조와 금제 등 법적인 측면에서 연구하였다. 조선이 왜관에 거주하는 대마도인과 1683년에 체결한 癸亥約條에 대하여 검토하고, 밀무역(潛商)과 규정된 구역을 벗어난 일본인의 배회와 집단 시위행위(闌出 또는 欄出, 濫出)를 엄하게 단속하는 조선측 자세를 밝혔다.[19]

왜관 안에서 일어나는 일본 남성과 조선 여성과의 매매춘에 대해서는 Louis James가 선행연구를 다시 검토하였다. 종래의 연구에서는 조일 양국 간의 문화와 윤리관의 차이로 설명하는 경우가 많았지만,[20] 처분의 엄벌화가 취해진 역사적 배경에는 정보 유출의 방지라는 조선정부의 정치적 대책이 있었다고 한다.[21] 교간문제에 대해서는 尹裕淑도 언급하고 있으며, 절도 등과 관련하여 체결된 약조를 분석하였다.[22] 이에 의하면, 조선 측은 당초 관련자 전부를 死罪에 처하는 엄벌주의를 취하지만, 현실에 부응하지 못하는 점 때문에 자세한 규정을 마련함과 동시에 단계적인 처벌을 결정한다는 방침의 전환이 있었음을 지적하였다.

1836년 南膺中의 왜관 闌入事件 처리과정을 분석한 이훈의 연구는 범죄의 처리과정을 통해서 드러난 근세 왜관의 실상을 밝혔다.[23]

---

19) 尹裕淑, 「約條にみる近世の倭館統制について」, 『史觀』 138, 1998; 동 「조선후기 한일통교관계와 己巳約條(1809년)」, 『일본역사연구』 24, 2006.

20) 손승철, 「倭人作挐謄錄을 통하여 본 왜관」, 『항도부산』 10집, 1993.

21) Louis James, 「朝鮮後期 釜山 倭館의 記錄으로 본 朝日關係 -폐·성가심(迷惑)에서 相互理解로」, 『韓日關係史硏究』 제6집, 1996.

22) 尹裕淑, 「約條にみる近世の倭館統制について」, 『史觀』 138, 1998.

23) 이훈, 「1836년, 南膺中의 闌入사건 취급과 근세 왜관」, 『한일관계사연구』 21, 2004.

(3) 동래부와 동래부사에 관한 연구

왜관 및 왜관이 소재한 동래부에 대한 연구, 동래부의 행정 책임자로
서 동래부사에 대한 연구성과도 많이 축적되어 있다. 지금까지 이루어진
연구 중 중요한 것으로는, ① 동래부사와 경상좌수사, 다대포첨사의 교
체 실태를 다른 지역의 관리와 비교·분석하고, 해당 관직의 교체가 동래
부의 대일외교와 밀접한 관계가 있음을 밝힌 연구24), ② 동래부 재정에
관한 연구가 있다.25) 이 연구는 동래부가 국경도시로서 군액부담이 크
고, 왜관 운영과 관련된 잡역의 발생과 운영 경비의 조달, 중앙으로의 무
역세(왜관개시에서 발생한 세액) 상납 등 동래부 재정 운영의 실태를 분
석하였다. 장순순은 동래부사와 경상감사, 예조관원, 통신사의 상관관계
를 밝혔다.26)

양흥숙은 동래부와 왜관의 교류가 동래지역에 미친 영향을 분석하여
동래부와 왜관의 교류 실태를 종합적으로 연구하고, 이에 대하여 동래부
의 지역사회가 어떻게 대응하면서 움직이고 있었는지를 밝혔다.27)

동래부와 왜관(館守)이 일상적으로 교섭에 임했던 과정에서 생산된
「實務文書」를 분석한 이훈의 연구는 양국의 의사소통 과정을 이해하는
데 도움을 주는 연구이다.28) 최근의 연구 중에는 왜관을 통해서 유입되

---

24) 李源均, 「朝鮮時代의 首領職 交替實態 -東萊府使의 경우」, 『부대사학』 3, 1979; 「朝
    鮮後期 地方武官職의 交替實態 -『慶尙左水營先生案』과 『多大浦先生案』의 분석」,
    『부대사학』 9, 1985.

25) 오영교, 「조선후기 지방관청 재정과 殖利活動」, 『學林』 6, 1986; 鄭貳根, 「17·18세
    기 부산지방(東萊府)의 재정」, 『항도부산』 10, 1993.

26) 장순순, 「조선후기 通信使行의 인적구성과 對日外交의 특질 -三使를 중심으로」,
    『한일관계사연구』 31, 2008.

27) 양흥숙, 『조선후기 동래 지역과 지역민 동향 -왜관 교류를 중심으로』, 부산대학
    교 박사학위논문, 2009.

28) 이훈, 「조선후기 東萊府와 倭館의 의사소통 -兩譯 관련 「實務文書」를 중심으로」,

거나 유출된 정보를 분석한 연구가 있다. 이들 연구는 근세 왜관을 외교
와 무역이 이루어지던 장소라는 관점에서 벗어나 '정보유통의 창구'로
파악했다는 점에 특색이 있는 것으로 평가할 수 있다.[29]

『韓日關係史硏究』 제27집, 2007; 동 『외교문서로 본 조선과 일본의 의사소통』,
경인문화사, 2011. 이 책은 특히 왜관이라는 외교무대의 현장에서, 실무자들 간
에 주고 받은 「實務文書」를 '의사소통'이라는 관점에서 분석하여, 제도사 중심으
로 이어져 왔던 왜관 연구에 새로운 연구방법을 개척한 연구성과로 볼 수 있다.
29) 허지은, 『近世 쓰시마 朝鮮語通詞의 정보수집과 유통』, 2008 서강대학교 사학과
박사학위논문, 2007; 김강일, 『조선후기 倭館의 정보수집에 관한 연구』, 강원대
학교사학과 석사학위논문, 2007.

2. 연구의 목적과 방법

조선후기 왜관의 존속기간은 정확하게 264년이며, 이처럼 오랫동안 존속했던 왜관을 일목요연하게 파악하기란 어려운 일이다. 더구나 왜관을 한 권의 책으로 엮는 것은 많은 공부가 축적되어야 가능한 작업이다.

본 연구는 Ⅵ장으로 구성되어 있으며, 각 장에서는 다음과 같은 사항에 주안점을 두고 서술하였다.

Ⅰ장 「서론」에서는 현재까지 축적된 왜관 관련 연구성과 중에서 대표적인 논저를 분석하였다. 왜관을 벗어나 좀 더 큰 틀에서 근세 한일관계사를 분석한 연구업적도 많지만, 본 연구에서는 왜관으로 한정하였다.

Ⅱ장 「조선후기 왜관의 성립과 성격」에서는 1장에서 임진왜란 이후 성립된 절영도 임시왜관에서부터 두모포왜관, 초량왜관에 대하여 설명하였다. 특히 초량왜관은 조선후기 왜관 중에서 제도적으로 가장 완비된 왜관이라고 할 수 있으며, 초량왜관의 移建 과정과 監董, 역원의 구성을 분석함으로써 조선후기 조일 양국의 교류 실태를 파악해 보려고 하였다. 왜관을 통제 대상으로 볼 것인지, 교류와 유통의 공간으로 볼 것인지는 연구자의 주관에 따라서 다르다. 2장에서는 이와 같은 기존의 연구를 소개하고, 객관적인 시각에서 기존의 연구성과들을 분석 하였다.

동래부사는 대일외교 라인의 최일선에서 대마도인(일본인)을 직접 상대했다는 점에서 중요한 인물이다. 따라서 Ⅲ장에서는 먼저 동래부사의 교체실태를 정리하고 교체의 원인이 무엇인지 분석하였다. 기존 연구에서는 동래부사의 교체 원인이 倭情과 관련한 실정이 대부분이라고 보았지만, 교체실태 분석을 통해서 다른 원인으로 동래부사가 교체된 적은 없는지 알아보려는 것이다.

동래부의 왜관 유지비용은 평화유지비용이라고 볼 수 있는데, 2절에서는 동래부에서 이러한 비용을 어떻게 조달했는지, 비용 조달에 대한 문제점은 어떤 것들인지 분석하였다. 조선후기의 왜관 유지비용은 동래부 인근 주민들이 부담했으므로, 결국 이들이 조선후기의 조일외교를 지탱했다고 보았다. 3절에서는 지금까지의 연구에서 다루지 않은 동래부사와 관수의 관계를 분석하였다. 표면적으로 보면 동래부사와 관수가 대등한 위치에서 외교사안을 처리한 것으로 이해할 수 있다. 그러나 양국의 사료를 검토하여 동래부사의 외교 상대는 대마도주이며, 관수는 도주의 지시를 이행하는 대리인에 불과했다는 점을 논증하였다.

Ⅳ장에서는 왜관의 기능을 외교무대로서의 기능, 무역의 장소, 정보유통 기능으로 나누어 서술하였다. 대마도에서 사절이 오면 가장 먼저 거행하는 것이 초량객사에서 숙배례를 올리는 것인데, 이러한 외교의례가 가지는 의미를 파악해 보려는 것이다. 18세기 이후 조선에서는 「小中華」, 일본에서는 「日本型華夷意識」으로 양국 모두 자국 중심주의적인 경향을 강화해 간다는 것이 유력한 학설이다. 그런 와중에 왜관은 기본적으로 중세 이래 객관으로서의 기능을 유지하였고, 대마번에서 파견된 사절은 조선 측 국제질서에 부합하는 외교의례를 거행하고 있었다. 왜관이라는 특수한 장소가 수행했던 역할을 재검토하는 것도 필요할 것이다.

무역 장소로서의 기능은 기존의 연구성과가 많이 축적되어 있는 분야이다. 따라서 기존 연구를 정리하고, 조선에서 대마번으로 구청하려 했던 물품들에 대해서 분석하였다. 대체로 구청은 일본에서 조선에 대하여 한 것으로 생각하지만, 조선후기의 조일무역은 쌍방향 무역이었다는 점을 논증해 보고자 한다.

정보유통 기능은 아직까지 국내에서 연구가 활발하지 않은 분야인데,

왜관을 통해서 유출·유입된 정보를 분석하여 근세 한일관계의 실상을 파악해 보려는 것이다. 분석에서 주로 이용한 사료는『通航一覽』,『華夷變態』,『分類紀事大綱』이며, 이들 일본사료를 분석해서 조선사료에서 알 수 없는 외교 교섭 현장의 실상을 알아보고자 한다.

V장「왜관과 범죄」에서는 왜관에서의 일상적인 접촉 과정에서 발생하는 闌出·交奸·폭행사건(喧譁, 打擲)을 분석하였다. 난출을 조선의 입장에서 보면 명백한 통제규정 위반이 된다. 그러나 왜관에 거주하는 일본인의 입장에서 보면 난출을 할 수밖에 없는 원인도 있었고, 더러는 대마번(일본측 기록에서는 '國元'이라는 표현을 쓴다)의 원격조종을 받으면서 정치적인 목적을 달성하려고 난출을 감행하는 경우도 있었다. 이 장에서는 그와 같은 '부득이한 난출'에 초점을 맞추고 서술하였다.

교간은 왜관에 거주하는 일본 남성의 개인적인 부도덕함 때문에 발생하기도 했지만, 여성을 왜관 안으로 闌入시키는 문제가 무엇인지 규명하려는 것이다.

이상의 분석을 통해서 조선후기의 조일 양국 간에 존재했던「왜관에 대한 인식 차이」라는 문제가 다소라도 해명될 수 있을 것으로 생각한다. 왜관을 어떻게 인식하는가는 양국의 입장 차이가 크게 작용하였다. 조선의 입장에서 볼 때 왜관은 어디까지나 일본 사절을 위한 객관이었으며, 통제와 규제의 대상일 뿐이었다. 그러나 대마번에서는 왜관을「朝鮮屋敷」내지는「日本館」으로 표현하는 것처럼 대마번 屋敷의 연장으로 파악하려는 경향도 있다. 왜관의 관리운영 상황을 보면, 주요한 건물과 항만시설의 건축·수축에 관해서는 조선 측이 비용을 부담했으므로 객관으로서의 성격을 확인할 수 있다. 그러나 교간문제처럼 구체적인 사건을 분석하면 왜관의 소속(소유)을 둘러싼 인식 차이가 분명히 존재했던 것으로

생각된다. 본 연구의 주된 목적은 조선후기 왜관의 운영실태를 분석하여
이러한 점을 밝혀 보려는 것이다.

Ⅱ. 조선후기 왜관의
성립과 성격

1. 왜관의 성립과 役員

1) 절영도왜관

임진왜란으로 조선전기의 3포왜관은 자연히 폐쇄되고 말았다. 전쟁 후 일본에서는 도쿠가와 이에야스(德川家康)가 쇼군이 되어 일본 전국의 패권을 장악하게 되었고, 조선과 일본이 강화교섭을 추진하는 과정에서 폐쇄되었던 왜관을 다시 설치하는 문제가 대두되었다.[1] 조선정부는 전기의 3포왜관 설치로 인한 후유증을 경험했고, 더군다나 7년간의 전쟁을 겪은 직후여서 일본에 대한 감정이 최악에 달해 있던 시기였지만 또 다시 강화를 허락하고 왜관 설치문제를 논의하게 되었다.[2]

---

1) 조선정부가 도쿠가와 막부와의 통교를 정식으로 승인한 것은 1607년의 일이었다. 그 동안 도쿠가와 막부는 조선과의 국교 재개를 위하여 많은 노력을 기울였다. 즉 자신은 임진왜란 당시 관동지방에 있었으므로 조선에 파병한 일이 없으니 양국의 和好를 원한다고 하면서 조선 피로인을 수 차례 송환하였다. 조선정부는 일본의 강화요청서를 접수한 후 이에야스의 강화 의사를 확인하기 위하여 전계신(全繼信)을 대마도로 보내 진실성 여부를 확인하였고, 1607년 1월에 정사 여우길(呂祐吉), 부사 경섬(慶暹), 서장관 정호관(丁好寬) 등을 파견하여 정식으로 막부의 강화요청을 승인해 주었다.

2) 임진왜란이라는 초유의 전란을 겪었으면서도 일본과 국교를 재개하게 된 이유로서 첫째는 정치적인 목적을 들 수 있다. 17세기 초의 동아시아는 명청 교체기라는 격변기에 있었는데, 북쪽 국경이 신흥 여진족의 위협 속에 노출되어 있던 조선으로서는 남쪽 국경의 안정이 절대적으로 필요하였다. 두 번째는 임진왜란 때 납치되었던 사람들을 모두 송환시키려는 목적이 있었다. 일본에서는 전쟁 당사자였던 도요토미 히데요시가 죽고 관동지방에서 할거하던 도쿠가와 이에야스가 전국의 패권을 차지했으며, 새로운 쇼군 이에야스는 조선 피로인을 송환하면서 조선과의 강화를 거듭 요청하였다. 셋째, 조선정부도 왜관무역이 필요하였다. 조선정부는 조선전기의 왜관무역을 통해서 구리와 유황 등을 수입하였고, 화포를 비롯한 화약무기를 제조하여 국방력을 높이고 왜구 퇴치에 상당한 성과를 보

절영도왜관은 1601년부터 1607년까지 존재했으며, 임진왜란 이후 대마도와의 통교관계가 재개되어 두모포왜관이 설치될 때까지 강화교섭기간 동안 절영도에 임시로 마련된 왜관으로서, 전후처리 문제를 논의하기 위하여 조선으로 건너오는 왜인 사신들을 접대하던 객관이었다. 따라서 절영도왜관은 3포왜관처럼 왜관으로서의 면모를 갖추지는 못하였다.

절영도라는 육지와 동떨어진 섬에 왜관을 설치했던 이유는, 왜인들을 내륙지대인 부산성 안에 들여놓지 않기 위해서였다. 7년간의 전쟁으로 왜적에게 강토를 유린당하고 왕릉까지 도굴당하는 치욕을 맛보았던 조선 조정은 왜관을 내륙지대에 설치하는 것에 반대하는 기운이 높았다. 3포왜관 시절에도 왜인들은 멋대로 왜관 구역을 벗어나 변경을 염탐하고 조선인들과 분규를 일으켰기 때문이다. 따라서 전후에는 왜인들의 활동을 엄격히 통제하기 위하여 육지에서 떨어진 섬에 임시로 왜관을 설치하고, 국교재개 당초부터 내륙지대에 왜인들을 들여놓지 않으려 하였다.

절영도왜관은 조선전기의 3포왜관과 다음과 같은 점에서 차이가 있다.

첫째, 3포왜관은 입국하는 왜선이 접안할 수 있는 정박시설, 倭使의 접대시설, 물건을 교역하는 거래장소로서의 역할을 수행하였다. 그러나 절영도왜관은 강화교섭을 목적으로 건너오는 倭使의 선박이 정박하는 장소와 이들을 접대하는 장소에 불과하였다. 절영도왜관에서는 매우 제한된 倭使의 선박과 그 구성원만을 접대하였을 뿐이며, 무역선이라든가 무역을 목적으로 건너오는 일본인 상인은 일체 받아들이지 않았다.

둘째, 3포왜관 시절에 입국한 왜인들은 한양까지 상경할 수 있었지만 절영도왜관에서는 입국 왜인의 상경을 일체 허가하지 않았다. 체류기간도 매우 짧았을 뿐만 아니라, 왜인들은 내륙에 올라오지 못하고 오직 절영도에서만 업무를 보고 돌아가도록 되어 있었다. 이것은 당시 조선정부

았다. 또한 지배층의 생활에 필요한 丹木, 蘇木 등의 염료와 향료 등을 왜관을 통해서 수입하여 지배층 및 궁중 사치품을 만드는 데 이용할 수 있었다.

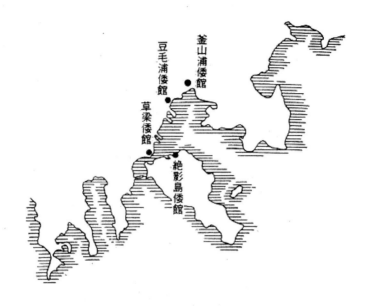

[그림 1] 倭館의 변천
출처 : 金義煥, 「李朝時代に於ける釜山の倭館の起源と變遷」, 『日本文化史研究』第2號,
1977에서 전재함

가 임진왜란의 경험으로 일본과의 강화를 달가와하지 않았으며, 일본인에
대한 경각심이 더욱 높아졌다는 것을 의미한다.

절영도왜관은 조선후기 왜관의 전신이라고 할 수 있으며, 강화교섭 기
간 중 임시로 설치되었다가 교섭이 타결된 후 두모포왜관이 세워지면서
폐쇄되었다.

2) 두모포왜관

도요토미 히데요시(豊臣秀吉)의 조선 침략으로 조일관계는 한동안 단절되고 왜관도 소멸되고 말았다. 그러나 종전 후 대마도주 소오 요시토시(宗義旨)의 노력으로 1607년에 도쿠가와 이에야스(德川家康)와 조선 사절이 에도(江戶)에서 회견할 수 있었고, 그 결과 조선은 막부 정권을 승인하고 조선 국왕과 막부 장군이 대등한 지위에서 교류하는 외교관계가 성립하게 되었다. 그리고 이에 수반하여 두모포에 정식 왜관을 설치하게 되었다. 이후 막부는 조일외교의 모든 실무를 대마도주3) 소오씨(宗氏)에게 위임하였기 때문에 왜관의 왕래와 거류자의 행동은 도주의 관리 아래 들어갔다.

두모포왜관을 설치하는 문제가 처음 논의된 것은 대마도의 사신 타치바나 도모마사(橘智正)가 수차례 파견되어 강화를 요청했고, 조선정부가 이를 승인한 때부터이다.4) 1604년 7월 손문욱(孫文彧)과 유정(惟政)을 대마도로 보내 강화를 허락한다고 정식으로 통지한 후 왜인 접대문제를 논의하기 시작하였다.5) 조선정부는 대마도와 막부에 강화를 승인한 이상

---

3) 막부가 성립함으로써 藩이 되었다.

4) 일본이 강화교섭을 목적으로 처음 사신을 파견한 것은 1599년(선조 32) 3월이었다. 조선정부는 전란 직후 사죄도 없이 강화를 요청하므로 강화를 거절하였다. 이후 일본국왕과 대마도주의 명으로 귤지정이 수 차례 파견되어 강화를 성사시키려고 노력하였다. 1603년 6월 16일에는 납치 조선인 104명을 데려와서 강화를 요청했으나 조선정부는 왜사신 귤지정 등 9명을 절영도에 억류시켰다. 억류된 귤지정은 9월 5일 조선의 관원에게 "만일 강화 문제가 성사되지 않으면 이에야스(家康)가 군사를 출동하여 도륙해 반드시 한 사람도 남기지 않을 것이니, 당신들은 피해가시오"라고 하면서 위협했다고 한다(『선조실록』 36년 6월 9일).

5) 일본과 국교를 재개하기로 결정한 조선정부는 1604년(선조 37) 초부터 대마도에 파견할 사신으로 누구를 보내는 것이 좋을지 논의하기 시작하였다. 실록에는 선조 37년 2월 24일 기록부터 사신 파견에 관한 논의가 자주 보인다. 비변사의 의견을 받아들여서 유정과 손문욱을 파견하기로 결정한 것은 2월 29일의 일이며,

절영도왜관에서 왜인들을 접대한다면 불화의 근원이 생길 수 있고, 이로 인하여 여러 가지 폐단이 생길 것을 우려하여 왜인들을 부산으로 옮겨 접대하되 단속을 더욱 철저히 하기로 방침을 정하였다. 즉 倭使의 한양 상경을 일체 금지시키고, 모든 일을 부산 왜관에서 처리하게 하였다. 그리하여 부산의 두모포에 새 왜관터를 정하고, 1607년 봄부터 공사에 들어가서 2년 후인 1609년 6월에 완공을 보았다.

두모포왜관의 규모는 동서의 길이가 126보이고 남북의 길이가 63보였다. 동쪽은 바다에 접했고, 왜관 문 밖으로는 좌천이 흐르고 있었다. 남쪽과 북쪽, 서쪽은 돌담을 쌓았다. 왜관 안의 부속건물로는 중앙에 연향청이 있고, 좌우측으로 동관과 서관이 있었으며, 남쪽으로는 선창과 목책이 설치되어 있었다. 임란 이전의 3포왜관 시대의 부산진왜관은 부산진에서 동쪽으로 5리 가량 떨어진 곳에 있었으나, 임란 이후 부산진왜관이 부산진 관내에 속하게 되었으므로 두모포왜관을 부산진 서쪽으로 10리쯤 떨어진 곳에 설치하였다. 그러므로 부산진과의 거리는 임란 이전과 마찬가지로 5리 가량 떨어진 곳에 위치하게 되었다. 이렇게 한 이유는 나라의 비밀 보장을 위하여 처음부터 왜관을 부산진성 안에 두지 않았기 때문이다.

대마도의 사자 귤지정에게도 이 사실을 즉시 통보하였다(『선조실록』 37년 2월 29일). 유정과 손문욱이 언제 대마도로 건너갔는지 실록에는 기록이 보이지 않는다. 그러나 일본측 기록에 따르면 1604년 7월 두 사신이 대마도에 건너온 것으로 되어 있고, 대마도주 소오 요시토시(宗義智)는 즉시 노신 야나가와 시게노부(柳川調信)를 사자로 삼아 12월에 조선 사신 2명과 함께 에도(江戸)로 올려보냈다고 한다(『通航一覽』 권27, 「朝鮮國部 3」 修好始末, 慶長九甲辰年七月、朝鮮國よりいよいよ燐好談判のため、また僧 松雲、及ひ孫文彧對馬國に渡來す、よて宗對馬守義智、即老臣柳川下野守を使者として御旨を窺ひ、十二月かの兩使を率ゐて京に上り、御上洛を待奉る。)

3) 초량왜관

(1) 왜관 移建 문제

초량왜관은 조선후기 왜관 중에서 그 체계가 가장 완비된 왜관이다.[6] 따라서 조선후기 왜관의 구체적인 운영실태는 초량왜관을 통하여 이해할 수 있다.

두모포왜관은 설치된 지 얼마 지나지 않아 왜인들이 이전문제를 제기하기 시작하였다.[7] 이전을 요구했던 주된 이유는 첫째 두모포왜관의 뱃길이 순탄하지 못하여 선박의 출입과 정박이 어렵다는 점, 둘째로 부지가 협소하여 불편하다는 점 등을 문제삼았다. 왜인들은 이러한 이유를 대며 왜관 이전을 여러 차례 요구했지만 조선정부는 매번 거절하였다. 이 시기에 왜관 이전문제를 교섭하려고 건너온 왜사 평성태(平成太)는 왜관 이전을 집요하게 요구하면서 사신으로 입국한 지 1년 반이 넘도록 돌아가지 않고 왜관에 체류하면서 조선정부의 승인을 받으려고 노력하였다. 平成太는 왜관 이전문제를 해결하려고 闌出까지 감행하였다. 즉 1671년(현종 12) 8월 23일에는 정관왜(正官倭)·부관왜(副官倭)·도선왜(都船倭) 등 수행 왜인 2백여 명을 거느리고 관문을 뚫고 나와 동래부에 이르렀다. 부사 정석(鄭晳)과 접위관 신후재(申厚載)는 이유없이 倭使를 만나는 것은 법에 어긋나는 일이며, 약조를 어기고 마음대로 왜관을 뛰쳐나와서는

---

6) 보통 왜관이라고 하면 초량왜관을 말하며, 일본에서는 두모포왜관을 '舊館', 초량왜관을 '新館'으로 부르기도 한다.

7) 대마번에서 처음으로 왜관 이전을 요청한 것은 인조 18년(1640) 島主의 득남을 축하하기 위하여 파견된 問慰譯官 洪喜男이 대마도주를 만났을 때이다. 『인조실록』 18년 5월 15일 기사에, 도주가 홍희남에게 館倭를 부산성으로 옮겨 살게 하고, 기계를 갖추어 조선과 함께 오랑캐(淸)의 침입에 대비하자는 말을 조선 조정에 전하도록 하고 있다.

안 된다는 뜻을 역관을 통해서 전달했다. 그러자 平成太는 이제부터 두 나라의 유대관계는 끊어질 것이며, 두 대인이 거절하고 만나지 않으면 감영으로 갈 것이고, 감사가 또 만나지 않으면 한양으로 올라가겠다고 하면서 억지를 부렸다. 또 "이번에 관(館)을 옮기는 일은 이미 강호에 여쭈어 정한 일이다…… 허락받지 못하면 도주가 직임을 보전하기 어려운 형세이고, 그러면 귀국도 편안하지 못할 것"이라고 위협하기까지 하였다.[8]

대마도에서 처음 이관을 요구했던 지역은 전라도의 順天과 경상도 熊川, 巨濟 세 곳이었다. 이들 세 지역은 당시 경제적으로나 군사적으로 매우 중요한 요충지였다. 순천은 전라도 稅米를 운반하는 요충지로서 만약에 왜인들의 요구를 들어준다면 세미 수송로가 위협받을 형편이었고, 따라서 호남의 식량이 왜인들의 수중에 들어갈 우려가 컸다.[9] 웅천과 거제는 군사적 요충지이다. 만약에 왜관을 이곳으로 이전한다면 통영이 고립될 위험이 컸다. 대마도에서 웅천으로 왜관을 옮기려던 의도는, 웅천에서 통영까지 거리가 가까운 것을 이용하여 유사시에 조선정부로 하여금 손을 쓸 수 없도록 제압하려는 데에 그 목적이 있었다.[10]

---

8) 『현종개수실록』 12년 8월 27일.
　平成太는 조선이 왜관 이전을 허락할 것으로 여기고 건너왔는데, 왜관 이전문제를 타결짓지 못하면 죽어도 돌아가지 않을 것이라고 맹세했다고 한다. 조선조정에서 끝내 移館을 거절하고 허락하지 않았으므로 평성태는 상심과 분노 끝에 동래부에서 병으로 죽었다. 현종은 왜관의 왜인이 죽은 것도 아니고 사신으로 건너온 자이므로, 먼 곳에서 온 사람을 대우하는 도리로 경상도에 명하여 쌀 10석, 명주 5필, 무명 15필, 油芚 3部, 납촉 10쌍, 과실 3종을 주게 하였고, 內局의 芙蓉香 10개를 보냈다(『현종실록』 12년 12월 8일).

9) 『현종실록』 13년 12월 30일.

10) 웅천은 군사전략상 매우 중요한 곳이다. 3포왜관 시절에도 그러했지만, 임진왜란 이후 단일왜관 제도가 자리잡은 이후에도 대마번 측은 제포의 해상로를 다시 열기 위하여 노력하였다. 그러나 결국은 조선정부의 승인을 얻지 못하였다.

[그림 2] 초량왜관도
소재지 : 국립중앙박물관
1783년(정조7) 卞璞이 그린 초량왜관 전경

(2) 초량왜관의 설치

대마도의 왜관이전 요구에 대한 조선정부의 입장은 그들이 요구하는
세 곳에 대하여 절대로 승인할 수 없다는 것이었다. 영의정 정태화(鄭太
和)는 왜관 이전 문제로 10여년 동안 많은 사신이 건너와서 그들에 대한
접대비로 큰 폐단이 있었지만 섣불리 허락할 수 없는 문제이며, 특히 웅
천은 중요한 군사적 요충지이므로 절대로 이곳에 왜관을 이전하게 할 수
없다고 강경하게 제의하였다.[11] 병조판서 민정중(閔鼎重)을 비롯한 대다
수의 관리들도 마찬가지였다. 당시 국왕이던 현종은 정2품 이상의 관원
을 모아놓고 여러 차례 논의하였지만 대체로 영의정의 의견과 같았으므
로 왜인들의 요구를 들어주지 않았다.

1673년(현종 14년) 10월에 왜사는 경상도의 多大浦나 草梁으로라도 왜
관을 옮기게 해 달라고 요청하였다. 접위관 조사석(趙師錫)의 보고를 받
은 조선조정은 熊川은 결코 허락할 수 없고 草梁은 허락해도 무방하다고
결정을 내렸다. 국왕 현종이 비로소 허락해 주도록 명하고, 차왜로 하여
금 스스로 多大·牧場(影島)·草梁 중 한 곳을 택하도록 하여 뒷말이 없도
록 하였다. 차왜가 草梁項으로 옮기기를 원하자 현종은 비로소 이관을
허락하였다.[12]

조선조정이 초량항으로 이관을 허락한 이유는, 첫째 왜인들의 한양 상
경을 일체 허락하지 않겠다는 것이었고, 둘째 왜인들에 대한 통제를 더
욱 강화하려는 것이며, 셋째로는 왜관이전 문제를 타결지으려고 왜사의
파견이 계속되었고, 접대비 충당으로 인하여 생기는 폐단 때문이었다.[13]

---

11) 『현종개수실록』 11년 3월 3일.
12) 『현종실록』 12년 10월 19일.
13) 위의 주41), 『현종실록』 13년 6월 29일, 『현종개수실록』 13년 6월 29일 기록 등
    참조.

40여년에 걸친 조선과 대마번의 移館 교섭 끝에 부산 남단의 초량에 새로운 왜관을 설치하게 되었다.[14] 초량왜관의 부지는 10만평 가량이었는데,[15] 이것은 두모포왜관의 10배, 나가사키 데지마(出島)의 약 25배에 이르는 넓이였다. 초량왜관 신축공사에 동원된 인력은 약 50여만 명에 이르렀으며,[16] 각종 비용은 쌀이 9,000여 섬, 은 6,000여 냥이 소비되었다.[17] 당시 우참찬 윤휴(尹鑴)는 영남의 모든 도가 왜관을 새로 짓는 일로 재물이 고갈되고 백성들의 고통이 극심하다고 하면서, 왜인들이 잠깐 寓居할 곳을 너무 크게 짓는 일에 대하여 마땅치 않게 여겼다.[18] 또 영의정 허적(許積)은 왜관 신축공사에 동원된 경상도 백성들의 고통을 덜어주기 위하여 3년간 身貢을 줄이자고 제의하였다.[19] 이로써 당시 초량왜관의 신축공사가 얼마나 큰 규모로 진행되었으며, 이로 인한 피해가

---

14) 효종 10년(1659) 3월 7일에는 차왜 藤智繩과 부특송사 平智友 등이 와서 왜관을 부산성으로 이전해 줄 것을 요청했지만 부산성은 鎭이 설치된 곳이라는 이유로 허락하지 않았다(『邊例集要』 권11 「館宇」 119쪽). 이후 대마도는 계속해서 移館 差倭를 파견하여 두모포왜관의 이전을 요청하였다. 그런데 초기 이관 교섭은 이관 자체의 목적보다는 다른 외교 사안을 보다 원만하게 해결하기 위한 수단으로 이용되었으며, 현종 9년(1668) 이후가 되어서야 이관에 관한 본격적인 교섭이 이루어지게 되었다고 한다(장순순, 「조선 후기 왜관의 설치와 이관 교섭」, 『한일관계사연구』 5, 1996).

15) 초량왜관의 규모는 문헌에 따라, 그리고 학자에 따라 조금씩 차이가 있다. 『통문관지』와 『증정교린지』 제3 「館宇」(98쪽 이하)에는 "동서 372步 4尺, 남북 256步(1步=1間)"라고 하였다. 小田省吾는 「李氏朝鮮時代に於ける倭館の變遷」(京城帝國大學法文學會, 辺江書院, 昭和4年)에서 東西 250間, 南北 250間이라고 보았으며, 長正統은 「日鮮關係における記錄の時代」(『東洋學報』 50-4, 東洋學術協會, 1968.2)에서 東邊 279間, 西邊 224間, 北邊 350間, 南邊 373間이라고 하였다. 보다 자세한 내용은 田代和生, 『近世日朝通交貿易史の研究』, 創文社, 2002년 제4刷, 172쪽 참조.

16) 『숙종실록』 3년(1677) 2월 12일.

17) 국역 『증정교린지』 권3 「감동」 (104쪽).

18) 『숙종실록』 3년(1677) 12월 25일.

19) 『숙종실록』 3년(1677) 1월 10일.

비변사에서 논의될 정도로 심각했다는 사실을 알 수 있다.

왜관 신축공사는 1677년에 들어서 본격적으로 진행되었는데, 당시 경상도는 이 공사 때문에 백성들의 고통이 다른 도에 비하여 더욱 심했다. 이에 경상도 관찰사 김덕원(金德遠)은 경상도 내의 인력 만으로는 왜관 신축공사가 불가능하다고 보고 다음과 같은 사실을 장계로 올렸다. ① 왜관을 새로 짓는 役事에 각종 役軍 50여만 명이 필요하므로, 인접한 호남의 각 고을 중 영남과 거리가 멀지 않은 곳의 僧軍을 동원하여 부역하게 할 것, ② 도내 각 鎭浦의 船防軍을 매달 2백명씩 차출하여 부역하게 할 것을 요청하였고, 비국의 승인을 받아 시행하였다.[20]

초량왜관은 당시 부산의 중심지였던 동래 지역에서 멀리 떨어진 곳이었다. 더욱이 왜관의 동쪽과 남쪽은 바다와 접해 있어 접근이 어려웠다. 조선정부는 새 규정을 제정한 후 왜관 주변에 높이 2m가량의 담장을 둘러쌓았고,[21] 6개소의 伏兵幕을 두고 조선 병사가 감시하게 하였다.[22] 통

---

20) 주 47)과 같음.

21) 1709년(숙종 35)에는 흙담을 돌담으로 고쳐 쌓았고, 1720년(숙종 46)에는 다시 왜관 둘레에 壕字를 파서 외부와의 접촉을 엄격하게 단속하였다. 이것은 앞으로 일어날지 모를 폐단을 사전에 방지하려는 의도였다.

22) 국역 『증정교린지』 제1권 「館宇」조에 따르면 동 1복병(開雲鎭 소관), 동 2복병(包伊鎭 소관), 서 1복병(西生鎭 소관), 서 2복병(豆毛鎭 소관), 남 1복병(多大鎭 소관), 남 2복병(西平鎭 소관)이 있다. 장교 1인, 졸병 2인을 두고 각 鎭의 장교와 졸병이 돌아가면서 당번을 교체하는데, 왜인이 몰래 넘지 못하게 막았다고 한다. 『草梁話集』에 따르면 西平浦는 任所 위쪽에 있고 나머지 5곳은 館外에 있는데, 5년마다 교대했고, 1개소에는 軍官 1인, 下番(졸병) 2명씩 근무하였다. 番所에는 手槍이 1본씩 있고, 軍官을 射夫로 불렀다고 한다(右五ケ所ハ館外ニ有之、一所ハ任所ノ上ニ二有之、五ケ年宛預所ニ振替リ、一ケ所軍官壹人、下番二名宛相勤。手槍壹本宛番所附有之。附り、軍官を射夫と云。) 왜관을 옮긴 초기에는 동·서·남 3곳에만 복병이 있었는데, 영조 15년(1739) 私婢 守禮, 良女 崔愛春 등이 왜인 田才의 꾀임으로 왜관의 담을 넘어가 왜인들과 간음한 사건 이후 동래부사 鄭亨復이 3곳의 복병막을 더 설치하여 모두 6곳이 되었다고 한다.
『邊例集要』 권11 「館宇」에는 6복병막의 把授處를 東一舊伏兵 開雲浦. 二新伏兵 漆

상적인 왜관 출입은 동쪽의 守門을 이용하였고, 守門을 나서서 다음의
設門(1709년 건조)까지의 공간에는 儀禮와 饗應이 행해지는 草粱客舍·
宴饗大廳과 역관의 근무소 등 조선측 시설이 건립되어 있었다. 守門의
출입은 양국 관리가, 設門은 조선측 관리가 감시하였고, 設門 안쪽에 있
던 조선의 민가는 문 밖으로 이전시켰다. 임진왜란 후 조선정부는 일본
인의 국내 통행을 금지시켰기 때문에, 왜관 체류자의 외출은 왜관 주변
의 산책 외에, 설문 안쪽에 있는 조선측 시설의 방문, 두모포왜관 시절에
조성된 묘지에 참배하는 것 등에 한정되었다.[23]

　왜관의 토지는 조선정부가 무상으로 제공하였다. 주요 건물도 조선정
부의 비용으로 건축했지만, 다다미(疊)라든가 장지문(障子) 등 일본식 건
축의 내장재는 대마번의 기술과 자재를 가져와서 정비하였다. 그러나 이
들은 오로지 장난하고 쉬려는 생각만 하여 3년이 지난 후에야 비로소 일
을 끝냈다고 한다.[24] 부지 중앙에는 龍頭山이 있고, 그 동쪽 경계는 東
館, 서쪽 경계는 西館이라고 불렀다. 東館은 장기 체류자의 거주구역으
로서 館守·裁判·代官·水夫·상인 등의 거소와 東向寺, 무역을 행하는 開
市大廳, 炭屋, 두부 가게, 술집 등의 상점, 선착장, 창고 등이 있었다. 西

浦, 包伊浦. 西一舊伏兵 甘浦, 丑山浦. 二新伏兵 豆毛浦. 南一舊伏兵 多大浦. 二新伏
兵 西平浦로 규정하였다(187쪽). 그밖에 조·일 양국의 왜관 출입에 대한 물리적
이며 법제적인 통제에 대해서는 尹裕淑「約條にみる近世の倭館統制について」,
『史觀』138, 2003에 상세하다.

23) 국역『증정교린지』제4권「約條」에는 '봄·가을의 社日과 百種節에 왜인들에게
성묘를 허락하였다'고 한다(135쪽 이하). 社日이란 왜인들이 춘분과 추분에 가장
가까운 戊日을 명절로 삼아 봄에는 토지신에게 그해의 풍작을 기원하고, 가을에
는 추수감사제를 지내던 것을 말한다.

24) 국역『증정교린지』제4권「監董」에는 숙종 4년(1678)에 왜관을 옮길 때 왜인들
이 대마도의 기술자(匠手)를 많이 거느리고 왔는데, 이들에게 지급해 준 料米와
工價가 쌀은 9천여 섬이고, 銀은 6천여 냥에 이르렀다고 한다(104쪽).『변례집요』
권11「館宇」에는 大木手倭 70명, 小木手倭 150명의 경비로 銀 합계 6,223냥 9전
5푼, 쌀 4,253섬 5말 8되를 지급했다고 한다.

館은 단기 체류자의 숙소가 있었는데, 대마번에서 파견하는 사절을 수용하기 위한 대형 건물이 있었다.

초량왜관을 이처럼 크게 지었던 이유는 무엇이었을까? 조선정부의 입장에서 볼 때 왜인들에 대한 단속과 통제를 더욱 강화하려는 목적이 있었던 것으로 생각할 수 있다. 남쪽 국경의 안정, 왜인들의 상경 금지, 밀무역을 비롯한 각종 폐단 근절 등 3포왜관 이래의 왜관운영 경험과 교훈에 비추어 볼 때, 입국 왜인들이 점점 늘어가는 추세 속에서 두모포왜관 정도의 규모로는 왜인들의 통교무역과 외교사무를 처리하기가 어려웠기 때문이었다.

대마번의 입장에서는 왜관무역을 확대하여 더 많은 무역이익을 추구하는 한편, 입국 선박과 왜인들을 대대적으로 끌어들여 많은 왜인(대마도인)을 체류시키려는 것이다. 또한 이들 館倭(왜관에 체류하는 대마도인)를 통해서 조선의 각종 비밀을 탐지하여 대마번의 대조선정책에 활용하고, 막부가 원하는 내용을 신속히 보고함으로써 막부에 대하여 자신들(대마번)의 존재감을 과시하려는 목적도 있었다고 볼 수 있다. 결국 조선과 대마번의 이와 같은 입장이 반영되어 왜관의 규모가 커졌던 것으로 생각된다.

조선정부는 초량왜관이 완성된 후 왜관운영과 관련하여 왜인들을 단속하기 위한 7개 조항의 규정을 제정하였다. 규정의 구체적인 내용은 다음과 같다.[25]

> 제1조 新館 근처의 地名이 舊館과 다름이 있으니, 왜관 앞쪽으로는 海港을 건너 출입할 수 없고, 서쪽으로는 宴享廳을 지나지 못하며, 동쪽으로는 客使를 지나지 못한다.
> 제2조 定界를 벗어난 위반자에 대하여는 법조문에 따라 죄를 다스린다.

---

25)『숙종실록』4년(1678) 9월 5일.

제3조 潛商으로 드러난 자는 同罪로 다스린다.

제4조 開市 때 大廳에 앉고 各房에 들어가지 못한다.

제5조 魚菜는 문 밖에서 매매한다.

제6조 送使의 從倭는 품계에 따라 수효를 정한다.

제7조 雜物을 들여다 줄 때 色吏(담당 아전)와 庫子(창고지기)를 구타
할 수 없다.

이상 7개조의 규정은 동래부사 이복(李馥; 재임 1676.7~1679.10)이 만
들어서 대마도주26)와 관수27)에게 보낸 것이다. 이 규정을 제정한 이유는
지금까지 왜인들이 왜관의 체류규정과 질서를 위반하는 사례가 잦았으
므로, 왜관 신축 및 이전을 계기로 단속과 통제를 더욱 강화하려는 것이
었다.

(3) 監董(수리, 보수 및 改建)

초량왜관은 바닷가의 갯벌에 지었으므로 허물어지는 때가 종종 있었
다. 왜관의 수리는 주기적으로 진행했는데, 25년만에 한 번 수리하는 것
을 '大監董'이라 하고, 화재가 나서 개건하거나 3~4년을 주기로 수리하는
것을 '小監董'이라고 하였다.28)

수리, 보수비용은 모두 조선정부에서 충당하였다. 대감동 때는 당상역
관 3명(東館 1명, 西館 2명), 당하역관 3명(東館 1명, 西館 2명)을 임명하

---

26) 이때의 대마도주는 3대도주 소오 요시자네(宗義眞)이며, 계명은 天龍院이다. 1657
년 12월 27일 18세의 나이로 가독을 상속하였고, 1692년 6월 27일에 사망했다.

27) 이때의 館守는 숙종 1년(1675)에 부임한 17대 관수 平田所左衛門(平成尙)이다.

28) 국역『증정교린지』「監董」, (105쪽). 監董은 국가의 공사를 감독하는 것을 말한
다. 왜관의 건물은 국법에 따라 매 월말 동래부사가 훈도·별차 및 監官을 보내
정기적으로 점검했으며, 썩거나 무너진 곳이 있으면 수리하도록 하였다(『春官誌』
권3「왜관」).

여 보내고, 소감동 때는 당하역관 1명을 임명하였다.

監董은 정기적인 대감동과 소감동을 제외하고 왜인들의 부주의로 화재가 났을 때는 조선정부가 대마번에 엄하게 추궁하고 6~7년이 지난 뒤에 수리하는 것이 관례였다. 이러한 관례를 만들어 놓은 이유는, 왜관에 거주하는 왜인들의 무질서한 생활을 징계하기 위해서였다. 그러나 왜인들은 전례를 무시하고 기한 전에 빨리 수리해 줄 것을 요구하였다. 초량왜관의 설치 후 수리·보수하거나 개건한 내용을 시기별로 정리하면 다음과 같다.

〈표 1〉 초량왜관의 수리·보수 및 改建 일람표

연도	종류	건물명칭	공사기간	비고
숙종 6(1680)	화재로 개건	관수왜가	6년	화재 후 4년 만에 개건
〃 26(1700)	重修	동관, 서관	2년	
〃 34(1708)	화재로 개건	서관 동대청, 서행랑	1년	7년만에 개건함
경종 원(1721)	重修	서관 3대청, 5행랑	2년	
영조 원(1725)	〃	동관 3대청	2년	
〃 9(1733)	화재로 개건	서관 동대청, 동행랑	1년	7년만에 개건함
〃 24(1748)	重修	동서관 3대청, 5행랑	3년	
〃 41(1765)	〃	서관 동대청, 동행랑	1년	
〃 48(1772)	〃	동관 3대청, 서관 3대청과 5행랑	2년	
정조 4(1780)	화재로 개건	서관 동대청, 동행랑	2년	6년만에 개건함
〃 10(1786)	〃	동관 개시대청	1년	5년만에 개건함
〃 19(1795)	重修	서관 동대청, 동행랑	2년	
순조 원(1801)	〃	동관 2대청, 서관 3대청 4행랑	3년	
〃 13(1813)	〃	동관 동대청, 서행랑	1년	
〃 22(1822)	화재로 개건	서관 중대청	3년	4년만에 개건함
〃 31(1831)	重修	서관 4행랑	1년	이때부터 조선의 匠工人들이 공사함
헌종 2(1836)	수리	서관 동대청, 동관 재관왜가	1년	
철종 원(1850)	改建	서관 중대청, 서행랑	1년	

연도	종류	건물명칭	공사기간	비고
〃 4(1853)	重修	관수왜가	1년	
〃 8(1857)	〃	동관 개시대청, 서관 서대청	1년	
고종 원(1864)	〃	동관 동대청, 서행랑	1년	

* 典據 : 국역 『증정교린지』 권3 「監董」

위의 표에서 알 수 있듯이, 수리·보수 및 개건은 총 21회이며, 그 중 화재로 인한 개건이 6차례나 된다. 왜인들은 공사기간이 3~4년 내지 6년씩 걸렸지만, 조선 장인들은 공사를 시작한지 불과 1년밖에 걸리지 않았다. 따라서 왜인들이 공사를 이용하여 더 많은 비용과 요미를 받아냈음을 알 수 있다.

(4) 役員의 구성과 관직 및 기능

조선후기 왜관 役員의 관직과 기능은 대체로 두모포왜관 시기부터 초량왜관 시기에 걸쳐 완성되었다고 할 수 있다. 이후 왜관 역원의 관직과 기능 및 그 운영은 초량왜관이 일본 공관으로 강제로 이관될 때까지 약 270여년 동안 별다른 변동 없이 유지되었다. 물론 3포왜관 시기에도 왜관 역원들의 관직과 기능이 규정되어 있었을 것으로 추정된다. 그러나 당시는 倭變이 자주 일어났고, 이로 인하여 왜관의 설치와 폐쇄가 반복되었으므로 역원의 구성과 기능이 완비될 수 없었다.

조선시대의 왜관에서 종사했던 역원들은 조선측과 대마도측의 두 그룹으로 구분할 수 있다. 그러므로 먼저 조선측 역원에 관하여 살펴보겠다.

가) 조선측 역원의 구성과 관직 및 기능

왜관에서 종사했던 조선측 역원의 구성은 문관으로서 접위관, 차비관, 임관(훈도·별차), 별견당상관, 문정관 등이 있으며, 이들에 딸린 잡역으

로는 소통사, 판직, 예단직, 파방(숙수), 사령, 마직, 시한, 발군 등을 들
수 있다.

무관으로는 초탐장, 복병장, 수문장, 설문장, 포도군관 등을 들 수 있
고, 이들에 딸린 잡역은 고지기, 복병, 문지기, 파수 등을 들 수 있다.

① 接慰官

접위관은 倭使를 접대하는 관리이다.[29]

접위관은 입국하는 왜사의 등급에 따라 京接慰官과 鄕接慰官으로 구
분된다. 경접위관은 중앙에서 파견되는 관리이며, 품계는 정3품에 해당
하는 통신 정사, 부사, 종사관급이다. 향접위관은 경상감사가 파견하는
관리로서 일본에 표류된 조선 표류민을 호송해 오는 대마도 사신(漂人領
來差倭)을 접대하기 위하여 임명하였다.[30]

임진왜란 이전에는 왜사가 상경할 때 3품 문관을 보내 접대하게 했는
데, 이를 宣慰使라 하였다. 인조 7년(1629) 3월 24일, 왜승 겐포(玄昉), 평
지광(平智光) 등이 국왕사를 자칭하면서 건너왔는데, 조선에서는 정홍명
(鄭弘溟)을 선위사로 삼아 파견하였다. 그러나 정홍명은 왜사의 상경을
막으라는 비변사의 명을 받들지 않고 상경을 허락하도록 치계하여 인조
의 노여움을 샀다. 또 겐포가 關白의 국서를 지참하지 않았기 때문에 일
본국왕사의 격으로 접대할 수 없음에도 불구하고 轎子를 타도록 허락하
는 등의 이유로 문책당했고, 이후 선위사라는 명칭도 접위관으로 개칭되
었다.[31] 개칭의 이유는 임진왜란 이후 왜인들의 상경을 일체 금지시키

---

29) 『인조실록』 7년 4월 15일, 21일, 윤4월 23일 기사 참조 : 국역 『증정교린지』 3권
　　「왜인을 접대하기 위하여 파견된 관리」 주80)에서 참조함.

30) 『통문관지』에 따르면 京接慰官은 대마도에서 大差倭가 올 때 중앙에서 이름있는
　　관리를 파견하여 접대한다고 하였다. 鄕接慰官은 別差倭, 裁判倭 등이 올 때 경상
　　도 관찰사가 관할 구역의 문관으로서 고을 수령 또는 道司 중에 임명하였다(『통
　　문관지』 권5 교린 「접왜출사관」).

고, 모든 왜인을 왜관에서 접대한 후 돌려보내려는 조선정부의 조치를
성실히 이행하려는 목적으로 선위사의 등급을 낮추어 접위관으로 개칭
한 것이다.

② 差備官

차비관은 특별한 임무를 수행하기 위하여 임시로 파견되는 관리를 말
한다. 특별임무란 왜사신이 올 때 그들을 맞이하고 접대하는 역관의 임
무를 뜻하는 것이다. 差備堂下官으로는 대개 敎誨32)를 임명했으며, 敎誨
가 결원이면 聰敏33)이나 偶語廳34)을 임명하여 파견했다.

『증정교린지』에는, 차비관은 당상 1員 당하 1員이다. 향접위관의 경우
예단을 가지고 가는 임무를 차비관이 그대로 맡아 보았다. 弔慰差倭는
비록 경접위관으로 접대하게 하였으나 당상 차비관 없이 당하 1원만 보
냈고, 동래에 도착한 이후에는 동래부의 역관 중 1인을 뽑아서 충원하였
다. 通信使護行差倭의 접대 또한 같았다.35)

이상의 기록을 분석해 보면, 첫째 차비관은 원칙적으로 당상관과 당하
관이 각 1명씩이라는 것, 둘째로 중앙에서 파견할 때 차비당상이 없을
때는 차비당하관 1명만을 임명하여 파견하되 1명은 동래부 소속 역관 중

---

31) 국역 『증정교린지』 권3 「왜인을 접대하기 위하여 파견된 관리」. (110쪽)

32) 敎誨는 司譯院 赴京 登第의 하나로서 동래부에 소속되어 왜어를 가르치는 사람을
말한다. 왜학의 경우 敎誨는 10명이었다(국역 『증정교린지』 권3 「왜인을 접대하
기 위하여 파견된 관리」 주 83)을 참고함.

33) 聰敏은 '年少聰敏'이라고도 하며, 동래부에 소속되어 왜어를 배우는 사람을 말한
다. 사역원의 赴京 登第 중 하나이다. 왜학은 총 15명이고, 敎誨와 같이 年例出仕,
세견선, 만송원송사 등의 예단을 가지고 가거나, 관수왜의 差備 등 3遞兒를 성적
에 따라 선발한다(국역 『증정교린지』 권3 「왜인을 접대하기 위하여 파견된 관
리」 주 85)를 참고함.

34) 사역원의 屬司이다.

35) 국역 『증정교린지』 권3 「왜인을 접대하기 위하여 파견된 관리」, (110쪽).

에서 임명한다는 것, 셋째로 파견되는 敎誨와 향접위관에 대하여는 예단 물목을 가져 가는 차비관이 검찰한다는 사실을 알 수 있다.

③ 任官
임관이란 訓導와 別差를 말한다.
ㄱ) 훈도
훈도는 고려문종 때 처음 배치했다가 고종 때 폐지하였고, 조선시대에 들어서서 다시 각 도 및 군·현에 훈도 1명씩을 배치하였다.[36] 그 이유는 당시 왜구의 출몰이 심했기 때문에 왜어를 아는 사람을 배치했던 것으로 보인다.

『經國大典』에 따르면 정3품 아문인 사역원에 정9품인 蒙學, 倭學, 女眞學 훈도가 각기 2명이며, 임기는 900일, 즉 2년 반인데 임기가 차면 교체시킨다고 하였다.[37] 또한 경상도의 각 부·군·현에 배치한 훈도는 50명이었는데, 부산포와 제포에는 왜학훈도를 각각 1명씩 두었다고 하였다.

『增正交隣志』와 『通文館志』에 따르면, 부산훈도 1명은 敎誨로 임명하여 보내는데, 30개월이면 교체시켰다. 훈도의 임무는 전적으로 변경의 정세를 담당하는 것이다. 만약 공적인 사무가 발생하면 당상관을 선발하여 임명하였다. 1572년(선조 5)에 왜인들이 정성을 다 했으므로 훈도를 임명하여 접대했는데, 임진왜란 이후부터 일본과의 통교를 단절하면서 훈도를 없앴다가 1609년(광해군 1)에 강화조약이 체결되면서 다시 훈도를 두었다.[38]

훈도의 근무장소는 誠信堂이며, 이곳에서 훈도통사, 배통사, 소동, 사

---

36) 『增補文獻備考』 권 232 官職考 「外官」.
37) 『經國大典』 吏典, 京官職 정3품 관청 「司譯院」
38) 국역 『증정교린지』 권3 「왜인을 접대하기 위하여 파견된 관리」, (111~112쪽) : 『통문관지』 권1 연혁, 「外任」.

령, 마직, 시한 등 13명의 인원을 거느리고 임무를 수행하였다. 고종 13년에 부산훈도를 辦察觀으로 고쳤으며, 병조에서 비준하도록 하였다.[39] 훈도를 판찰관으로 고친 것은 강화도조약 체결 이후 훈도의 업무가 복잡하고 중요해졌기 때문에 등급을 높인 것이며, 관청을 따로 마련해서 업무를 추진하도록 한 것이다.

ㄴ) 別差

별차는 1623년(인조 원년) 영의정 李元翼의 건의로 처음 둔 관직이다. 별차를 둔 이유는 젊은 무리들이 왜어에 능하지 못함을 우려하여 敎誨로서 훈도를 지내지 못한 사람과, 聰敏 가운데 장래가 촉망되는 사람을 선발하여 윤번제로 별차에 배치하며, 오로지 왜어만을 습득시켜서 후일의 쓰임에 대비하려는 것이었다.[40]

별차는 왜어를 열심히 습득하는 한편, 훈도와 함께 변경의 정세를 파악하고 주관했으며, 社日(입춘과 입추가 지난 뒤 다섯 번째 茂日)과 百種節日(음력 7월 15일)에 왜인들이 성묘하러 두모포왜관으로 왕래하는 것을 단속하였다. 1704년(숙종 30) 동래부사 권이진의 건의로 별차가 맡았던 변경실정에 관한 업무를 譯學이 하도록 하고 별차는 1년마다 교체시켰다. 별차는 외교현안이 발생하면 대마도를 왕래하면서 통역에도 종사하였다.

별차에 소속된 인원은 훈도에 소속된 인원과 동일하다. 별차의 임소는 빈일헌으로 성신당 남쪽에 위치했는데, 성신당보다 규모는 작았지만 구조는 유사하였다. 1876년(고종 13)에 별차를 譯學으로 고쳤다.[41]

---

39) 『고종실록』 13년 10월 22일.

40) 국역 『증정교린지』 권3 「왜인을 접대하기 위하여 파견된 관리」, (112쪽)

41) 주 87)과 같음.

④ 別遣堂上官

별견당상관이란 대일관계에서 중요한 현안문제가 발생했을 때, 훈도 나 별차로 처리하기가 곤란하면 혹은 조정에서 선발하여 임명하기도 하 고, 혹은 동래부에서 장계를 올려 변경실정을 잘 아는 당상역관으로 임 명하여 보내줄 것을 청하는데, 이때 특별히 파견하는 당상관을 말한다. 1638년(인조 16)에 별견당상 洪喜男이 그 시초라고 한다.[42]

⑤ 問情官

왜선이 연해에 들어왔을 때, 그 내막을 알아보기 위하여 파견되는 관 리를 말한다.

동래부에서의 문정관은 대개 초량왜관의 임소에서 근무하는 별차가 문정관으로 임명되었다. 다른 곳의 문정관은 거제나 제주도에 배치된 통 사로 임명한다. 별차 혹은 통사가 배치되어 있지 않은 강원도 등지에는 문정관을 따로 임명하여 파견한다.[43]

대체로 보아 問情에는 해당 道의 譯學이 참가했으며, 역학은 각도에 모두 배치한 것이 아니라 주로 왜인들이 자주 출몰하는 도에 배치하였다.

⑥ 小通事

소통사란 倭學生徒를 말하며, 처음에 왜학생도라고 부르던 것을 소통 사로 고쳐 불렀다. 소통사는 小童 및 館直 중에서 차차 승급시킨다.

소통사는 초량왜관의 설치와 함께 생겨났다. 처음에 16명이던 것을 1703년(숙종 29)에 35명으로 늘렸다가 1739년(영조 15)에 다시 30명으로 줄이고 料米를 지급했다. 그 후에도 인원수는 수시로 변동하였다.

소통사들은 성신당 동쪽의 通事廳에서 근무하며, 규모는 성신당과 비

---

42) 주 87)과 같음.

43) 주 87)과 같음.

숫하다.

　소통사들은 임무의 성격에 따라 여러 종류로 구분하는데,『증정교린지』권3「率屬」조에 따라 각 소통사의 명칭, 인원수, 임무를 도표로 표시하면 다음과 같다.

〈표 2〉 소통사의 명칭, 인원수, 임무

번호	명칭	인원수	임무	비고
1	首通事	1	모든 통사들을 장악·통제하며, 연향시에 거행하는 일을 맡아서 주관함	
2	掌務通事	1	사무 총괄	
3	訓導通事	2	훈도에게 소속되며, 훈도의 지시를 받아 임무 수행	
4	別差通事	2	별차에게 소속되며, 별차의 지시를 받아 임무 수행	
5	陪通事	2	훈도와 별차에게 소속되며, 그들을 따라다니며 지시를 받고 임무를 수행함	
6	長番書記通事	2	통사청의 각종 문서 등을 장악	
7	守門通事	2	수문을 지킴	5일마다 번을 교체함
8	設門通事	1	설문을 지킴	
9	巨里通事	2	왜인들의 왕래를 단속함	
10	戶房通事	1	공작미 入給을 담당함	간혹 수통사가 겸직함
11	五日通事	2	각 送使의 料魚價米의 회계 담당	
12	看檢通事	2	開市 때 잡상인의 출입을 단속	
13	砂器通事	2	연향 예식에 필요한 사기그릇을 주관함	
14	哨探通事	2	부산진에서 번을 서며, 왜선들의 동정을 살핌	부산진에서 入番한다
15	工房通事	1	부산진에서 왜사신의 陸物 차출하는 것을 담당	〃
16	玉浦通事	1	옥포에서 번을 선다	3달 또는 1년마다 교체함
17	領去通事	2	왜선이 경상좌도에 표류하면 별차를 따라 問情하고, 그대로 왜선을 타고 왜관으로 와서 정박시킴	배 1척당 1명씩이며, 윤번제로 임명한다
18	渡海通事	4	현안이 있을 때 대마도로 건너가는 통사	임시로 임명한다
19	信行通事	10	통신사를 수행하는 통사	〃

* 典據 :『증정교린지』권3「率屬」

⑦ 守門將

왜관 동쪽의 守門을 지키는 장교를 말한다. 수문은 왜관 거류 왜인들이 왜관 밖으로 나가는 것을 통제하기 위한 문으로서 초량왜관을 지을 때 설치한 문인데, 1715년(숙종 41)에 고쳐 달았다. 수문장은 총 6명이며, 동래장교 3명과 부산장교 3명이 교대로 근무하였다.[44]

⑧ 設門將

설문장은 설문을 지키는 장교를 말한다. 설문은 1710년(숙종 36)에 동래부사 권이진의 건의로 신설하였다. 그 이유는 두모포왜관을 초량으로 옮긴 후 왜인들이 성묘를 빙자하며 구왜관(두모포왜관) 주변으로 돌아다녔는데, 그 수가 날로 늘어날 뿐만 아니라 왕래하는 과정에 나라의 비밀을 탐지한다거나 마을 주민을 침탈하는 등 폐단이 일어났으므로 이들을 통제하기 위하여 설치하였다.

설문 둘레에는 성을 쌓았으며, 설문 안의 민가를 모두 철거하여 왜인들과의 접촉을 불허하였다. 설문과 동래부의 거리는 26리이다. 설문장은 동래장교 3명이 교대로 근무하였다.

⑨ 小童

소동은 잡역에 종사하는 심부름꾼이다. 소동은 문위관 또는 훈도, 별차, 차비관을 따라다니면서 일하는 심부름꾼인데 다른 잡역은 시키지 않았다. 문위관·훈도·별차에게는 각기 2명씩, 차비관에게는 1명이 따라다녔다. 소동은 전부 30명이다.

⑩ 館直

왜관 안에서 잡역에 종사하거나, 宴饗日에 사환 업무를 담당하였다.

---

44) 국역 『증정교린지』 권3 「率屬」, (113쪽)

인원은 30명이지만 시기에 따라 변화가 있었고, 다른 잡역은 시키지 않는다. 관직 30명에 해당하는 패찰을 만들어서 앞면에는 '館直勿禁'이라고 쓰고, 뒷면에는 '使'자를 불도장으로 새겼다. 관직은 이 패찰을 가지고 왜관을 출입할 때 증표로 삼았으며, 훈도의 임소에 바쳤다. 관직은 임무의 성격에 따라 여러 종류가 있으며, 인원수도 서로 다르다. 도표로 정리하면 다음과 같다.

〈표 3〉 館直의 종류와 인원수 및 임무

번호	명칭	인원수	임무
1	館直掌務	1	연향시 돗자리와 상에 음식 차리는 일을 담당, 연대청 경비(大廳直) 겸직
2	食鼎監考	3	倭使에게 지급하는 밥솥(食鼎)과 연향시 사용하는 식정을 담당
3	砂器直	5	연향시 사용하는 사기그릇을 담당함
4	盤監考	2	연향시 쓰는 연회용 탁자(盤卓)를 담당함

* 典據 : 『증정교린지』 권3「솔속」

관직장무는 일명 '支待色' 또는 '支待色吏'라고도 부르며, 동래부에서 임명하여 파견하는데, 매달 여섯 말의 요미를 지급하였다.

나) 대마도측 역원의 구성과 관칙 및 기능

임진왜란 이전은 물론, 전쟁이 끝난 직후에는 왜관에 상주하는 역원이 없었으며, 대마번에서 使船이 건너올 때마다 조선측에서 동래부의 관원이 파견되어 사무를 처리할 뿐이었다. 그러나 무역량이 차츰 증대하고 사무가 번잡해짐에 따라 대마번에서 代官이라고 부르는 관리가 상주하게 되었고, 다른 상주 인원도 늘어났다. 그리하여 이들을 통제하는 관수 제도가 생기고, 왜관 역원의 구성이 차츰 형태를 갖추었다.[45] 왜관에서

---

45) 長正統, 「日鮮關係における記錄の時代」, 『東洋學報』 50-4, 東洋學術協會, 1968.2

근무하는 대마도측 관원들은 모두 대마도주의 가신들이었다. 이들은 대마도에서 녹봉을 받을 뿐만 아니라 조선정부로부터도 많은 料米를 받았다.
왜관의 대마도측 관원으로는 관수왜, 재판차왜, 대관왜를 들 수 있으며, 기타 잡역으로는 금도왜, 서승왜, 통사왜, 의왜 등을 들 수 있다.

〈표 4〉 관수왜에게 주는 1년 지급량

품명	수량	단위	쌀로 환산하여 줄 때
흰쌀	666	丸	
콩	648	〃	
술	864	병	345환 6배
生魚	300	꿰미	584환 1배 3홉 6작
기름	약 16	丸	
청밀	약 6	〃	
대구어	100	매	60환
장해서	10	丸	30환
식초	24	병	9환 6배
밀가루	3	丸	
팥	5	〃	5환
겨자	1	〃	5배
소금	15	〃	7환 7배
떡쌀	15	〃	18환

* 典據 : 金義煥, 「釜山倭館の職官構成とその機能について」, 『朝鮮學報』 108, 1983
* 15丸은 조선의 1가마이며, 1가마는 8말 6되
* 1丸은 10盃, 1배는 10홉(合), 1홉은 10작(勺)
* 위 표의 지급량은 관수왜에게 딸린 伴人 3명분까지 포함한 수량이다.

① 館守倭

관수왜는 왜관의 책임자를 말한다. 관수는 왜관 안에서 금도왜를 통하여 거류 왜인들을 단속하며, 조일 양국의 외교와 무역 등 모든 사무를 총괄적으로 주관하였다.

관수왜는 1639년(인조 17)에 처음 두었다. 왜관의 질서가 문란하여 불화가 생기므로 이 해에 대마도주 平義成(宗義成)이 平智連을 관수왜로 임명하고 금도왜를 데리고 가서 질서를 잡게 하였다고 한다. 또한 밀무역 상인들이 왜관을 나가지 못하도록 단속하였고, 널판지에 경계 표시를 새겨서 왜관 안에 세웠다고 한다.[46]

관수왜가 없던 1639년 이전에는 왜관의 책임자가 누구인지 문제된다. 관수왜가 왜관에 상주하지 않던 시기의 왜관에는 대마도주의 지시로

46) 국역 『증정교린지』 권2 「差倭」.

유력한 자를 관수왜격으로 임명하여 왜관 내부의 업무를 총괄하게 하였
다. 『海東諸國紀』에 따르면 "護軍 피고여문(皮古汝文)이 1458년(세조 3)
에 임명장을 받고 1460년(세조 5)에는 인장을 받아서 3浦의 恒居倭人을
총괄했다"고 하였다.[47] 이 기록으로 보면 정식 관수왜를 왜관에 상주시
키기 이전에는 수시로 유력한 인물을 파견하여 관수왜격으로 삼았음을
알 수 있다.

관수왜의 임기는 처음에 2년으로 했다가 3년으로 연장하였다. 임기가
끝나 교체될 때는 대마도주가 반드시 예조에 알려야 했으며, 일정한 격
식의 서계와 절차가 있었다. 절차가 끝나면 신임 관수왜는 동래부사, 부
산첨사, 세견선사와 함께 茶禮와 宴饗을 베풀었다. 관수왜는 세견선사와
함께 오는 경우도 있고, 관수차왜로서 파견되는 경우도 있었다.

② 裁判差倭

재판차왜는 외교 관계의 일을 담당하는 왜인을 말한다. 즉 외교상의
절충과 조정을 담당하는 실무자이다. 재판차왜는 왜관에 상주하기도 하
지만, 대개는 외교 문제가 발생했을 때 파견되고, 일이 끝나면 대마도로
돌아갔다. 왜관에 상주하는 기간은 규정되어 있지 않았다.

재판차왜는 1651년(효종 2)에 처음 두었다. 대마도측에서 통신사 또는
문위역관을 요청할 때면, 미리 조선으로 건너와서 대기하고 있다가 조선
사신을 호위하고 대마도로 돌아갔다.[48]

③ 代官倭

왜관 안에서 公私貿易을 주관하는 왜인을 말한다. 대마도주 平義成이
1635년(인조 13)에 24명을 선정해서 왜관에 파견하여 무역과 매매를 주

---

47) 『해동제국기』 일본국기, 8도 66주, 대마도
48) 『통문관지』 권5 「교린」 : 『증정교린지』 권2 「차왜」.

관하게 하였다. 그 후 1684년(숙종 10)에 인원수를 10명으로 줄였다. 임기는 3년이며, 그 중 1대관과 3대관은 公務木米과 公作米, 문서 등을 주관하였다. 3대관은 1년마다 교채되었기 때문에 年條代官이라고도 하였다.[49]

④ 禁徒倭

왜관 안에서 왜인들의 문란한 질서를 바로잡고 단속하는 임무를 수행하며, 잡역에 속하는 왜인이다.[50] 금도왜는 모두 22명이며 1년마다 교체하였다.

금도왜는 都頭禁徒倭 1명, 都禁徒倭 2명, 別禁徒倭 4명, 中禁徒倭 1명, 나머지는 小禁徒倭이다. 도두금도왜가 모든 금도왜를 통솔하였다.[51]

---

49) 국역 『증정교린지』 권2 「차왜」.

50) 일본측 기록에는 '요코메(橫目)' 또는 '메츠케(目付)'로 표현하고 있다.

51) 『東萊府事例』 「倭館」.

2. 왜관의 성격

　근세 동아시아 세계에서는 각국마다 외국인의 입항지를 한정하고, 전용 거주구역을 마련하여 관리·통제하는 수단이 널리 활용되고 있었다. 왜관은 통교와 무역을 목적으로 내항하는 일본인을 접대·통제하기 위하여 15세기 초엽에 조선정부가 설치한 특수 시설이며, '朝貢者를 위한 공적 宿舍'로서의 성격을 가지고 있었다. 조선정부는 중국과 주변국 사이에서 행해지는 외교형태를 모방하여 일본에서 오는 통교자를 '朝貢者'로 취급하고, 進上과 回賜를 중심으로 하는 일련의 외교의례를 의무적으로 이행하게 하였기 때문이다.[52]

　왜관은 당초 수도와 남부의 세 포구에 설치했는데, 여러 차례의 변천을 거친 후 16세기 초에는 부산 1개소에 한정하였다. 아울러서 그 무렵까지는 對馬의 지배자인 宗氏가 대조선 관계를 독점적으로 행사하고 있었다. 宗氏는 조선과 거래를 원하는 일본 통교자를 통제하는 역할을 담당함으로써 조선으로부터 무역상의 특권적인 지위를 보장받았다.

　조선후기의 왜관은 임진왜란 이후 1601년에 설치된 절영도왜관으로부터 강화도조약의 체결로 초량왜관이 폐쇄될 때까지 존재하였던 왜관을 말한다. 절영도왜관은 내륙지대인 부산의 두모포에 정식 왜관이 설치되기 전까지 絶影島(현재의 影島)에 임시로 설치되었던 왜관이며, 그 존속기간에 대하여는 학설이 대립하고 있다.[53] 두모포왜관은 초량항으로 왜관이 이전하기 전까지 약 70여 년간 존속했던 왜관이고, 초량왜관은

---

52) 그러나 이 관계는 冊封을 수반하지 않는 등 중국과 琉球의 관계보다 느슨하고 의례적인 관계였다고 한다(日本の對外關係 6 『近世的世界の成熟』, 吉川弘文館, 2010. 221쪽).

53) 자세한 사항은 이 논문의 34~35쪽 참고바람.

1678년(숙종 4) 초량으로 왜관이 이전한 이후부터 1872년(고종 9) 일본이
강제로 왜관을 점령할 때까지 약 200여 년간 존속했던 왜관을 말한다.

왜관은 어디까지나 貢物을 휴대하고 왕래하는 외교사절을 위한 시설
이며, 따라서 왜관에서의 모든 활동은 외교의 존재를 전제로 하여 성립
하는 것이다. 이것은 외교를 수반하지 않는 상인을 위한 시설이었던 나가
사키의 도진마치(唐人町)와 데지마(出島) 등과 근본적으로 다른 점이다.

초량왜관은 규제의 대상이라는 측면이 있는 반면에, 임진왜란 이후
200여년 동안의 평화시대에 조일 간의 외교와 무역이 이루어지던 곳이
며, 조선후기 양국의 선린관계를 상징하는 곳이라는 양면적인 성격을 갖
고 있다.

동래부사의 대일외교에서 가장 중요한 업무는 왜관 통제였다. 임진왜
란이 끝난 후 조·일 양국은 그동안 단절되었던 국교를 재개하였는데, 당
시 조선정부가 왜관을 설치하면서 가장 고민했던 문제 가운데 하나는 왜
관을 어떻게 지역사회와 격리시키는가 하는 점이었다. 일본인(對馬島人,
館倭)의 거주를 왜관에만 한정시키고, 왜관에 거주하는 일본인과 조선인
의 접촉을 막고자 노력했던 배경에는 조선 사정이 왜인들에게 알려지는
것을 꺼린다든가,[54] 미풍양속이 흐트러지는 것을 우려했던 점도 있겠지
만,[55] 근본적으로는 임진왜란을 겪으면서 더욱 커진 일본인에 대한 불신
감 때문이었다고 생각된다.

---

54) 『광해군일기』(중초본) 5년(1613) 3월 16일기사; "왜인의 성격은 간사하기 그지없
  습니다. 간사하고 잔달은 무리들과 몰래 통하여 우리나라의 사정을 엿보는 것이
  근래에 더욱 심해졌으니, 왜관에 거류하는 자들을 엄히 기찰하여 그 출입을 금
  해야 합니다.…"

55) 『현종실록』 7년(1666) 12월 15일기사; "듣자니 왜관의 왜인이 여염집에 출입하는
  것을 보통으로 여길 뿐만 아니라 심지어 유숙할 때도 있다고 합니다. 이 폐단을
  일체 엄금해야 할 것이니 신임 부사가 도착한 후에 항시 감시를 철저하게 하여
  발각되는 대로 효시하도록 하소서."

초량왜관에는 이런 저런 이유로 대마도에서 건너온 役人과 상인 등이 왜관에 장기간 체류하면서 무역과 외교교섭에 임하고 있었다. 기존의 연구에 따르면 대체로 400~500여 명의 대마도인들이 왜관에 상주했던 것으로 파악하고 있으며, 이것은 당시 대마번의 장년 남성 20명 중 1명에 해당하는 인원이었다고 한다.[56] 이들 대마도인과 조선의 역관·상인 등이 일상적으로 접촉하면서 갖가지 사건이 끊이지 않던 곳이 왜관이었다. 따라서 1607년 두모포왜관이 설치될 때부터 경계를 정하여 조선인과 館倭들이 마음대로 왜관을 출입하지 못하도록 하는 등 양국인의 왜관 출입에 대하여 물리적이고 법제적인 통제를 가하였다.[57] 초량으로 왜관을 옮긴 직후인 1679년(숙종 5)에는 왜관의 동서남북에 禁標를 설정하여 대마도인들이 통행증 없이 무단으로 경계를 넘어가지 못하도록 하였다.[58] 1709년(숙종 35)에는 왜관의 토담을 1.8m 높이의 돌담으로 개축하여 조선인이 왜관에 함부로 출입하는 것을 통제하였고, 1739년(영조 15)에는 왜관 밖의 伏兵幕을 6군데로 늘려 왜관 출입자에 대한 통제를 강화하였다.[59]

---

56) 조선후기 왜관(초량왜관)에 어느 정도의 왜인이 거주했는지 정확한 숫자는 알 수 없다. 선행연구에 의하면 1678년(숙종 4) 4월 23일 두모포왜관에서 초량왜관으로 이전하는 날, 관수 이하 460여명의 대마도인이 新館으로 들어갔다고 한다 (田代和生, 「草梁倭館の設置と機能」, 『近世日朝通交貿易史の研究』, 創文社, 2002. 172~173쪽; 田代和生저 정성일역, 『왜관』, 논형, 2005. 180쪽.

57) 국역 『증정교린지』 제4권 「約條」(129쪽) ; 효종 4년 계사년(1653)에 各房에 마음대로 들어가는 것을 금하기로 약조를 정했으며, 임의대로 각방에 들어가는 자는 潛商으로 논한다고 규정하였다.

58) 『邊例集要』 권5 「約條」 기미(1679년) 10월.
『通信使謄錄』 제4책 임술(1682년, 숙종 8) 11월 30일, 「約條定奪」에는 "관문 밖의 왜인 출입의 한계는 그 경계를 엄하게 정하지 않으면 안 된다. 舊館(두모포왜관)은 守門 밖 수십 보 거리에 左自川이 있으므로 그 하천으로 한계를 삼았다. 新館(草梁倭館)은 守門 밖 바로 앞에 海港이 있어 그 港을 넘으면 바로 絶影島이다. 서쪽은 宴享廳에 이르는 길로 문에서 연향청까지 1馬場의 거리이다.……"라고 되어 있다.

조선인의 경우에 왜관출입이 특별히 허용된 역관이나 상인을 제외하고 누구든 허가 없이 왜관을 출입할 경우 '蘭入' 혹은 '投入', '潛入'이라고 하여 사형 등의 엄벌에 처해지기도 하였다.

왜관에서 흔히 일어나는 사건으로는 절도·강도, 폭행, 潛商(밀무역), 일본인이 왜관 밖으로 무단히 나가거나[60], 조선인이 금령을 어기고 왜관 안으로 들어가서 매춘을 하는 것(交奸), 倭債(路浮稅)[61]와 관련한 접촉 등이 문제가 되었다. 이러한 잦은 접촉은 이따금 양국인 사이에 행패와 다툼이 일어나고 살인사건을 동반하기도 하였다. 왜관에서의 상거래는 특정한 開市日에[62] 「東萊商賈(萊商으로 줄여서 부르기도 한다)」로서 자

---

59) 伏兵幕에 관하여 자세한 사항은 주34) 참조.

60) 『조선왕조실록』에는 대개 '闌出'로 기록하고 있으나 '亂出'로 쓰기도 했다(영조 31, 1755년 12월 25일에 "왜인들은 性情이 매우 교활하여 늘 관문을 함부로 나와 서 동래부사에게 공갈하므로 그 청을 모두 들어준다(倭情甚狡, 每以亂出館門, 恐 喝萊伯…)"라는 기록이 보인다). 일본쪽 기록에서는 '闌出', '濫出' 등을 혼용하고 있다.

61) 숙종 9년 계해(1683)에 마련된 계해약조 제2항은 "路浮稅를 현장에서 잡았을 때 는 준 자나 받은 자 모두 一罪로 다스린다. 소위 路浮稅라는 것은 곧 倭債를 말 한다."고 하였다(국역『증정교린지』제4권 「約條」, 133쪽). 長正統은 "① 路浮稅란 왜인에 대한 채무인데, 통상의 開市 업무 속에서 발생하는 채무, 즉 未捧과는 별 개의 채무이다. ② 路浮稅는 潛商行爲와 밀접한 관계가 있다."고 하였다. 즉 路浮 稅란 왜인이 밀무역품의 납입을 전제로, 혹은 밀무역을 촉진하려는 목적으로 조 선측의 밀무역자에게 준 융자라고 정의하였다(「路浮稅考」, 『朝鮮學報』58輯, 1971, 9~10쪽). 대마도에서는 이처럼 밀무역을 조건으로 선급하는 자금을 '노보 세 은(찰반銀)'이라고 불렀으며, 조선에서는 이 말을 音借하여 '路浮稅'라고 불렀 다고 한다. '찰반'라는 말은 왜관에 출입하는 조선 상인에게 자금을 위탁하여 한 양으로 올라가게 한다는 뜻에서 나온 말이라고 한다(동 논문 11쪽).

62) 국역『증정교린지』「開市」에는 "매 三旬의 3일과 8일에 개시가 열린다고 하였다 (147쪽). 따라서 개시는 매달 3일, 8일, 13일, 18일, 23일, 28일 모두 여섯 차례가 열리게 된다. 임란 전에는 월 3회씩 개시를 허락했는데, 비변사에서 시장을 여 는 날이 적은 까닭에 왜인들이 오래 머물면서 밀무역을 하는 폐단이 있으므로 3일마다 한 차례씩 열도록 허락하자는 건의가 있었다(『광해군일기』중초본, 2년

격을 얻은 상인들이 교역품을 소지하고 譯官, 收稅官, 開市監官 등 관원의 감독 아래 왜관으로 들어가서 대마도인과 교역하는 형태로 이루어지고 있었다.[63] 그런데 조선후기 왜관무역에서의 거래방식은 매 개시일에 발생한 모든 거래가 개시 당일에 전부 결제되는 단순한 방식보다는 오히려 상당한 규모의 신용거래(외상거래)가 행해지고 있었다. 즉 倭館開市에 참여하는 東萊商賈와 왜관에 체류하는 대마도인 사이의 거래에서는 상호 대차관계가 일상적으로 발생했으며, 대표적인 경우가 「未捧」과 「被執」이다. 「未捧」은 조선상인이 왜인으로부터 교역품을 받았으나 그 대금을 아직 왜인에게 건네지 않은 경우이며, 이와 반대로 왜인쪽이 조선측으로부터 받은 교역품의 대가를 지불하지 않고 있는 상태가 「被執」이다.[64] 왜관무역에서는 이와 같은 「未捧」과 「被執」이 누적되어 거래가 원활하게 진행되지 않았고, 路浮稅의 상환 문제 때문에 개인간에 다툼이 벌어지는 경우가 종종 발생하였다. 따라서 조선정부도 路浮稅 문제에 깊은 관심을 가졌으며, 숙종 17년(1691) 7월에 정한 「東萊商賈定額節目」에서는 특별히 한 항목을 두어 그 실태를 상세하게 조사한 장부를 동래부사 및 비변사에 각각 한 부씩 비치할 것을 규정하고 있다.

(1610) 9월 9일조). 그러나 동래부사 趙存性이 월 10회의 개시는 너무 많다고 주장하여 월 6회로 조정되었다(…府使趙存性萬曆三十八年十月日, 云前例開市, 每月初三, 十三, 二十三日定式, 而其間或倭人所請, 或物貨委積之時, 別開市間行是如爲白去乙, 臣意妄料倭人支供甚難, 久留最妨不如物盡, 則速歸爲便, 故每月三日八日六度開市事, 本道巡察使處已爲牒報爲白有如乎…. 『蓬萊故事』 자료집 137쪽)

63) 국역 『증정교린지』 「開市」, 147쪽.

64) 鄭景柱, 「仁祖~肅宗朝의 倭人 求請慣行과 決濟方法 -朝鮮後期 對日貿易 事例 紹介-」, 『貿易批評』 창간호, 慶星大學校貿易研究所, 1994. 2. 이 글에서 저자는 대일무역에서의 求請物 결제방법으로 ① 公木計除와 ② 物化被執을 들고 있다. '物化被執'은 倭館에 일정한 물화를 먼저 반입하고 그 증서를 받은 뒤에 일정한 기간이 지난 다음 그 대금의 결제를 받는 방식을 말한다고 하였다(27쪽). 기타 長正統, 「路浮稅考」, 『朝鮮學報』 58輯, 1971, 5쪽 참조.

潛商·交奸·闌出은 근세의 왜관 업무가 시작된 이래 조선정부에서 지속적으로 통제를 가하고 금령을 마련했던 문제이지만 각 사안이 가진 의미는 다르다. 交奸은 개인 간의 범죄행위에 속하는 일이며, 조선 측에서는 엄금했지만 일본 측에서는 사건 해결에 미온적인 편이었다. 潛商은 무기·서적 등의 거래금지 물품65)을 단속한다는 의미도 있었고, 양국 모두 재정수입(商業稅)의 누락과 관련된 문제이기도 했으므로 엄격하게 금지하였다. 闌出은 왜인들을 왜관 안에 묶어두려는 조선측의 왜관 출입금지 규정을 위반했다는 점에서 특히 조선의 대일정책 결정에 영향을 주는 사건이었으며, 대개는 양국의 외교문제로 비화되었고, 조선측의 금령을 강화시키는 계기가 되었다.

조일 양국 사이에 외교나 무역상 현안문제가 있을 때는 조선정부가 파견한 왜학역관(訓導·別差)이 왜관 안으로 들어가서 협의를 하는 것이 정상적인 절차였다. 그러나 일본인들은 자신들의 요구가 받아들여지지 않을 때는 금령을 어기고 왜관 밖으로 뛰쳐나가 동래부로 몰려가서 동래부사를 상대로 일종의 무력시위를 하는 일이 자주 있었다. 왜인들이 난출사건을 일으키는 원인으로는 조선쪽의 강경한 통제에 불만을 표출하는 경우도 있고, 왜관 거주 일본인들의 방만한 태도가 문제되는 경우도 있었다. 더러는 일본인들의 무리한 요구라든가 조선 멸시관 내지 조선에 대한 우월감이 작용했을 수도 있지만, 난출의 보다 근본적인 원인으로 조선쪽에 내재된 구조적인 문제는 없는지 분석하는 작업이 이루어져야 한다고 본다.

왜관에서 범죄가 발생하는 근본적인 이유는 동래부의 役 부담이 과중

---

65) 국역 『증정교린지』 「禁條」에는 숙종 38년(1712)에 영의정 徐宗泰의 건의로 史乘과 文集 등의 서적을 몰래 파는 것을 금하도록 정했다. 이를 어기고 파는 자는 潛商律로 다스리고, 한민한 문집이나 긴요하지 않은 책을 왜인에게 판 자는 次律로 다스리도록 하였다.

하여 쌀이든 시탄이든 지급할 여유가 없었다는 구조적인 문제였다. 동래부는 임진왜란의 후유증으로 주민수에 비하여 군역이 과다한 것이 큰 폐단이었다. 동래 주민들은 기본적으로 부담해야 하는 군역과 職役 외에 大小差倭의 접대에 따른 支供, 왜관 체류자의 日供雜物, 마련된 물자를 운송하는 운송역, 크고 작은 왜관 공사의 부역, 기타 잡다한 役이 부과되어 동래 주민들에게 큰 부담이 되었다. 雜役은 규모에 따라 왜관 주변 지역민의 범위를 벗어나 동래부 지역민, 경상도민까지 확대되었으며, 이러한 부담은 결국 동래 주민들의 생활을 피폐하게 만들어 절도든 매춘이든 생활의 방편을 위하여 범법행위까지 감행하게 되었던 것이다. 흔히 말하기를 기유약조 이후 왜관이 강제로 점탈당하기까지를 '善隣友好'의 시대라고 하는데, 이와 같은 선린우호도 동래부 인근 주민들의 막대한 희생을 바탕으로 가능했던 일이며, 250년간의 평화유지비용은 결국 동래 주민들이 부담했다고 볼 수 있다.

초량왜관은 客館, 商館, 조일간의 외교무대라는 성격이 복합된 공간이었으며, 정치적인 공간이었다. 즉 왜관은 설립 당초부터 조선의 정치적 판단에 따라 세워졌고, 이후의 운영과 통제에서도 『經國大典』등의 실정법보다 정치적 고려가 앞설 수 밖에 없는 정치적 공간이었다. 그 이유는 왜인들과의 분쟁사건이 장기화하여 외교분쟁으로 발전할 여지를 미연에 방지하려는 조선측의 정치적 계산이 깔려 있었기 때문이다.

왜관에 대한 조선정부의 시각은 대체로 긍정적으로 보는 측면과 부정적으로 보는 측면이 동시에 존재했는데, 격리시키고 통제해야 할 대상으로 보는 부정적인 의견이 지배적이었다. 조선쪽 사료에는 이국 생활을 하는 왜관 거류민에 대한 긍정적인 시각을 거의 찾을 수 없으며, 왜관에 대한 지속적인 통제와 규제는 결국 闌出, 潛商, 交奸, 폭행사건 등의 회피책을 만들어 낸 것이라고 볼 수 있다. 대외적으로 쇄국을 표방했던 조선에서도 어떠한 대일정책을 펴느냐에 따라 왜관은 밖으로 열려 있는 창구의 역할을 수행할 수도 있었지만, 규제 일변도의 왜관 정책은 여러 가지 부작용을 낳게 되었다.

초량왜관은 1876년(고종 13)에 강화도조약이 체결되어 왜관이 폐쇄될 때까지 198년 동안 존속하였다. 그 동안 초량왜관은 국가적으로 부단한 외교적 관심의 대상이 되어 항상 주목을 받았으며, 동래지역의 입장에서는 막대한 부와 民力의 소모를 강요하는 곳으로서 비판의 대상이 되었다.

조선에 대한 대마번의 조공은 「進上」(兼帶制 시행 이후에는 封進으로 개칭)이었다. 임진왜란 이후에는 일본인의 국내 통행이 금지되었다. 따라서 수도(한양)까지 올라갈 수 없었던 대마번의 사자는 왜관의 草梁客使에 모셔 두었던 국왕의 상징물(殿牌)에 대하여 신하로서의 예를 올리고(肅拜) 공물(蘇木, 胡椒 등의 동남아시아산 물자와 일본의 공예품)을 바쳤다. 그러면 조선측에서 인삼·虎皮·織物 등의 답례품(回賜)을 내렸다. 또한 進上의 기회에 조선에서 생산되지 않는 구리·주석·물소뿔을 일정량으로 제한하여 조선정부가 목면으로 사들이는 「公貿易」도 행해졌다.66) 進上과 公貿易은 원래 조선정부가 연간 20척으로 제한한 使船을 대마번이 파견할 때마다 행해졌다. 그러나 1637년(인조 15)부터 한 使船이 다른 복수의 사자를 겸하는 '兼帶制'67)가 도입되었고, 進上·公貿易

---

66) 조선정부가 사들이는 공무역품은 나중에 구리로 일원화되었고, 이에 대한 결제 대금으로 주는 목면도 일부는 쌀로 대체되었다.

67) 兼帶制란 하나의 사자가 몇 건의 사자를 겸하여 한꺼번에 외교문서를 지참하고 오는 것을 말한다. 『증정교린지』 제1권 兼帶條에 따르면, 1특송선이 2·3특송선을 兼帶하고, 歲遣 제4선이 제5~17선까지 兼帶한다. 그 결과 기유약조에서 정한 사선 20척 중 실제로 사자가 승선한 배는 제1특송선과 세견 제1·2·3·4선 등 5척으로 줄어들게 된다. 使船마다 할당된 지급물(進上, 回賜, 公貿易 물품)은 적절한 시기에 일단 代官에게 보내고, 雜物 등은 쌀로 환산해서 지급하며, 1년에 한 차례 결산 처리를 하는 것이다. 이렇게 하면 사자가 승선하고 응접이 행해지는 使船은 5척 뿐이며, 왜관에서 행하는 응접 의례의 횟수가 20회에서 5회로 줄어들게 되어 조선측은 번잡한 준비과정과 비용을 줄일 수 있는 것이다. 兼帶制가 시

대금의 계산은 1년분을 함께 모아서 결제하게 되었다. 이 제도로 인하여 외교와 무역의 분리가 실현되었으며, 조선과 대마번 사이의 교환은 이전처럼 사신 단위로 행하던 '중세형'에서 사무역 주체의 '근세형'으로 이행하게 되었다고 한다.[68]

왜관에서 조선과 대마번이 교섭에 임했던 주요 문제는 왜관 이전 문제(두모포에서 초량으로), 闌出·밀무역·交奸·喧譁 등 왜관에서 자주 발생하는 사건에서 범죄자의 처리, 양자간의 협정(約條)의 개정 및 추가 등이었다. 교섭의 주된 담당자는 대마번측에서는 館守·裁判 및 朝鮮語通詞들, 조선측에서는 왜학역관으로 통칭되는 訓導와 別差들이었다. 대마번은 조선의 왜학역관들에게 정기적으로 금품을 지급하여 교섭에서 대마번이 유리한 입장을 차지하도록 노력하였다.

왜관에서의 교섭은 비교적 평등한 형태로 진행되었는데, 예를 들어서 왜관의 일본인과 왜관에 출입하는 조선인의 행동에 관한 금지사항은 조선·대마번이 협의하여 결정하였다. 양자간의 대표적 협정인 癸亥約條(1683, 숙종 9)에서는 「밀무역 가담자의 사형」, 「闌出者의 사형」, 「일본인이 조선의 하급 역인을 구타하지 말 것」 등을 규정하였으며, 이러한 협정 위반자가 조선인이면 조선정부가, 일본인이면 대마번이 처벌하기로 하였다. 그러나 대마번은 이따금씩 스스로 체결한 협정 내용에 따르지 않는 일이 있었다. 1695년(肅宗 21)에 6명의 일본인이 왜관을 난출하여

행된 이후 도항 시기 및 횟수가 8회로 조정됨에 따라 '年例八送使'라고 하였다. 일본과 국교가 재개된 초기에는 연례송사의 도래 시기가 결정되지 않았다. 그러나 겸대제 시행 이후에는 세견 제1선에서 제3선까지가 1월에 출항하고, 제4선과 이정암송사가 2월에, 1특송사가 3월, 兒名送使(平彦三送使 또는 平義眞送使라고도 함)와 万送院送使가 6월, 부특송사가 8월에 도래하는 체제가 마련되었다(『증정교린지』 제1권, 「年例送使」조, 16쪽).

68) 田代和生,『近世日朝通交貿易史の硏究』, 創文社, 2002년 4刷, 149쪽; 田代和生저 정성일역,『왜관』, 논형, 2005. 56쪽.

仙巖寺까지 간 사건이 일어났는데, 이때 조선은 협정에 기초하여 모두 사형에 처할 것을 주장하였다. 그러나 왜관의 관수는 '범인은 이미 대마도로 송환하여 藩法에 따라 오지의 촌으로 추방하였다', '闌出은 옳지 않은 일이지만, 사찰에 다녀온 일만으로 사람을 참죄에 처할 수는 없다'고 하며 협정에 따르지 않겠다는 태도를 보였다.[69] 난출사건은 그 후에도 종종 발생했지만 대마번은 한 번도 사형을 집행하지 않았다. 오히려 무역·외교상의 교섭을 번에 유리하도록 이끌기 위한 협박수단 내지는 왜관에 대한 조선의 조치에 불만을 표시하는 항의수단으로 여러 차례에 걸친「藩 公認의 闌出」마저 감행하였다.

대마번이 조선에 대하여 이처럼 강경한 자세를 취한 까닭은 대마번의 배후에 막부의 존재가 있었다는 것이 크게 작용했다고 볼 수 있다. 막번체제 아래에서 하나의 번이었던 대마번은 조선에 대하여 중세 이래 조공자로서의 입장을 취하기는 했지만 '臣下'로서의 의식은 거의 없었으며, 오히려 외교문서 속에서 의도적으로 군신관계를 의미하는 표현을 사용하지 않는 등 '조공적 요소'를 감소시키려고 노력하였다.[70] 이러한 경향은 차츰 심해지는데, 18세기가 되면 대마번 내부에서 조선이 대마번을 신하로 보는 것을 문제삼는 의견마저 등장하게 되었다.[71] 왜관에서 조선이 대마번에게 지급한 각종 이익은 적지 않은 것이었는데, 이 때문에 조선측의 통제와 경계도 강력했으며, 대마번의 강경한 자세와 맞물려 왜관에서는 양자의 이해대립과 충돌이 자주 발생하게 되었던 것이다. 그러나 藩의 경제를 조선무역에 의존하고 있던 대마번의 입장에서 조선과의 관계를 단절할 수는 없으며, 막부와 조선정부 역시 동아시아의 국제관계를 고려하여 조일관계의 유지와 안정을 원하는 정책을 취하였다. 때문에

---

69) 尹裕淑, 『近世日朝通交と倭館』, 岩田書院, 2011. 112~113쪽 참조.

70) 米谷均, 「近世日朝關係における對馬藩主の上表文について」, 『朝鮮學報』 154집, 1995.

71) 鶴田啓, 『對馬からみた日朝關係』, 山川出版社, 2006. 75쪽 「藩政の推移と矛盾」 참조.

조선과 대마번은 끊임없이 분규를 거듭하면서도 통교단절이라는 결정적
인 사태까지는 이르지 않고 타협 속에서 관계를 유지해 나갔다.

Ⅲ. 동래부와 동래부사

1. 동래부사의 교체 실태

동래 지역은 원래 東萊縣이었다. 그러나 일본 사신이 왕래하는 관문으로 義州와 같이 중시되었기 때문에 명종 2년(1547) 재상 李芑의 건의에 따라 都護府로 승격시키고 문무 당상관(정3품)을 부사로 임명하였다.[1] 그러나 임진왜란이 일어나고 동래부가 가장 먼저 왜군의 수중에 떨어지자 정부에서는 패전지라는 이유로 도호부에서 縣으로 降號시켰다. 그 후 선조 32년(1599)에 동래현을 다시 동래도호부로 승격시키는 동시에 堂上武官을 府使로 임명하고 判官을 두었다. 임진왜란이 끝나고 조일 국교가 재개됨에 따라 선조 34년(1601)에는 동래부에 문관직 부사를 임명하고 판관 제도를 없앴다.[2]

동래부는 경상도에 있던 14개 都護府 중의 하나이며, 행정상의 모든 책임을 지고 있던 동래도호부사는 보통 '동래부사'라고 불렀다. 『大典會通』 吏典 外官職條에 의하면 도호부사는 대개 종3품 당하관이 임명되었으나 동래부사는 다른 도호부사와 달리 문관 정3품의 당상관이 임명되었다.[3] 1610년(광해군 2)에는 부사 趙存性 때 처음으로 義州府尹의 관례에 의거하여 '왜인들의 情狀에 관계되는 일이면 경상감사를 거치지 않고 바로 국왕에게 狀啓하라'는 권한이 주어졌다.[4] 이는 왜정을 매우 신속하

---

1) 『韓國近代邑誌』14, 慶尙道 8, 東萊郡誌 「建置沿革」 ; 『증정교린지』 제3권 勿禁牌式 「茶禮儀」, 115쪽 참조.

2) 위의 책 「建置沿革」 ; '宣祖朝降爲縣令, 復升爲府使, 置判官遺文臣堂上建節廢判官, 復陞府使.'

3) 『經國大典』 吏典 外官職 慶尙道條에는 '영덕·경산·동래·고성·거제·의성·남해에 종5품 현령을 둔다'고 되어 있다. 『大典會通』 卷之一, 吏典 外官職 慶尙道條에는 '都護府使 14인을 두며, 종3품이고, 東萊는 縣令에서 都護府로 승격한다'고 되어 있다.

게 보고할 수 있도록 하는 조치였다. 동래부사는 年例送使, 差倭 등 일본 사절이 오면 京·鄕接慰官 및 부산첨사와 함께 접대에 참여하였고, 일본 사절이 왜관에 도착한 다음부터 돌아갈 때까지의 모든 진행과정을 경상감사를 통해서 중앙에 보고하고, 이에 대한 회답을 받으면 다시 왜관에 전달하였다.

왜관 운영과 관련하여 중앙에서는 동래부나 부산진, 경상감영 모두 하루라도 수령 자리를 비워둘 수 없는 긴요한 곳으로 파악하고 있었으며, 따라서 그 지역의 지방관이 새로 부임할 때는 항상 임시로 급히 내려가게 하거나, 빨리 갈 수 있도록 말을 특별히 지급한다거나, 후임자가 부임지에 도착한 이후라야 전임자가 떠날 수 있게 하는 등의 조처가 내려졌다. 그 이유는 동래부와 부산진 지역이 한시적으로 머무는 일본사절만 오는 곳이 아니라, 왜관이라는 특수한 왜인들의 거류구역이 있어서 수백 명의 왜인들이 장기간 거주하는 변경지역이었기 때문이다. 따라서 위와 같은 조치들은 지방관의 부임지 도착을 서둘러서 매일 진행되는 대일 업무의 긴장을 늦추지 않으려는 의지였다고 볼 수 있다.

17세기 초반까지는 동래부사의 역할이 크게 부각되지 않았다. 즉 일본에서 사절이 오면 경상감사가 직접 동래로 내려와 일본사절과 교류했으며, 조정에서 宣慰使가 파견되어 사절을 접대하고, 사절이 가져온 예단을 看檢하는 것도 선위사와 경상감사가 직접 했기 때문이다. 그런데 왜관이 30년 이상 동래부에 존속하면서 동래부사의 위치가 높아진 것으로 보인다. 특히 1642년부터 吏曹가 아닌 備邊司에서 동래부사를 천거하기 시작하면서 동래부사의 선정이 한층 강화되었다.[5] 문관의 인사권을 가진 이조에서 동래부사를 추천하는 것이 아니라 동래부사 후임을 선정할 때마다

---

4) 국역 『증정교린지』 제3권 「茶禮儀」, 동래부사(115쪽).

5) 장순순, 「조선후기 왜관에서 발생한 朝日 양국인의 물리적 마찰 실태와 처리」, 부산대학교 한국민족문화연구소, 『한국민족문화』 제31호 2008.

이조에서 비변사에 추천하기를 바란다는 의견을 개진한 후 중요 핵심 당
상들이 모두 모인 비변사에서 동래부사를 추천하였다. 그 이유로는 이 무
렵 대마번에서 처음으로 두모포왜관의 移館 건의가 있었는데, 변경의 움
직임이 심상치 않게 돌아가는 것으로 파악한 조선 조정에서 이에 대응하
기 위한 첫 번째 조치로 동래부사의 선정을 중요하게 여겼기 때문이다.[6]

두모포왜관 때는 1600년(선조 33) 10월 李馨郁이 부임한 이래 1676년
(숙종 2) 7월 李馥의 부임까지 55명의 동래부사가 근무하였다.[7] 초량왜
관 시기에는 1679년(숙종 5) 2월 李瑞雨가 부사로 부임한 이래 1872년(고
종 9) 9월 메이지 정부가 초량왜관을 강제로 점령할 당시의 동래부사인
鄭顯德까지 모두 148명이 근무하였다. 따라서 두모포왜관 때부터 초량왜
관이 강제로 점거되는 1872년까지 272년 사이에 모두 203명의 부사가 근
무한 것이 된다.[8] 이하에 첨부한 도표를 분석하면 다음과 같은 사실을
알 수 있다.

---

6) 장순순, 앞의 논문(2008) 참조.
7) 두모포왜관 시절의 동래부사 명단과 임기는 양흥숙, 『조선후기 東萊 지역과 지
   역민 동향』, 부산대학교 박사학위논문, 2009, 59쪽 <표 6>과, 「17세기 두모포왜
   관 운영을 위한 행정체계와 지방관의 역할」, 『한국민족문화』 31(부산대학교 한
   국민족문화연구소, 2008) 5쪽에서 자세히 분석하였다.
8) 메이지 정부가 초량왜관을 강제로 점령한 이후에도 동래부사는 계속 대일업무
   에 종사했으며, 1910년(순종 4) 8월 東萊府尹兼監理 金彰漢이 사직할 때까지 28명
   의 동래부사(府尹)가 근무하였다.
   이 글에서는 두모포에서 초량으로 왜관을 옮긴 이후부터 1872년 9월 초량왜관
   이 점령당할 때까지를 초량왜관 시기로 보고, 이 시기에 재임했던 동래부사만을
   분석대상으로 삼았다. 그 이유는 조선전기의 삼포왜관 시기, 임란 이후의 두모
   포왜관 시기, 1876년 개항 이후의 왜관(일본인 전관거류구역)은 각 시기에 따라
   동래부사의 역할, 왜관 현황 등이 다르기 때문에 동래부사의 任免 사유도 다를
   수 있다. 초량왜관 시기는 조일간에 '평화의 시대'라고 일컬어지기도 하며, 다른
   시기의 왜관보다 전형적이고 일상적인 조일 교류가 이루어졌던 시기로 파악하
   기 때문이다.

<표 5> 동래부사 명단과 임기(草梁倭館)

연번	수령이름	임기	교체이유	재임(월)
1	이서우(李瑞雨)	1679. 2.- 1680. 6.	臺官 탄핵으로 파직(臺罷), 경상감사 역임.	16
2	조세환(趙世煥)	1680. 6.- 1681. 2.	전라감사 除授	8
3	남익훈(南益熏)	1681. 2.- 1683. 4.	밀양부사에서 승진, 朝辭 생략 후 부임, 呈遞	26
4	소두산(蘇斗山)	1683. 4.- 1684. 8.	辭遞	16
5	박치도(朴致道)	1684. 8.- 1685. 9.	동래부 장계로 파직	13
6	유지발(柳之發)	1685. 9.- 1686. 4.	동래부 推考에 착오가 과중하여 파직	7
7	이 항(李沆)	1686. 4.- 1688. 1.	差倭書契에 대한 조정의 회답문제로 京罷	21
8	이덕성(李德成)	1688. 1.- 1689. 4.	病遞	15
9	박 신(朴紳)	1689. 4.- 1690. 7.	왜관에 잠입한 여인을 즉시 잡지 못한 일로 파직	15
10	남 후(南垕)	1690. 7.- 1690. 8.	卒逝	1
11	이형상(李衡祥)	1690. 9.- 1691. 7.	淸州牧使에서 승진, 朝辭 생략 후 부임	10
12	김홍복(金洪福)	1691. 7.- 1692.10.	定州牧使에서 승진, 左兵使와 相詰하다가 被拿	15
13	손만웅(孫萬雄)	1692.10.- 1693. 5.	淸州牧使에서 승진, 朝辭 생략 후 부임, 교체됨	7
14	성 관(成瓘)	1693. 5.- 1694. 4.	執義에서 승진, 부산진에 표류해 온 왜인을 잃어버린 일로 被拿	11
15	한명상(韓命相)	1694. 4.- 1694. 5.	曾子를 문묘에서 黜享(삭제)하려는 유림의 소청에 휘말려 교체	1
16	이희용(李喜龍)	1694. 9.- 1696.11.	呈遞	26
17	이세재(李世載)	1696.11 - 1698. 1.	持平에서 승진. 1697.8, 東平行一件으로 被拿, 경상감사 역임.	14
18	박 권(朴權)	1698. 1.- 1698. 9.	承旨에서 除拜되어 부임, 5월에 왜인 1인이 변복하고 읍내에 잠입한 일로 파직, 경상감사 역임.	8
19	조태동(趙泰東)	1698. 9.- 1699. 7.	校理에서 승진, 病遞, 경상감사 역임.	10
20	정 호(鄭澔)	1699. 7.- 1700. 6.	校理에서 승진, 1700.5 啓聞 없이 新銀을 사용한 일로 被拿	11
21	김덕기(金德基)	1700. 6.- 1701. 9.	呈本道遞	15
22	박태항(朴泰恒)	1701.11.- 1703. 4.	獻納에서 승진, 1703. 3월 왜인이 사기그	17

연번	수령이름	임기	교체이유	재임(월)
			룻 제조허가를 갱신하여 다시 제조할 수 있도록 요청한 일, 죽은 왜인의 유물에 대해 회답문서를 발급하지 않고 물건 먼저 내준 일, 도해 중 익사한 자의 친척이 왜관에 난입한 일 3건으로 被拿	
23	이 야(李壄)	1703. 4.- 1705. 2.	안동부사에서 부임, 충청감사 除授, 경상감사 역임.	10
24	황일하(黃一夏)	1705. 2.- 1706.10.	承旨에서 除拜, 전직이 臺官이라는 이유로 파직	20
25	한배하(韓配夏)	1706.10.- 1709. 1.	弼善에서 陞拜, 瓜遞	27
26	권이진(權以鎭)	1709. 1.- 1711. 4.	茂長현감에서 승진, 朝辭 생략 후 부임, 瓜遞, 경상감사 역임.	27
27	이정신(李正臣)	1711. 4.- 1712.10.	應教에서 승진, 病辭	18
28	이명준(李明浚)	1712.11.- 1715. 3.	教理에서 승진, 卒逝	28
29	권 수(權↑+遂)	1715. 4.- 1715. 9.	宴享에 기생이 나오지 못하도록 조치하는 장계에 임금의 御諱를 誤記한 일로 京罷	5
30	김시환(金始煥)	1715. 9.- 1716. 5.	輔德에서 승진, 丙申遞	8
31	한중희(韓重熙)	1716. 5.- 1717. 6.	어사의 장계로 被拿	13
32	조영복(趙榮福)	1717.10.- 1718.윤8.	司僕正에서 승진, 부친의 병으로 進達 후 교체, 1725년 경상감사 陞任	11
33	서명연(徐命淵)	1718.윤8.- 1719.8.	潭陽부사에서 승진, 己亥遞	13
34	정형익(鄭亨益)	1719.12 - 1720. 7.	金堤군수로 문과장원급제 후 품계를 올려 부임.	7
35	윤석래(尹錫來)	1720.10.- 1722. 6.	同副承旨에서 除拜, 瓜還	18
36	박내정(朴乃貞)	1722. 7.- 1724. 3.	執義에서 승진, 甲辰遞	20
37	윤 유(尹游)	1724. 3.- 1724. 9.	吏曹佐郎에서 승진, 전직 臺官이라는 이유로 臺罷	6
38	조석명(趙錫命)	1724.10.- 1725. 7.	執義에서 승진, 전직 臺官이라는 이유로 관직삭탈 후 파직	9
39	이중협(李重恊)	1725. 7.- 1726.12.	修撰에서 승진, 丙午遞	17
40	이의천(李倚天)	1726.12.- 1727. 7.	靈光군수에서 이임, 丁未遞	7
41	최영세(崔榮世)	1727. 7 - 1728. 2.	안동부사에서 부임, 別騎衛로 역마를 빌려줄 때 능히 살피지 못한 일로 파직	7

연번	수령이름	임기	교체이유	재임(월)
42	권 부(權孚)	1728. 2.- 1728. 5.	掌令에서 승진, 동년 臺遞	3
43	민응수(閔應洙)	1728. 5.- 1729. 5.	경상감사 陞任	13
44	이광세(李匡世)	1729. 5. - 1730.10.	安邊부사에서 승진, 水營 水師와 관직을 비교하고 다툰 일로 파직	17
45	정언섭(鄭彦燮)	1730.10.- 1733. 4.	文學에서 승진, 瓜遞	30
46	정래주(鄭來周)	1733. 4.- 1734. 1.	寧海부사에서 이임, 병으로 교체	9
47	이 흡(李潝)	1734. 5.- 1734. 8.	舍人에서 승진, 驛馬를 규정보다 과다하게 차출한 일로 被拿	3
48	최명상(崔命相)	1734. 8.- 1736. 4.	持平에서 승진, 丙辰卒	20
49	오명서(吳命瑞)	1736. 6.- 1738. 1.	承旨에서 除拜, 臺官 상소로 被拿	19
50	구택규(具宅奎)	1738. 1.- 1738. 9.	長湍부사에서 이임, 臺官 상소로 교체	8
51	정형복(鄭亨復)	1738. 9.- 1739. 8.	校理에서 승진, 別騎衛가 試射하는 일로 左兵使와 다투다가 被拿	11
52	박사창(朴師昌)	1739. 8.- 1741. 1.	동래부와 왜관 정비, 『東來府誌』 편찬, 파직	17
53	김석일(金錫一)	1741. 3.- 1742. 9.	辭遞	18
54	정이검(鄭履儉)	1742. 9.- 1743. 6.	호조참의로 승진. 이후 수령 재직 중 공작미 포흠 문제가 드러나 유배	9
55	김한철(金漢喆)	1743. 6.- 1744.12.	동래부사 이임 후 1747년 大司諫, 도승지·이조참판·경기감사·함경감사 역임.	18
56	심 악(沈鏶)	1744.12.- 1746. 8.	差倭의 所請을 잘못 처리한 일로 被拿	20
57	홍중일(洪重一)	1746. 8.- 1747. 8.	大司諫으로 승진	12
58	김상중(金尙重)	1747. 8. - 1747.12.	倭人節目間事 被拿	4
59	민백상(閔百祥)	1747.12.- 1749. 1.	경상감사로 陞任	13
60	정 권(鄭權)	1749. 1 - 1749. 6.	承旨로 이임	5
61	황경원(黃景源)	1749. 6.- 1750. 4.	瓜滿 遞差	10
62	조재민(趙載敏)	1750. 7.- 1751. 6.	辭遞, 승지로 이임	11
63	신 위(申暐)	1751. 6.- 1753. 4.	예단삼 문제로 남해현 定配	22
64	이이장(李彝章)	1753. 4.- 1754. 1.	장단부사에서 부임, 동래부사에서 경상감사로 승임.	9
65	임상원(林象元)	1754. 1.- 1755.12.	公作米年限裁判差倭事 拿命	23
66	이유신(李裕身)	1755.12.- 1756.10.	規外大差倭出來 狀達事 被拿	10

연번	수령이름	임기	교체이유	재임(월)
67	홍중효(洪重孝)	1756.12.- 1757. 7.	査定御使에서 발탁, 차왜문제로 거제 정배, 석방 후 대사간으로 승진.	7
68	조 엄(趙曮)	1757.12.- 1759. 1.	교리, 충청도어사, 호서어사를 거쳐 동래부사 도임, 경상감사 陞任.	13
69	심 발(沈墢)	1759. 1.- 1759. 8.	승지에서 부임, 潛商 문제로 파직.	7
70	홍명한(洪名漢)	1759. 9.- 1761. 9.	승지에서 부임, 이조참의 승진	24
71	권 도(權導)	1761. 9.- 1762. 9.	利城현감에서 부임, 倭宴不參 문제로 被拿	12
72	정만순(鄭晩淳)	1762. 9.- 1763.12.	승지로 이임.	15
73	송문재(宋文載)	1763.12.- 1764. 8.	승지에서 부임, 差倭문제로 귀양.	8
74	강필리(姜必履)	1764. 8.- 1766.11.	差倭의 譯官護行 건의로 삭직, 대사간 역임.	27
75	엄 인(嚴璘)	1766.11.- 1768. 4.	승지에서 부임, 대사간으로 승진.	17
76	이명식(李命植)	1768. 4.- 1769. 5.	승지, 이조참의. 대사간에서 경상감사 到任.	13
77	이재간(李在簡)	1769. 5.- 1770. 5.	황해감사 승진	12
78	이보관(李普觀)	1770. 5.- 1771. 7.	승지에서 도임, 對馬島 사정을 馳問한 일로 被拿	14
79	박사눌(朴師訥)	1771. 7.- 1772. 6.	대사간에서 부임.	11
80	이석재(李碩載)	1772. 6.- 1773. 8.	대사간으로 이임.	14
81	이택수(李澤遂)	1773. 8.- 1774. 6.	松羅察訪에서 부임.	10
82	김제행(金悌行)	1774. 8.- 1776. 7.	승지에서 부임, 逆黨으로 몰려 파직.	23
83	유 당(柳戇)	1776. 8.- 1777. 9.	동부승지에서 부임, 사간원 대사간으로 이임.	13
84	임정원(林鼎遠)	1777. 9.- 1778. 9.	사간원 대사간으로 이임.	12
85	이치중(李致中)	1778.10.- 1780. 1.	광주부윤을 거쳐 부임, 차왜문제로 파직.	15
86	이문원(李文源)	1780. 1.- 1780. 8.	예조참의에서 경상감사 除授.	7
87	윤사국(尹師國)	1780. 9.- 1781. 1.	八送使 정지 요청 건으로 因御使書啓 被拿	4
88	조영진(趙英鎭)	1781. 2.- 1781.12.	사간원 대사간에서 부임, 送使 문제로 파직.	10
89	이병모(李秉模)	1782. 1.- 1782. 7.	동부승지에서 부임, 경상감사 역임.	6
90	이양정(李養鼎)	1782. 7.- 1783. 6.	公作米와 炭庫布 문제로 先罷被拿.	11
91	이의행(李義行)	1783. 7.- 1784. 8.	사간원 대사간으로 이임.	13
92	이이상(李頤祥)	1784.10.- 1785.12.	사간원 대사간으로 이임.	14
93	홍문영(洪文泳)	1786. 2.- 1786.12.	秋應德 구타치사사건으로 파직.	10
94	민태혁(閔台爀)	1786.12.- 1787. 2.	交奸事件에서 장계를 고쳐쓴 일로 京罷.	2

연번	수령이름	임기	교체이유	재임(월)
95	이경일(李敬一)	1787. 2.- 1788. 9.	釜倉逋欠件 拿罷	19
96	김이희(金履禧)	1788.10.- 1791. 2.	瓜遞, 사간원 대사간으로 이임.	28
97	유 강(柳烱)	1791. 3.- 1792. 6.	貶罷, 사간원 대사간으로 이임.	15
98	윤필병(尹弼秉)	1792. 7.- 1795. 3.	승지에서 부임, 瓜遞, 사간원 대사간으로 이임.	32
99	윤장렬(尹長烈)	1795. 3.- 1796.12.	玉浦倭學事 拿罷	21
100	정상우(鄭尙愚)	1796.12.- 1798. 5.	사간원 대사간에서 부임, 이조참의로 이임.	17
101	김달순(金達淳)	1798. 6.- 1799. 5.	형조참의에서 부임, 호조참판으로 이임	11
102	김관주(金觀柱)	1799. 5.- 1800. 7.	동부승지로 이임.	14
103	한치응(韓致應)	1800. 7.- 1802. 6.	승지를 거쳐 개성유수 역임.	23
104	서유련(徐有鍊)	1802. 6.- 1803.윤2	禮單蔘 문제로 被拿.	9
105	정만석(鄭晩錫)	1803.윤2.- 1806. 1	경상우도 암행어사를 거쳐 부임, 公忠道 관찰사 移拜, 경상감사 역임.	36
106	오한원(吳翰源)	1806. 2.- 1809. 2.		36
107	윤노동(尹魯東)	1809. 5.- 1812. 4.		35
108	김노응(金魯應)	1812. 4.- 1812. 7.	성균관 대사성에서 부임, 경상감사로 陞任.	3
109	조정철(趙貞喆)	1812. 8.- 1813. 5.	충청감사로 이임.	9
110	홍수만(洪秀晩)	1813. 5.- 1816. 2.	승지에서 부임, 瓜遞, 성균관 대사성 역임.	33
111	조봉진(趙鳳振)	1816. 4.- 1817.10.	강원감사로 이임.	18
112	박기수(朴綺壽)	1817. 9.- 1820. 2.	瓜遞, 성균관 대사성으로 이임.	29
113	이 화(李墷)	1820. 3.- 1821. 2.	松禁 파직	11
114	이덕현(李德鉉)	1821. 3.- 1822. 8.	경상좌도어사 장계로 파직, 사간원 대사간 역임.	17
115	이규현(李奎鉉)	1822. 8.- 1824.윤7.	성균관 대사성으로 이임.	24
116	이 로(李潞)	1824. 9.- 1825. 4.		7
117	이 항(李沆)	1825. 6.- 1825.12.		6
118	윤경진(尹景鎭)	1826. 1.- 1827. 6.	左承旨로 이임.	17
119	김 선(金鐥)	1827. 7.- 1829. 5.	왜관 소통사 배말돈 피살사건으로 파직.	22
120	홍희조(洪羲祖)	1829. 7.- 1831. 1.	왜관 구타사건으로 파직.	18
121	박제명(朴齊明)	1831. 2.- 1833. 6.	瓜遞, 성균관 대사성으로 이임.	28
122	박대규(朴大圭)	1833. 7.- 1834. 6.	右承旨로 이임.	11

연번	수령이름	임기	교체이유	재임(월)
123	이탁원(李鐸遠)	1834. 7.- 1835. 8.		13
124	민영훈(閔永勳)	1835. 9.- 1837. 3.	南應中사건으로 파직.	18
125	성수묵(成遂默)	1837. 4.- 1838.11.	瓜遞, 書契違式件 으로 推考, 邊報지체로 重推	19
126	이명적(李明迪)	1839. 1.- 1840. 6.		17
127	홍종응(洪鐘雄)	1840. 8.- 1841. 4.		8
128	강시영(姜時永)	1841. 6.- 1842. 6.	충청도 관찰사로 이임.	12
129	오취선(吳取善)	1842. 7.- 1843. 8.	이조참의로 이임, 경상감사 역임.	13
130	임영수(林永洙)	1843. 9.- 1845. 5.	右承旨로 이임	20
131	강 로(姜㳣)	1845. 6.- 1847. 4.		22
132	조징림(趙徵林)	1847. 6.- 1849. 4.		22
133	송주헌(宋柱獻)	1849. 6.- 1850. 4.		10
134	이선익(李宣翼)	1850. 4.- 1851. 5.		13
135	이휘녕(李彙寧)	1851. 5.- 1852. 7.		14
136	유석환(兪錫煥)	1852. 7.- 1853.12.	右承旨로 이임	17
137	송정화(宋廷和)	1854. 1.- 1855. 5.	承旨로 이임	16
138	서당보(徐堂輔)	1855. 7.- 1857. 1.	承旨로 이임	18
139	남종순(南鐘順)	1857. 3.- 1858. 3.	承旨로 이임	12
140	윤행모(尹行謨)	1858. 4.- 1858.11.	承旨로 이임	7
141	김 석(金鉐)	1859. 1.- 1859. 6.	交奸 罷黜	5
142	정헌교(鄭獻敎)	1859. 8.- 1860. 5.	承旨로 이임	9
143	박신규(朴臣圭)	1860. 7.- 1861. 4.	承旨로 이임	9
144	조규년(趙奎年)	1861. 5.- 1862. 3.	承旨로 이임	10
145	엄석정(嚴錫鼎)	1862. 3.- 1863. 3.	館倭蘭出 巡營啓罷	12
146	강 로(姜㳣)	1863. 3.- 1866. 5.	瓜遞, 1년 仍任, 副摠管 이임.	38
147	서경순(徐璟淳)	1866. 6.- 1867. 5.	사간원 대사성으로 이임.	11
148	정현덕(鄭顯德)	1867. 5.- 1874. 1.	瓜遞, 2차 仍任, 承旨로 이임.	80
			평균재임기간 (月)	12.65

* 『東萊郡誌』, 『慶尙道先生案』, 『韓國近代邑誌 14, 慶尙道 8』, 『東萊邑誌』, 『慶尙南道輿地集成』, 『縉紳外任案』 등을 참고하여 만든 도표이다. 인명이나 임기 등 불분명한 사항은 實錄에 따라 보정하였다.

조선시대의 관제에는 중앙직과 지방직 모두 일정한 임기가 있었다. 그 중에서도 특히 지방관의 임기를 瓜滿 또는 瓜期·瓜限이라 하고, 瓜滿으로 교체되는 경우를 瓜遞라고 하였다.[9] 이 규정에 따르면 동래부사는 당상관인 동시에 가족을 거느리고 임지에 부임할 수 없는 수령(未挈家守令)이므로 임기가 900일(2년 6개월)이 된다. 그러나 초량왜관 시기의 동래부사는 평균 임기가 12.65개월에 불과하였다.[10] 이 시기의 동래부사 148명 중에서 임기를 모두 마치고 이임한 부사(瓜遞)는 불과 12명뿐이며 (8.11%), 2년 6개월의 임기 중 1년도 채우지 못하고 이임한 부사가 56명 (37.84%)이므로 대부분의 부사는 임기 도중에 교체되었음을 알 수 있다.

동래부사가 교체되는 원인은 크게 나누어 임기를 마치고 이임하는 경우(瓜遞), 범죄로 파직당하는 경우(罪遞, 被拿), 질병 또는 재임 중 사망으로 그만두는 경우(病遞, 卒逝), 기록상 원인이 불분명한 경우(遞, 辭遞) 등으로 나눌 수 있다. 이 중에서 질병 또는 사망으로 교체된 경우는 6건 (4.05%) 뿐이며, 수령으로서의 업무상 과실 또는 범죄로 인하여 징계를 당한 경우는 47건(37.16%)이다. 나머지는 교체 사유를 명확히 알 수 없다.[11]

징계사유 중에서 일반적인 범죄 또는 수령의 직무태만 내지 직무상 과

---

9) 『經國大典』 卷1 吏典 外官職條.

10) 위의 주 7) 참조. 양흥숙의 연구에 의할 때 두모포왜관 시절 동래부사의 평균임기는 16.75개월이므로 초량왜관 시절의 동래부사의 임기는 4개월 정도가 짧아졌다.

11) 『東萊郡誌』, 『慶尙南道輿地集成』 등의 사료에는 교체 사유가 '遞', '辭遞'로 간략히 기록되어 있어서 무슨 이유로 교체되었는지 알 수 없는 경우가 많다. 『縉紳外任案』에는 동래부사의 성명 아래 到任日字만 기록되어 있어서 전임지와 후임지는 물론 교체이유조차도 알 수 없다. 辭遞의 이유에 대하여 "…守令이 外職으로 오래 있게 되면 중앙에서의 진출의 기반을 닦기가 어렵고, 監司의 계속적인 감독과 암행어사의 부정기적인 감찰을 받아야 하는 동시에, 在京 臺官의 탄핵을 받기가 일쑤이며, 또 매우 까다로운 監司의 考績이 자주 행하여지는 까닭에 榮達의 야망을 품고 있는 수령들이 대개 수령직을 기피하고 있었기 때문" 이라고 보는 견해가 있다(이원균, 「조선시대 수령직 교체실태」, 『釜大史學』 제3집, 73쪽 참조).

실로 파직된 경우(罪罷, 被拿, 京罷)는 20건(13.51%)이며, 대일외교(邊情)와 관련된 교섭을 잘못했거나 倭情 보고와 관련하여 파직된 경우는 35건(23.65%)이다. 선행연구 중에는 1506년부터 1897년까지 동래부사에 임명된 사람은 260명 미만이었는데, 대략 6명에 1명 꼴로 왜관과 관련된 문제 때문에 처벌을 받았다고 주장하는 견해가 있다.[12] 그러나 초량왜관시대에는 倭情과 관련하여 처벌된 동래부사가 그렇게 많다고 보기는 어렵다.

이상 살펴 본 바와 같이 4할에 가까운 동래부사가 갖가지 원인으로 징계를 받고 임기가 만료되기도 전에 교체되었으며, 징계의 원인으로는 倭情과 관련된 것이 가장 많아 23.65%에 달했다.[13] 그 이유는 대일외교와무역이 이루어지는 동래부의 특수성이 반영된 것으로 생각할 수 있다.

대일 외교업무는 왜관에서 일본인을 직접 접촉하는 역관에서부터 동래부사(부산첨사) ↔ 경상감사 ↔ 중앙 부서(禮曹) ↔ 국왕으로 이어지는일원화된 행정체계를 갖추어야 하고, 이에 걸맞는 보고체계를 정비하는것이 원칙이다. 조일간에 외교사안이 발생하면 동래부는 경상감영에 보고하고, 동래부사의 장계를 받은 경상감사는 여기에 감사 자신의 의견을

---

12) Louis James 「朝鮮後期 釜山 倭館의 記錄으로 본 朝日關係 -폐·성가심(迷惑)에서 상호 이해로-」, 『한일관계사연구』 6집, 145쪽 이하 참조.
　　지방관으로서의 일반적인 업무상 과실로 파직되는 경우보다 倭情과 관련된 문제를 잘못 처리해서 파직되는 동래부사가 더 많기는 하다. 그러나 400여년에 이르는 동래부사의 처벌 사례를 일률적으로 파악해서 이야기할 수는 없다. 임란 전의 동래부와 이후의 동래부, 두모포왜관과 초량왜관 시기에 따라 동래부사의 역할, 왜관 현황 등에 따라 동래부사의 교체사유도 다르기 때문이다.

13) 이것은 『東萊郡誌』, 『慶尙南道輿地集成』 등의 사료에 기록된 수치일 뿐이며, 『實錄』, 『備邊司謄錄』, 『日省錄』 등에 기록된 경우를 추가하면 倭情과 관련하여 처벌된 동래부사의 숫자는 더 늘어날 수 있다는 분석이 있다. 경청할 만한 견해로 생각된다(양흥숙, 『조선후기 東萊 지역과 지역민 동향』, 부산대학교 박사학위논문, 2009. 53쪽).

추가하여 새로운 장계를 다시 꾸며서 중앙 부서로 보냈다. 따라서 경상감사에는 대일 업무의 경험이 있는 동래부사 출신을 임명하는 것이 업무의 전문성을 확보하는 일이 된다. 그러나 초량왜관 시기에 경상감사를 역임한 사람은 모두 141명이었는데, 동래부사를 그만 둔 후 대일 외교라인의 상급관청이라고 할 수 있는 경상감사로 陞任한 경우는 모두 17명뿐이었다(148명 중 11.49%). 중앙 관청 중에서 대일외교의 실무부서라고 할 수 있는 禮曹로 이임한 경우는 1건도 없었다. 결국 대일 외교라인의 인사에서 前任地의 전문성을 고려하여 後任地를 결정했던 것은 아니라고 볼 수 있다.

대일외교의 최일선 담당자라고 할 수 있는 동래부사의 잦은 교체와, 대일외교 경험이 없는 인물이 경상감사에 임명되는 경우가 더 많았던 점으로 볼 때 결과적으로 조선시대에 대일외교를 담당했던 관료의 전문성은 그다지 확보되지 않았던 것으로 볼 수 있다.

2. 동래부의 재정과 왜관 운영비용

동래지역으로 건너오는 일본 사신들은 모두 왜관에 머물기로 되어 있었다. 이들이 왜관에 체류할 수 있는 기간은 己酉約條에 명시되어 있는데, 대마도주의 特送使는 110일, 歲遣船을 타고 오는 왜인은 85일, 각종 差倭는 55일, 大差倭는 60일, 裁判差倭는 체류기한에 대한 규정이 없어 무한정이었다.

왜인들은 왜관에 체류하는 동안 조선정부로부터 몇 차례의 宴享을 받았음은 물론, 지위에 따라 날마다 일정량의 식료품과 어물·과일·술 등을 지급받을 수 있어서 관내의 생활에는 아무런 지장이 없었다. 그밖에도 날마다 정해진 수량의 柴炭을 지급했고, 임무를 마치고 돌아갈 때는 배에서 먹을 양식인 過海糧까지 지급하였다.[14]

대마도인이 귀국할 때는 5일분, 대마도주의 특송인에게는 10일분, 국왕사에게는 20일분의 백미가 지급되었다. 이와 같은 대마도의 정규사절 외에 조선 연해의 각지에 표착하는 왜인들(漂倭)에게도 본국으로 송환할 때 표착한 배 1척에 대하여 쌀 2섬, 표왜 1명당 옷감으로 무명 1필씩을 지급하였다.[15]

또한 동래부에는 특별히 釜倉色, 日供色, 支待色 등의 담당 계원이 마련되어 있었으며, 부산진성 안에는 釜倉, 支待庫, 公木庫, 日供庫, 公米庫 등의 창고가 있어서 왜인 접대에 소요되는 각종 물화의 價米와 錢貨를 보관하고 있었다. 釜倉에는 매년 쌀 2,670섬 11말 9되 1홉 3작과 콩 822섬 8말 6되를 저장했다가 연례송사왜와 별차왜의 料米로 지출했는데, 남

---

14) 국역 『증정교린지』 제1권 「年例送使」, 16~38쪽.

15) 국역 『증정교린지』 제1권 「兼帶」, 38~42쪽.

는 것이 생기면 會錄하고, 모자랄 때는 大同庫에서 加劃하기로 되어 있었다. 支待庫는 魚價의 利錢 4,217냥 2전 5푼을 沿海 각 고을에 분급하고, 매년 이자 800냥을 받아서 왜인에게 베푸는 宴享에 필요한 物種을 책임지고 공급하였다. 公木庫는 매년 公木 1,121동 44필 32척 3촌을 수장하고 이것을 왜인에게 지급했으며, 효종 2년(1651)부터 일본인들의 요청에 따라 그 중 600동은 인삼으로 바꾸어 지급하고, 321동 44필 33척 3촌은 현물로 지급하였다. 日供庫는 왜관에 체류하는 일본인에게 날마다 제공하는 물품을 공급하던 곳이며, 魚價米 937섬 7말 8홉과, 매년 납입하는 양이 정해져 있는 각 고을의 作米 579섬 3되 4홉 4작, 鷹價米 420섬 10말, 雜種物價米 91섬 4말 4되를 수장하고 있었다. 貢米庫는 公作米 16,000섬을 매년 각 고을에서 징수하여 왜인들에게 지급하였다.

동래부에서 지출한 왜관의 유지비용이 얼마나 되는지 정확하게 알 수는 없지만, 『燃藜室記述』에는 다음과 같은 말이 나온다.[16]

> ……차왜가 옛날 견본으로 표준을 삼아 전 수량을 물리쳐 우리로 하여금 다른 물건과 바꾸어 주기 어렵게 해 놓은 뒤에, 드디어 말하기를, "島主의 말이 筑前州는 달리 살아갈 길이 없으니, 그 중에 무명 3백동은 1필당 쌀 12두로 환산하여 특별히 5년 동안 바꾸어 주기를 허락할 것을 원한다."고 하므로 문서를 작성하여 서로 약속하였다. 경자년에 차왜 등이 다시 무명을 그전 견본대로 하자고 함부로 떠들며 위협하므로, 조정에서 1백 동을 더하여 모두 4백 동을 쌀로 환산하여 도합 1만 6천 석이 되고, 공무역의 무명의 수도 4만 7천 필이나 많은 수량에 이르니, 경상도에서 들어오는 세금의 절반이 왜인 접대 비용에 다 쓰였다.

> 대마도의 토지는 돌이 많고 흙이 적어서 五穀이 되지 않고, 오직 瞿麥만 심을 수 있으므로, 사람들이 모두 칡뿌리와 고사리뿌리를 캐어 먹으며,

---

16) 『燃藜室記述』 別集 제18권, 邊圉典故 西邊 「倭國」

도주도 세금을 三浦에서 거두어 먹고 산다. 대마도에 사는 사람이 우리나라의 벼슬을 받아 護軍에 제수된 사람은 해마다 한 번씩 와서 조회하는데, 무려 배가 50여 척이며, 오면 몇 달씩 묵으며 또 格軍인 왜인의 粮料를 받아서 그 처자를 먹이니, 慶尙下道에 있는 미곡은 태반이 倭料로 없어졌다.

경상도의 미곡이 절반이나 대마도로 흘러들어 갔다는 말은 다소 과장된 표현이지만, 경상도 세금의 상당 부분이 왜인 접대비로 쓰였다는 점은 알 수 있다.[17]

이상과 같은 왜인들에 대한 접대에는 막대한 경비가 소요되었으며, 이러한 경비는 결국 동래지역 주민들에게서 걷어들인 것이었다. 다른 도에서 볼 수 없는 동래지역 민중들의 과중한 부담은 결국 동래지역 민중들의 경제생활을 파탄으로 몰아넣는 결과를 가져왔다. 조선왕조가 중요시했던 대일외교에서의 선린·우호도 따지고 보면 동래지역민의 희생 위에서 가능했다고 볼 수 있다.

---

17) 김양수는 일본과의 외교와 무역은 豊臣秀吉 이후 시기에 1/4에서 1/3 정도라고 보았다. 왜관 유지비용은 경상도 세입의 약 22.3%였고, 접대와 외교비용은 그 절반인 10.6% 정도로 보고 있다(「조선후기 譯官의 중개무역과 倭館維持費」, 大湖 李隆助敎授 停年論叢, 641~666쪽).

3. 동래부사와 館守

대일외교에서 동래부사의 외교 상대가 누구인가 하는 점이 문제지만 이 문제를 본격적으로 다룬 연구는 아직 없다. 일반적으로는 왜관의 관수가 동래부사의 외교상대로 인식하고 있지만 보다 구체적으로 분석해야 할 필요가 있다고 본다. 대마도에서 오는 서계의 대부분은 수령자가 동래부사이고, 실무상 참고인으로 부산첨사가 병기되어 있다. 따라서 대일외교에 있어서 동래부사의 위치를 설정하는 것이 필요하며, 구체적으로는 동래부사가 관수와 동격의 위치에서 대일외교 업무를 수행했는지, 대마도주와 동격의 위치에서 업무를 수행했는지 밝힐 필요가 있다. 이것은 통교체제와도 관련되는 문제이기 때문이다.

조선후기의 대일교섭은 조선국왕과 일본의 막부장군, 즉 최고통치자 간에 이루어지는 직접적인 교섭보다는 예조관원과 대마도주, 동래부사와 왜관의 관수 사이에 이루어지는 것이 대부분이었다. 따라서 일본에서 파견되는 사절은 예외없이 예조참판과 참의, 예조좌랑 등 예조관원과 동래부사 앞으로 보내는 서계를 지참하였다. 서계의 규례에 의하면 예조참의 ↔ 대마도주, 장군의 서계(막부의 老中) ↔ 예조참판으로 대응되어 있다. 즉 대마도에서 보내는 서계의 최고 수령자는 예조참의였고, 장군측에서 보내는 國書의 최고 수령자는 예조참판이었는데, 이러한 형태는 반대의 경우도 마찬가지였다.

관수는 외교의 상대방이 아니기 때문에 조선측에서 관수에게 보내는 서계는 없다. 다만 조선의 훈도·별차가 실무상 참고를 위하여 자신들의 명의로 관수에게 써 준 傳令은 존재한다. 이때의 傳令은 외교문서가 아니라 실무문서라고 한다.[18] 다시 말하면, 조일 양국은 각각 통교자의 지위에 따라서 외교문서를 주고받았는데, 조선국왕은 막부장군, 예조참판은 막부의 老中, 예조참의는 대마도주와 대등한 관계에 있었다.

대마도로부터 매년 정기적으로 건너오는 연례송사의 경우 예조참의 앞으로 보내는 서계와 별폭, 동래부사·부산첨사 앞으로 보내는 서계와 별폭을 지참하였으며, 일본국왕사의 업무를 대신하는 대차왜의 경우 예조참판 앞으로 보내는 서계와 별폭, 예조참의 앞으로 보내는 서계와 별폭, 그리고 동래부사·부산첨사 앞으로 보내는 서계와 별폭을 지참하였다. 그리고 소차왜의 경우는 예조참의와 동래부사·부산첨사 앞으로 보내는 서계와 별폭을 지참하였다.

업무처리 면에서 볼 때, 동래부사는 중앙에서 파견된 고위 관리로서 단순히 대마도의 서계를 중앙에 전달하는 역할만을 담당했던 것은 아니다. 즉 동래부사는 징세 및 잡역 동원을 통하여 왜관 유지 및 대일외교에 필요한 제반 사항을 능동적으로 처리하였다. 그러나 관수는 외교적으로 현안문제가 발생할 때마다 일일이 대마번에 문의하고, 지시를 받아서 처리하였다. 관수제도는 1637년(인조 15) 11월에 파견된 우치노 곤베(內野權兵衛)가 그 시초라고 한다.[19] 이 해는 兼帶制가 시행된 해이며, 새로운 통교무역 체제 아래에서 제반사가 운영되어 가던 시기이기도 하였다. 관수의 주된 임무는 왜관 내부를 통제하는 것인데, 구체적인 내용은 宗家文庫에 전하는「館守條書」를 통해서 알 수 있다.「館守條書」[20]는 왜관으로 부임하는 관수에게 대마번의 조선 담당 家老가 하달한 업무지침으로서, 관내의 규약 준수, 교역이 늦어지지 않도록 유의할 것, 조선 및 북경에 관한 風說의 수집과 보고, 조선쪽 훈도와 별차를 상대하는 문제 등

---

18) 이훈,『외교문서로 본 조선과 일본의 의사소통』(경인문화사, 2011), 제2부「외교창구 동래부·왜관의 의사소통과「실무문서」」참조.

19) 田代和生,『近世日朝通交貿易史の研究』, 創文社, 2002. 177쪽 참조.

20)「館守條書」는 국사편찬위원회 소장「대마도종가문서」기록류(No.4616, MF00770)「本邦朝鮮往復書」중에 수록되어 있다.

모두 17개조로 이루어져 있다. 이와 같은 條書에 따라 관수는 조일 교섭에서 발생하는 세세한 일까지 대마번에 알린 후 지시를 받아서 수동적으로 처리했음을 알 수 있다. 조선과의 외교 현안에 관하여 관수의 독자적인 결정권은 없었던 것이다. 따라서 동래부사와 관수를 동격으로 놓고 대일외교를 분석하기에는 타당하지 않은 점이 있다.

대마번에서 관수를 선발할 때는 '우마마와리(馬回)' 중에서 현역의 '구미카시라(与頭)' 또는 '오모테반가시라(表番頭)'를 뽑았다고 한다.21) 우마마와리(馬回)는 扶持가 2인 정도 딸린 중급 무사이며 고위직은 아니다. 반면에 동래부사는 정3품으로서 예조참의와 마찬가지로 당상관 반열에 드는 고위 관료이다.

조선 관리들의 인식 역시 동래부사의 외교상대는 관수가 아니며, 동래부사와 대마도주를 동격으로 취급했던 것으로 보인다. 숙종 45년(1719) 己亥通信使 때 제술관으로 일본에 다녀온 申維翰은 대마도에서 도주(宗義誠)와 상견례를 할 때, 도주에게 절을 해야 한다는 일본측 통사(雨森東五郎)의 주장에 대하여 다음과 같이 반박하고 있다.

> "……그렇지 않다. 이 섬은 조선의 한 고을과 같은 것에 지나지 않는다. 태수가 圖章을 받았고, 조정의 녹을 먹으며 큰 일이나 작은 일을 명령을 받으니 우리나라에 대하여 藩臣의 의리가 있다. 禮曹參議와 東萊府使와 더불어 대등하게 문서를 교환하니, 즉 그 등급이 같은 것이다.……"22)

또 동래부사 韓配夏(1650~1721 재임)가 조선 여인과 간음한 관왜의 처벌 문제로 장계를 올려 조정의 회답을 구했는데, 영의정 崔錫鼎은 다음과 같이 임금께 상주하였다.

---

21) 田代和生, 전게서 178쪽에서 참조함.
22) 申維翰 「海遊錄」, 국역 『해행총재』 I , 408~409쪽 참조.

"……島主는 속국의 변방 신하로서 감히 예조참판과 맞서서 예를 행하지 못하고 겨우 참의와 서찰을 통하니, 왜관에 머무는 將倭(館守) 및 裁判倭 등은 곧 도주의 差人이다.……"[23]

왜관에서 중대한 범죄자에게 사형을 집행한 경우, 동래부에서는 將校와 中軍이, 왜관쪽에서는 禁徒倭가 입회하여 사체를 檢屍하였다.[24] 사체 검안에는 원래 해당 지방의 수령이 입회하는 것이 원칙이었지만 동래부사가 검시현장에 나간 적은 없었다. 왜관쪽에서는 관수를 대신하여 禁徒倭가 나왔는데, 대마도주와 抗禮之官인 동래부사가 직접 형장에 나가는 것은 격에 맞지 않는다는 이유 때문이었다.[25]

雨森芳洲는 오랫동안 대마번에서 조선과의 외교를 담당했던 조선 전문가이다. 1729년(영조 5)에는 年限裁判으로 조선에 파견되기도 했으며, 경상도 사투리를 자유롭게 구사할 만큼 조선에 대하여 잘 알고 있는 인물이라고 한다. 그는 조일간의 외교 현장에서 실제의 경험을 토대로 파악한 동래부사와 관수의 지위에 대하여 다음과 같이 말하고 있다.[26]

古館 초기에는 (조선의) 역관들에게 말할 때, 동래(부사)는 사이항(裁判)과 동등하다고 주장하는 사람들이 있는데, 이는 배우지 못한 소치라고도 할 수 있고, 문맹이라고도 말할 수 있다. (중략)……그 후 울릉도 사건이 일어났을 때, 조선의 의견은 어떠한지, 隣交와 그밖의 여러 일들이 이번은

---

23) 국역 『전객사별등록』(Ⅰ), 戊子(1708) 정월 16일.

24) 『邊例集要』 권14 「雜犯」, 甲申(1704) 7월. 소통사 金銀奉을 살해하고 암장한 왜인 右衛門을 관문 밖에서 효수할 때, 동래부 中軍 및 將校를 보내 監刑하게 하였다.

25) 『邊例集要』 권14 「雜犯」, 己未(1739) 정월. '…他殺我國通事及潛商人蔘倭人·倭館門 外行刑時, 館守倭, 送其禁徒與本府軍官, 眼同監刑, 館守, 不過島主之差价, 而不爲親自 監刑, 使禁徒替行, 本府與島主抗禮之官, 自前送中軍替監, 似是重事體之意, 若使府使 親監, 則未免館守之下擧措……'

26) 역주 『交隣提醒』(53)동래부사의 지위, 國學資料院, 2001.

없겠는지 하고 사람들이 의구심을 가지게 되었다. 그 때부터 동래(부사)를 높이 존경하여 잘 살펴 본 바, 동래(부사)는 3품의 사람이므로 도노사마 [대마번주]보다 높은 지위에 있음을 알게 되었다.

이상을 종합해 보면, 동래부사의 외교 상대는 대마도주였으며, 관수는 대마번의 使者 신분으로 조선과 대마번의 외교 현안 문제를 도주를 대리하여 처리하는 지위에 불과하다고 보는 것이 타당하다. 이렇게 보는 것이 조선국왕과 막부 장군, 예조참판과 막부 家老, 예조참의 및 동래부사와 대마도주로 대응되는 통교체제를 일목요연하게 설정할 수 있기 때문이다.

Ⅳ. 왜관의 기능

1. 외교무대로서의 기능

임란 후 대일 강화교섭 과정에서 취한 조선의 대일정책은 기본적으로 조선전기의 중화적 교린체제를 부활하는 것이었다. 즉 명의 책봉을 전제로 한 조선국왕과 일본국왕간의 대등관계(敵禮關係)를 회복하고, 이를 바탕으로 조선과 대마번의 상하관계(羈縻關係)를 재편성하는 이원적인 교린체제를 원했던 것이다.[1]

豊臣秀吉의 조선 침략으로 중단된 조일관계는 조선 국왕과 막부 장군을 대등한 관계로 설정하는 형태로 복구되었다. 다만 이것은 당시 국내외의 정세를 고려한 양국이 상호 인접국과의 안정된 관계를 중시했기 때문에 겨우 성립한 대등한 관계였다. 실제로 이 시기는 양국 모두 강한 자국중심주의 의식이 있었으며, 내심으로는 상대를 조금이라도 낮게 보려는 우월감이 있었다. 이와 같은 상황 아래 일개 번으로서 막부에 충성을 맹세하고, 조선에게도 조공자로서의 입장을 취했던 대마번은 양국의 자국중심주의 의식을 만족시켜 가면서 쌍방의 긴장을 완화시킬 수 있는 존재였다. 에도시대의 대마번이 조일간의 모든 외교실무를 담당하게 되었던 것은 이러한 배경이 있었기 때문이며, 아울러서 조일간의 외교실무의 주된 현장이 되었던 곳이 바로 왜관이다.

조선으로 건너오는 대마번의 사자는 下船宴이 끝난 후 초량객사로 가서 肅拜禮를 올리게 된다.[2] 이것은 초량객사에 마련된 조선국왕의 殿牌에 四拜禮를 올리는 외교의례인데, 이를 통해서 조선은 대마번이 '羈縻圈' 안에 있다는 것을 재확인하였다. 조선은 대마번을 회유와 보호의 대

---

1) 손승철, 『조선시대 한일관계사 연구』, 경인문화사, 2006, 138쪽.
2) 肅拜禮의 절차 및 내용은 국역 『증정교린지』 제3권, 倭使肅拜式, 118~119쪽; 국역 『통문관지』 Ⅰ 倭使의 肅拜하는 법식, 271쪽 이하에 상세하다.

상으로 파악하고 조선의 대외질서(朝貢體制) 속에 포섭하려고 노력했으며, 대마번을 '藩臣'으로 간주하였던 것이다. 조선국왕과 대마번의 통교관계는 '朝貢關係'와 같은 양상을 나타내고 있었다. 예를 들어서 통교무역의 형태를 보면 조선과 대마도주의 증답행위(進上과 回賜)가 핵심이되며, '公貿易'과 '私貿易'이 그 외연에 위치하는 형태는 동아시아 세계에서 널리 볼 수 있는 '朝貢과 回賜' 시스템과 원칙적으로 동일한 것이었다. 막부는 대마번에 대하여 조선외교 업무를 '조선 통제의 役(朝鮮押さえの役)', 즉 軍役의 하나로 부담시키고, 이정암 윤번제의 정비 등을 통해서 외교의 일원화를 확립했다고 한다.3)

---

3) 荒野泰典, 『近世日本と東アジア』, 東京大學出版會, 1992년 4刷. 210~211쪽.

2. 무역의 장소

　전근대 동아시아 국가들 사이에는 事大와 交隣 등 여러 가지 통교관계가 존재하였다. 조선과 일본은 국가 차원에서는 조선 국왕과 막부장군 사이에 수평적이며 대등한 交隣關係를 맺고 있었지만, 대마번과는 朝貢·册封을 바탕으로 하는 羈縻關係를 맺고 있었다. 이와 같은 관계 속에서 실제로 외교교섭이 이루어지던 장소가 왜관인데, 임진왜란 이전의 왜관(浦所倭館)은 客館으로서의 기능이 위주가 되었지만, 임란 이후의 왜관은 客館의 기능보다 商館 내지 외교·통상무대로서의 성격이 강했다.

　임진왜란 이후 재개된 조일관계는 왜란 이전의 성격을 계승하는 형태로 이루어졌는데, 실제의 무역은 기유조약 체결 2년 후인 1611년(광해군 3) 9월, 대마도에서 최초의 歲遣 제1선(正官 平智直)이 파견됨으로써 개시되었다.4)

　임란 이후 성립된 대일외교의 기본구조는 조선전기의 교린체제를 부활하는 형태였으며, 기유약조에서 허락된 양국의 교역형태 역시 조선전기의 제도를 계승하여 조공적 교역관계를 회복하는 것이었다. 그러나 내용적으로는 다음의 <표 3>에서 알 수 있듯이 교역 자체가 임란 이전보다 훨씬 엄격히 통제되었고, 그 양도 현저히 감소된 것이었다.

---

　4) 『朝鮮通交大紀』 卷5, 慶長16年 辛亥條(186쪽)에 '此年始て歲船を渡されしたり,'라고 나온다. 又 『通航一覽』 第3 卷之126, 朝鮮國部102, 貿易, 公私貿易幷求請物條(473쪽)에 '宗對馬守義智先に己酉(慶長14年)約條の後、ことしはしめて送使船を渡す、是より每歲渡海交易あり,'라고 나온다.

〈표 6〉 대일교역에 관한 약조 비교

항목	계해약조 (1443)	해동제국기 (1471)	임신약조 (1512)	정미약조 (1547)	기유약조 (1609)
제사정례	대마도주	국왕사	대마도주	대마도주	국왕사
		거추사			대마도주
		구주절도사			수직5인
		대마도주			수도서5인
		수직왜인			
사선 정수	도주50척	국왕사 2-3척	도주 25척	도주 25척	국왕사 2척
	특송선	대마도주 50척 거추사 1-2척 수직인 1척씩 특송선			도주 20척 (특송 3척) 수직인 1척씩 특송선 1척씩
세사미두	200석		100석		100석
사선 대소 및 선부		대선 40인 중선 30인 소선 20인			대선 40인 중선 30인 소선 20인
留館日限		국왕사 무기한			대마도주특송 110일
		대마도주 35일 거추사 5-10일			대마도세견선 85일 기타차왜 55일
過海料		국왕사 20일 대마도인 5일 일기도인 15일 구주인 20일			국왕사 20일 대마도주 10일 대마도인 5일
上京 여부	허용	허용	허용	허용	불허

* 이 표는 손승철『조선시대 한일관계사연구 - 교린관계의 허와 실』128쪽의 표를 재인용한 것임.

예를 들면 도항선의 경우, 國王使船, 對馬島主 歲遣船, 受職人船, 受圖書船 및 畠山殿 이하 諸巨酋使가 보내는 사선이 있었다. 이 가운데 국왕사선과 거추사선은 사실상 폐지되고 대마도주 세견선도 계해약조 때 50척이던 것이 20척으로 감해졌으며, 수직인선과 수도서선도5) 5척씩만을 인정하되 그들의 내조도 연1회로 한정시켰다. 이들 교역이 허가된 사송선을 정기적인 사행의 의미를 지닌 年例送使라고 하였다. 또한 교역을 위해 조선에 도항하는 모든 선박은 사송선의 형식을 취해야 했고, 그에 따라 모든 선박은 입항에서부터 출항에 이르기까지 별도의 외교의례를 행해야 했다. 예를 들어 모든 사송선의 책임자인 正官은 초량왜관에 입항하면 동래부사와 부산첨사에게 도해 인사를 올리는데 이것을 茶禮儀라고 하였고, 이어서 초량객사에 마련된 조선국왕의 殿牌를 향하여 肅拜를 올려야 했다.

연례송사에게 공식적으로 인정된 교역형태는 進上, 回賜, 求請, 公貿易, 開市의 다섯 종류가 있는데, 모든 사송선은 매 1척마다 이 다섯 종류의 교역을 모두 행했다. 그 중 진상, 회사, 구청, 공무역은 외교적인 절차를 밟아야 했고, 개시는 왜관에서 일반적인 교역방법에 의하여 이루어졌다. 이러한 의미에서 본다면 일본과의 교역은 무역이라기보다 외교의례를 통한 물자의 교환형식을 취하는 것이었으며, 그 방법도 대등한 관계에서 이루어진 것이 아니라 조선이 上國이라는 입장에서 遠人을 구휼한다는 '遠人厚待'의 방침 아래 이루어진 교역이었다. 결국 이러한 교역방법은 외교체제가 대마번과의 기미관계의 재확립을 목표로 했다면, 기유약조를 통한 교역체제는 기미관계를 확립시켜 주는 제도적인 장치였다고 할 수 있다.

이상의 내용을 통해 기유약조의 특징을 다음과 같이 정리할 수 있다.

첫째, 기유약조는 임란전의 조선과 대마번 및 막부와의 통교체제를 계승하면서도 임란 이전의 다원적인 통교체제를 幕府·對馬島主·對馬受職人의 삼자로 한정해 그 관계를 보다 체계화해 가면서 대등·기미관계를

---

5) 기유약조 제5조에는 受圖書人으로 玄蘇와 柳川景直 2인으로 되어 있으나, 『通文館志』 권5, 交隣, 接待 對馬島人 新定事例에 의하면 副特送使(柳川送使), 萬松院送使, 流芳院送使, 以酊庵送使, 兒名送使(平彦三, 平義眞送使) 등 5인이다.

재편성해 간다는 점이다.

둘째, 막부와는 관계없이 통교의 권한을 對馬 宗氏에게 집중시킴으로써 보다 확실한 기미관계를 인식시켰고, 宗氏를 일본에 대한 조선의 이해의 대변자 및 대일외교의 창구로 설정한다는 것이다.

셋째, 교역에서 생기는 조선측의 경제적인 손실을 막기 위해서 무역에 관한 내용을 구체화하고 그 제한을 보다 엄격히 통제해 나가고 있다는 점이다.

국교재개 이후의 무역은 이전과 마찬가지로 사절이 동승한 使船 1척마다 물품의 수수·교역이 행해졌고, 의례적인 물품 증답인 「進上·回賜」가 기본이 되었다. 무역에는 이밖에도 「公貿易」과 「私貿易」이 있었으며, 따라서 1척의 使船에는 진상품·공무역품·사무역품 등 세 종류의 물품이 실려 있었다. 이 중에서 진상·공무역은 使船 1척마다 품목과 수량이 규정된 「定品·定額制」였기 때문에 연간 파견되는 선박수는 무역의 기본액을 결정하는 중요한 요인이기도 했다.

임진왜란 이후 조선과 일본 사이에는 외교와 무역이 분리되지 않은 상태로 초량왜관을 통하여 다양한 형태의 물품교류가 이루어지고 있었다. 왜관을 통해서 조선으로 들어온 일본산 물품은 구리와 유황이 대부분이었고, 丹木(蘇木)·물소뿔 등의 동남아시아산 물품도 수입되었다. 이 중에서 유황과 물소뿔은 군수품이었으며, 구리는 화폐 및 군수품 제작(화살촉)에, 단목은 염료로 사용되는 물품이었다. 이에 비하여 조선에서 대마번으로 건너간 물품은 조선산 무명 및 쌀(公作米)이 중심이 되었고, 대마번의 중개무역을 통해서 오사카 및 교토(京都) 등지로 들어갔던 물품은 인삼을 비롯하여 각종 한약재, 서적, 중국산 生絲와 비단 등이었다. 대마번은 조선산 물품의 수입대금으로 일본산 은(人蔘代往古銀)을 지불했고, 조선은 일본산 물품의 수입대금으로 대개 쌀을 지불하는 것이 관례였다.

대마번이 수입하는 조선산 쌀은 번의 경제에 반드시 필요한 생필품이었지만, 인삼과 중국산 비단은 교토나 오사카로 전매하여 이익을 남기는 중개무역품이었다. 조선이 수입하는 일본산 물품도 국가 경영에 절실히 요구되는 물품이었지만, '交隣의 道' 때문에 수입에 대한 대가로 공작미를 지급한다는 것이 호조와 선혜청의 공통된 인식이었다. 즉 조선정부의 입장에서 볼 때 공작미는 무역 결제수단이 아니라 일본과의 외교관계를 고려한 경제적 지원이라는 인식이 강했다. 전근대 조일간의 무역을 간단히 살펴보면 아래와 같다.

1) 進上·回賜

대마번에서 조선으로 건너오는 선박은 모두 使節이 탄 使送船이었기 때문에 왜관에 입항한 때부터 출항할 때까지 다양한 외교의례가 베풀어졌다. 우선 왜관에 들어온 使節이 正官 이하 향응장(宴饗大廳)에서 동래부사와 부산첨사에게 도해 인사를 올리는 일부터 시작되었다. 이것을 '茶禮儀'라고 하며, 대마 도주가 조선의 예조참의에게 보내는 書契를 이때 제출하였다. 서계에는 대마 도주가 조선국왕에게 헌상하는 물품 목록(別幅)이 딸려 있었으며, 일정한 절차에 따라서 진헌하는 의식이 행해졌다. 이것을 '進上'이라고 한다. 『春官志』에는 '진상이란 후추, 백반, 단목, 주홍, 화연갑, 동반, 금병풍, 구리거울 등이다. 書契 안에 別幅을 마름질해 넣고 진상물품을 나열하여 적기 때문에 別幅進上이라 한다'고 하였다.[6] 진상은 兼帶制 시행 이후부터 '封進'으로 개칭되었고, 사선 1척마다 행하던 진헌의례를 생략하는 등 여러 가지 점에서 간략화 되기에 이르렀다.[7]

---

6) 『春官志』V.3, 국사편찬위원회 소장(등록번호 6461). 「年例送使」조 '進上者胡椒白礬丹木朱紅畵硯匣銅盤金屛風銅鏡之屬, 於書契中裁入別幅列書進上物件故謂之別幅進上.' 이하 『春官志』로 약칭한다.

진상에 대하여 조선정부에서 주는 답례품을 '回賜'라고 하며, 대체로 인삼, 호피, 표피, 백명주, 흑명주, 매, 돗자리, 붓, 먹 등을 주었다.8) 진상과 회사에는 통상적으로 상호간에 교환하는 물자의 품목과 수량이 정해져 있었다.

進上과 回賜는 순수한 무역행위는 아니며, 외교의례에 부수하여 조일간에 각기 필요한 물자를 교환하는 외교행위이기도 하였다. 따라서 進上과 回賜는 외교와 무역이 혼합된 전근대 교린외교의 전형적인 형태라고 할 수 있다.9) 특히 조선은 '大國恤小國'이라는 의식을 기반으로 대마번을 상대했기 때문에 回賜에는 조선쪽의 일방적인 적자가 수반되었다. 1635년(인조13)에 시행된 '兼帶制'는 조선쪽의 이와 같은 재정 부담을 줄이려던 자구책이었다.

요컨대 대마번에서 매년 조선에 파견하는 年例送使는 외교적 형식을 취하고 있었지만 실질적인 목적은 무역이었다고 할 수 있으며, 당시에는 오늘날과 달리 무역에 앞서서 반드시 외교의례가 거행되었다는 점에 특색이 있다. 조선 후기 대일무역(특히 공무역)의 거래체제가 이처럼 정비되기 시작한 것은 17세기 중엽이었다. 兼帶制가 실시되면서 공무역의 핵심이라고 할 수 있는 年例送使에 의한 무역이 체계적으로 확립된 것이다.10)

---

7) 田代和生, 『近世日朝通交貿易史の研究』, 創文社, 2002, 145~160쪽 참조.

8) 『春官志』「年例送使」조 '回禮者所以答別幅進上也. 人參虎豹皮白黑紬布鷹席筆墨之屬是也.'

9) 進上과 回賜에 대하여 자세한 내용은 하우봉·홍성덕 『국역증정교린지』118쪽 이하 「倭使肅拜式」, 「宴饗儀」, 「贈物捧上儀」 참조.

10) 정성일, 『朝鮮後期對日貿易』, 新書苑, 2000. 203~205쪽 참조.

2) 公貿易·私貿易

공무역이란 조선에서 나지 않는 구리, 납, 단목, 흑각 등을 조선정부가
公木(木棉)으로 사들이는 방식의 거래를 말한다. 『春官志』에는 이들 물
건을 헌납하고 대가를 받아서 돌아가기 때문에 무역이라고 한다.[11]

사무역은 왜관의 開市大廳에서 허가받은 조선 상인과 대마도인(使者,
役人, 상인 등)들이 조선 관리의 입회 아래 거래를 하는 것이다. 조선에
서는 「開市」라고 불렀다. 사무역에서 거래할 수 있는 품목과 수량은 특
수한 것을 빼고[12] 제한이 없었으며, 개시일은 매월 3일과 8일로 정해져
있어서 한 달에 6회씩 개시가 열렸다.

공무역은 조선정부를 상대로 하고, 거래 품목과 수량이 정해져 있었기
때문에 매년 발생하는 이윤도 그다지 차이가 나지 않았다. 그러나 사무
역은 개인들 사이의 거래로서 품목과 수량의 제한이 없었으며, 오로지
이윤 추구만을 목적으로 하던 무역으로 당사자의 경제적 활동의 다과에
따라 무역의 성쇠가 결정된다는 점에서 공무역과 차이가 있다.

3) 求請

구청은 回賜品에 규정되지 않은 물품 중에 대마번에서 생산되지 않거
나 드물게 생산되는 물품을 간절히 원하면 조선에서 回賜라는 명목으로

---

11) 『春官志』「年例送使」조 '公貿易者銅鑞兩物及丹木黑角也. 以其獻此物而受價以故曰
貿易.'

12) 예를 들어서 조선 초기에는 산출량이 적은 금·은 및 중국에 보내는 공물(銅·鐵·
豹皮 등)의 일본 수출을 금지시켰고, 후기에 들어서는 蟒龍段(朝服)을 수출 금지
품으로 지정하였다. 일본에서는 1634년(인조12, 寬永11)에 무기 수출을 금지하였
다(田代和生, 『近世日朝通交貿易史の硏究』, 創文社, 2002. 74쪽 참조).

증여하는 것을 말한다. 또한 구청은 대마번에서 필요한 물건 외에 막부
와 御三家·大名家의 의뢰를 받아 대마번이 조선에 구청하는 경우도 있
으며, 서적 등 귀중품은 이와 같은 방법으로 일본에 수입되었다.13)

『春官志』에는 「年例送使」의 구청 항목 외에 「구청」조가 따로 편성되
어 있는데, 이에 따르면, "왜인이 구청하는 것은 그 지방에서 나지 않는
물건이나 희귀한 것으로서 중세 이래로 그들의 구청에 따라 조선에서 주
는 것을 贈給 또는 구청이라고 부른다14)"고 하였다. 구청물품은 대체로
인삼·매·다리미·마성·종이·붓·대추·밤·율무 등이었다.

『春官志』「年例送使」조에는 우리가 주는 것으로 回禮, 公貿價木, 求請
이 있다고 기록되어 있다.15) 여기서 회례는 回賜를, 公貿價木은 공무역
대금을 의미하는데, 구청은 일본이 요청하는 물품을 무상으로 지급하는
좁은 의미의 구청을 말하는 것이며, 유상으로 지급하는 넓은 의미의 구
청, 즉 求貿도 공무역에 포함된다고 볼 수 있다. 求貿는 일본 쪽이 원하
는 물건을 내주고 이에 상응하는 대가를 받기 때문에 무상으로 지급하는
回賜와는 차이가 있으며, 私人들 사이의 거래가 아니기 때문에 사무역과
구분된다.16)

---

13) 『分類紀事大綱』 26(1기) 「朝鮮御誂物御調物集書」에는 막부 또는 각지의 大名, 유
    력한 번의 家老들이 조선산 약재나 조선에서 편찬된 의학서, 중국의 유학서적
    등을 구해 달라고 개인적으로 대마번에 의뢰했던 물건 목록이 기록되어 있다.
14) 『春官志』 「求請」條 "倭人求請皆其地所不產之物或其稀貴者也."
    進上·回賜·求請의 성격에 대하여 田代和生은, "求請은 외교의례에 따라 행해지는
    물품의 증답 형식을 취하고 있으며, 여기서 교환된 품목과 수량은 중세의 예에
    의하여 使船 1척마다 규정되어 있다"고 하였다(위의 책 59쪽 참조). 그러나 김동
    철은 "求請은 서계·별폭 등의 외교적 의식을 띠지 않고 특별히 요청한 물건을
    무상으로 지급하는 것이므로 진상·회사와 구분되며, 또한 물품의 요구에 대하여
    무상으로 지급하므로 '거래' 의미의 공무역과도 구분된다"고 하였다(김동철, 『국
    역 왜인구청등록』 I 해제, 부산광역시, 2004).
15) 『春官志』 「年例送使」조 "我所賜有回禮有公貿價木有求請條."
16) 求請과 求貿의 구분에 관하여는, 이승민 「조선후기 對馬島 求貿의 개념과 실태」,

조선과 대마번(내지 막부)의 교역은 초량왜관에서 진상과 회사, 또는 구청과 구무라는 형식을 통해서 이루어졌으며, 각각의 거래형식은 공무역 또는 사무역이라는 성격을 아울러서 갖고 있다. 대마번에서 필요한 물품 또는 막부에서 요청한 각종 구청 물품은 연례송사나 각종 差倭가 파견될 때 조선 측에 요구하였다.[17] 조선후기 조일간의 무역에서 기록에 남아 있는 구청 사례는 대마번이 조선에 대하여 요청한 것이 대부분이다.[18] 그러나 대마번(내지 막부)쪽의 구청만 있었던 것은 아니며, 조선도 일본 측에 대하여 물품을 구청한 사례가 있다. 즉『同文彙考』에는 인조 5년(1627)에 浮口 쇄환을 요청하면서 銃藥을 求貿하였고, 효종 6년(1655)에는 兵器 및 硫黃을 求貿했다는 기록이 있다.[19] 인조 10년(1632)과 22년(1644)에는 朱砂·甘草蘇合油·石雄黃·琥珀 등의 약재를 대마번에 요청하여 差倭가 이를 가지고 건너왔으며,[20] 그밖에 대마번의 소와 硫黃 등을 요청한 적도 있다[21] 대마번측 기록인『對馬島宗家文書』중에도 조선이 대마번에 求貿했던 기록이 있는데,『分類紀事大綱』26책(1집)에는 「朝鮮

『한일관계사연구』36집, 한일관계사학회, 2010년에 상세하다.

17) 에도막부 이후 조선과의 외교 및 무역은 대마번이 막부에 대한 家役으로 이행하고 있었기 때문에(이른바 「四つの口」중 對馬口), 막부에서 필요로 하는 물품을 구청하는 경우에도 『왜인구청등록』에는 대마도주가 구청한 것으로 기록되어 있다.

18) 일본이 조선에 요청한 구청사례를 기록한 사료가 『倭人求請謄錄』이다. 『倭人求請謄錄』은 1637년(인조15)부터 1724년(경종4) 사이에 倭人의 각종 求請과 관련하여 東萊府使·慶尙監司 등이 올린 狀啓와 이에 대한 戶曹 및 備邊司의 회답을 禮曹 典客司에서 등록한 원본이며, 대마 도주 등이 조선에 求請한 물품내역 및 절차와, 그를 통한 교섭관계 등을 살필 수 있는 자료이다. 구청 물품은 주로 米·太·良馬·緋緞·苧布 등이 많고, 人蔘 및 각종 藥材, 紙·毛筆·墨·茶器·祭器, 東醫寶鑑 등의 醫書, 五經大典 등 각종 書册이다.

19) 『同文彙考』附編 권22 「請求1 我國人」.

20) 『邊例集要』권1 「別差倭」.

21) 釜山甲寅會編『日鮮通交史』古代記, 第92節「對馬耕牛の朝鮮輸出」,「朝鮮硫黃を求む」.

より所望物集書」라는 제목으로 현종 1년(1660)부터 숙종 31년((1705)까지 조선이 대마번에 요청했던 물건들이 기록되어 있다.

『分類紀事大綱』은 조선과 대마번 사이에 이루어졌던 복잡한 통교내용들을 항목별로 분류하여 편년체로 편집한 책이다. 편찬 목적은 조일 양국 간에 있었던 제반사를 망라하여 정리해 둠으로써 조선과 교섭시 필요한 때에 언제든지 필요한 정보를 신속하고 정확하게 파악하기 위해서였다. 근세 한일관계사를 연구함에 있어서 기본이 되는 1차사료는 물론 조선쪽 사료가 되어야 하지만, 『分類紀事大綱』에는 조선쪽 사료에 빠진 내용도 상당수가 들어 있기 때문에 조선 측 사료를 보완할 수 있다는 장점이 있다.

또한 조선 측 사료는 東萊府 등 하급관청의 기록을 상급관청으로 보고하고, 이러한 문서들을 나중에 취사선택하고 정제해서 편찬한 사료이지만, 『分類紀事大綱』은 교섭이 이루어진 현장을 기록한 사료라는 점에 특색이 있다.[22] 『分類紀事大綱』에는 구청물에 대한 대금결제를 미루는 조선쪽의 태도에 대하여 '不埒千万(괘씸하기 짝이 없다, 무도하다는 의미)'이라거나 '不調法(무례하다는 의미)'라는 직설적인 표현도 종종 보인다. 書契와 같은 외교문서라면 결코 사용할 수 없는 이러한 표현을 쓸 정도로 『分類紀事大綱』은 양국의 교섭 현장을 사실적으로 기록한 사료이다. 따라서 『分類紀事大綱』을 분석하면 조선 측 사료에서는 알 수 없는 왜관 내지 일본인의 입장을 파악할 수 있을 것이다.

지금까지 근세 조일간의 무역에 관한 연구는 대체로 대마번(또는 막부)이 조선 측에 求請했던 내용을 분석한 연구가 대부분이며,[23] 조선이

---

22) 이상은 對馬島宗家文書資料集 『分類紀事大綱』 I~IV, 국사편찬위원회, 2006의 해제를 참조해서 요약하였다.

23) 근세 조일간의 무역을 연구한 대표적인 연구서는 田代和生 저 『近世日朝通交貿易史の研究』(創文社, 2002)이며, 어떤 의미에서는 이 분야에서 거의 사전적인 역할을 하고 있다고 해도 과언이 아니다. 그러나 이 책에서도 조선이 대마번에 求請

대마번에 求請했던 사례를 분석한 연구는 정성일의 연구가 유일하다.[24]
따라서 이하에서는 『분류기사대강』 26(1집)의 「朝鮮より所望物集書」를
분석하여 조선이 특정한 물건을 구청하려 했던 배경과, 이에 대한 대마
번 쪽의 대응을 분석해 보고자 한다.

　『분류기사대강』26 「朝鮮より所望物集書」에 기록된 조선의 구청 사례
를 도표로 정리하면 다음과 같다.

〈표 7〉 「朝鮮より所望物集書」에 기록된 조선의 구청 사례

	날짜	요청자	요청한 물건	목적
1	현종 1(1660) 2.12	홍지사 윤첨정	空靑石藥	현종의 눈병 치료
2	현종 6(1665) 5.1	동래부사	天術膏, 大壹香, 眞珠散, 明上散, 眞石散, 角石散, 白礬散, 天術散,	

한 내용은 다루고 있지 않다. 같은 저자의 『日朝交易と對馬藩』(2007, 創文社) 역
시 마찬가지이다. 국내 연구서로는 정성일 저 『朝鮮後期 對日貿易』(2000, 新書苑)
에서 조일무역과 조선·일본(대마번)의 경제구조, 조선 인삼의 대일 수출 문제
등을 분석하고 있지만 조선의 對日求請은 별도로 다루고 있지 않다. 단행본 논
문으로는 求請과 求貿에 관하여 연구한 「조선후기 對馬島 求貿의 개념과 실태」
(이승민, 『한일관계사연구』 36집, 한일관계사학회, 2010년), 동래상인의 활동을
분석한 김동철의 연구(「18-19세기 영주인의 상업활동과 저채문제」, 역사학보 제
130집 ; 「17·18世紀 對日貿易에서의 公作米 문제」, 『향도부산』10, 부산시사편찬위
원회, 1993) 등이 있다.

24) 정성일, 「조선의 기근과 일본쌀 수입 시도(1814~1815년)」, 두모포왜관 설치 400
년 학술심포지움(2007년 11월 30일) 발표집, 「왜관 – 닫힌 세계 속의 열린 틈새」
수록. 정성일은 이 논문에서 조선이 대기근으로 어려움에 처하자 일본쌀 5만석
을 수입하려 한 사실, 조선의 사정을 이해한 대마번이 적극적으로 나서서 막부
를 설득했다는 것, 그러나 막부는 많은 양의 쌀을 바다 건너 외국에 보낸 전례
가 없다는 점, 쌀 수입을 희망하는 예조참의의 서계가 격식에 어긋난다는 점을
들어 거절했다는 것 등을 논증하였다.

	날짜	요청자	요청한 물건	목적
			妙石散, 石膏散	
3	숙종 2(1676) 4.1	조선 조정	?	
4	숙종23(1697) 4.19		和本『本草綱目』 3-4부	의사들에게 나눠주기 위한 것
5	同 5.6		『本草綱目』 50부 『歴使綱監補』 1부 『朱子大全』 1부	의사들에게 나누어 줄 용도
6	숙종32(1706) 1.19	조선 조정	여우가죽, 너구리가죽	
7	숙종26(1700) 10.11	동래부사	蜜柑 久年母	조선정부의 藥用
8	숙종27(1701) 11.5		荔枝, 龍眼 蜜柑, 久年母	왕후의 祭禮用
9	숙종30(1704) 6.22	동래부사	서적, 시계 2개	국왕 요청
10	同 12.19			* 6.22일에 주문한 서적 도착 綱鑑大成 1部 10책 史綱 1部 12책 이상 唐本 性理大全 1部 15책 大學衍義補 1部 단 20책 宋名臣言行錄 1部 단 12책 이상 和本
11	숙종30(1704) 6.18	동래부사	서적, 시계 性理大全 大學衍義補 綱鑑大成 史綱 宋名臣言行錄 發明綱目 大姓通寶 職方外記 自鳴鐘 貳機	
12	숙종31(1705) 8.9	동래부사	여우가죽 500매 너구리가죽 1000매	

(1) 현종의 눈병과 空靑의 求請

현종은 즉위 초부터 건강이 좋지 않아서 실록에는 탕약을 처방받거나 침을 맞았다는 기록이 자주 보인다. 특히 안질이 심해서 재위기간 내내 고생했다고 하는데, 심할 때는 눈에 해로울까 염려하여 落點까지 미루었다고 한다.[25]

현종 즉위 초에는 약방 도제조 이경석(李景奭)이 '눈병 치료에 매우 신통한 약'을 수입하자고 건의했으며,[26] 같은 날짜의 현종개수실록에는 空靑이라는 약재 이름까지 구체적으로 거론하면서 사신을 통해 안질 특효약을 구해오도록 진달하였다.[27] 空靑은 금동광에서 나는 푸른색의 광물인데, 가루로 만들어서 안약으로 쓴다고 한다.[28] 실록에는 대마번에 空靑 구입을 요청했다는 기록이 보이지 않지만,「朝鮮より所望物集書」에는 空靑에 대한 상세한 설명과 함께 구입을 요청한 기록이 있다.

[사료 1]
一. 空靑石藥은 큰 것은 달걀만 하고 대합 껍질 같은 무늬가 있다. 색은
   파랗고 맛은 시며, 속이 비어 있는데 그것을 깨트리면 국물 같은 것이
   나오는 것이 좋은 것이다. 작은 것은 개복숭아(楊梅) 같은 모양이며
   또한 색이 흰 것도 있다.
一. 여러 가지 안약
위의 약을 구해서 급히 보내주시기 바랍니다.[29]

---

25) 『현종실록』 1년(1660) 1월 29일.

26) 『현종실록』 1년(1660) 2월 8일.

27) 『현종개수실록』 1년(1660) 2월 8일. 空靑은 실록의 기사처럼 西蜀과 辰州에서만 생산되는 약재는 아니다. 『세종실록』「지리지」 강원도 淮陽都護府條에는 이 지역에서 나는 약재 중에 空靑이 있다고 기록되어 있다.

28) 한국한의학연구원 한의학지식정보자원 웹서비스(http://jisik.kiom.re.kr/) 참조.

29) 「朝鮮より所望物集書」 현종 1년 2월 12일 기록.

경자 2월 12일   홍지사

윤첨정

관수존공

[사료 2]

조선에서 안약이 급하다며 조달을 요청해 왔습니다. 空靑이라는 약입니다. 이에 조선에서 부탁하는 사본을 보내왔습니다. 가지고 있는 것이 있으면 급히 조달해 주시기 바랍니다. 무릇 眞嶋(對馬島)의 좋은 目藥 몇 가지 또한 조선에서 청구한 것들이므로 적당한 것을 조달해 주시기 바랍니다. 눈병에 따라 (약도) 다르겠지만, 어떤 눈약이라는 말도 없이 여러 가지를 조달해 달라는 것이니, 眞嶋나 그밖의 장소에서든 좋은 안약이 있으면 그곳에 물어서 적당한 약을 보내주시기 바랍니다. 空靑은 비싸도 상관없으니 신속하게 구해주시기 바랍니다.[30]

萬治 3년 3월 15일 幾度三郞兵衛에게 지시함.

[사료 1]은 조선이 동래 역관을 통해서 왜관(대마번)에 일본 안약을 급

一. 空靑石藥, 大者如鷄卯(卵?), 有蛤穀文, 色靑, 味酸, 其中空而, 破之有漿者佳, 小者如楊梅狀亦

有色白者,

一. 色々眼藥

右之藥急々御調差渡賴奉候。

庚子ノ二月十二日   洪知事

尹僉正

館守尊公

30) 「朝鮮より所望物集書」 1660년(현종 1) 3월 3일 기록.

一. 朝鮮都より眼藥急用之由ニ而誂被申候。空靑と申藥種ニ而候。則朝鮮より之賴而之寫差登遺申候。有合候ハヽ早々御調下シ可有候。將又眞嶋之綾目藥色々是又朝鮮より之誂ニ而候間、可然藥御調下シ可有候。尤眼病ニより相替儀ニ候ヘ共、いケ樣之目藥とも無之色々誂被申候事ニ候間、眞嶋か其外ニ茂綾目藥候ハヽ其元ニ而御聞合候而可然藥御調下シ可有候。空靑之儀高直ニ候而も不苦候間、早々御調下シ可有候。

右萬治三年三月十五日幾度三郞兵衛方ヘ申遺。

히 구해 달라고 요청한 주문서이다. 그러니까 2월 8일에 중국으로 가는 사신에게 空靑 구입을 지시하고, 곧이어 대마번에도 구입을 의뢰했던 것으로 볼 수 있다. 왕조국가에서 국왕의 건강상태 여부는 국가적으로 중요한 문제였으며, 조정에서도 현종의 눈병을 치료하려고 매우 진력했던 것이다. 주문서에는 「空靑石藥」이라는 약재의 내용을 자세히 설명하면서 대마번 쪽에 구해 달라는 것으로 볼 때, 조선에서도 이런 약이 일본에 있다는 것을 알고 주문했던 것으로 볼 수 있다.

[사료 2]는 왜관의 관수가 대마번의 담당 役人에게 空靑 조달을 의뢰한 문서이다. 조선 국왕의 안질 치료용으로 필요한 약이니만큼 空靑의 가격을 따지지 말고 신속히 구하라는 문언에서 조선 조정을 상대하는 대마번의 기민한 태도를 엿볼 수 있다. 空靑은 4월 24일 上方(大坂)에서 대마번으로 조달되었고, 大坂의 目醫者(안과 전문의)가 조제한 안약 10포와 함께 조선으로 발송되었다.31) 즉 空靑의 조달 경로는 조선의 구청(2월 12일) - 왜관 접수 및 대마번 담당역인(幾度三郞兵衛)에게 전달(3월 15일) - 대마번에서 上方쪽으로 조달 요청(날짜 미상) - 上方에서 구입(날짜 미상) - 구청물의 대마번 도착(4월 24일) - 조선 발송(4월 26일)이며, 구청에서 입수까지 2달 보름 정도가 걸린 셈이다.

「顯宗大王行狀」에는 현종이 눈병으로 항상 고통을 받았다고 하며, 눈병이 심해지자 옥당으로 하여금 四書·五經의 글자를 크게 써서 들여오게 하여 보기 편하도록 하는 등, 비록 병환 속에 있으면서도 학문에 전념했다고 한다. 다만 이 기록은 『현종실록』에는 보이지 않는다.32)「顯宗大

---

31)「朝鮮より所望物集書」1660년(현종 1) 4월 26일 기록.
　一. 先日朝鮮より洪知事方申來候目藥之儀上方へ申登候處二、 一昨日調來リ候故飛船二而朝鮮江差渡筈二仕御草リ取六之助江爲持遣シ鰐浦より船仕立候樣二申遣。 但大坂之目醫者間嶋立庵調合之藥拾包并朝鮮より申來リ候空靑と申藥一味石藥也。 右之分遣朝鮮國王御眼病二付御用之由也。
　　右万治三年四月二十六日之日帳

王崇陵誌」에도 왕이 항상 눈병을 앓았는데, 오랫동안 낫지 않아서 을사
년(현종 6, 1665)에 湖西(충남 온양)에 거동하여 온천 목욕을 한 후 비로
소 효험을 보았다고 한다.33) 이 기록도 실록에는 보이지 않는다. 안질 치
료에 효과가 있다는 空靑도 현종의 눈병을 치료하지는 못했으며, 현종은
승하할 때까지 눈병 때문에 고생했던 것으로 보인다.

현종 때에는 空靑 외에 동래부의 요청으로 10종의 한약재를 요청하기
도 했는데,34) 각 약재의 구체적인 용도는 자세히 알 수 없다. 다만 구청
한 약재가 비교적 소량이고, 흔하게 구할 수 있는 약재가 아니라는 점에서
왕실 내지는 일부 특수한 소비자들을 위한 구청이었을 것으로 생각된다.

(2) 서적 수입

[사료 3]
동래에서 담당 역관을 통해 日本板『本草綱目』3-4부를 조달해 달라고 부
탁해 왔는데, 代銀價는 그쪽(왜관)에서 담당 역관이 元方役과 상담하여
지불하겠다는 것은 잘 알았습니다. 그리하여 읽어본 바, 요청대로 해 주라
는 분부가 있었기에 담당자에게 조달할 것을 지시하니 그리 아시기 바랍

---

32) 『현종개수실록』 부록 「顯宗大王行狀」 참조.

33) 『현종개수실록』 부록 「顯宗大王崇陵誌」 참조.

34) 「朝鮮より所望物集書」 현종 6년 5월 朔日 기록.
　　一. 朝鮮掛之卞判曳方より井手弥六左衛門方へ申候は、東萊調之由ニ而目藥拾色書
　　　　立遣候。梅野庄兵衛ニ申付調合致せ候樣ニと大勘定ニ申渡ス。藥數記置也。
　　一. 天術膏　　一. 大壹香　　一. 眞珠散　　一. 明上散　　一. 眞石散
　　一. 角石散　　一. 白礬散　　一. 天術散　　一. 妙石散　　一. 石膏散
　　　　但、壹色ツ丶包、其包紙ニ用樣御書付被成被下与書付有之。
　　　　右寬文五年五月朔日之日帳
　　眞珠散은 陰蝕 치료, 明上散은 귓병, 白礬散은 지혈제 또는 머리가 헌 데 바르
　　며, 天術散은 해소, 石膏散은 편두통 등에 효험이 있다고 한다(한국한의학연구
　　원 한의학지식정보자원 웹서비스(http://jisik.kiom.re.kr/). 참조.

니다.35)

元祿 10년 4월 19일 (高勢八)右衛門

○제1선송사 引判事가 내려옴.

조정에서 『本草綱目』50부(서명 판독 불명)

부수가 많은데 무슨 까닭이냐고 물었더니 의사들에게 나누어 줄 용도로 구한다는 것이다.

이밖에도 동래부사가 『歷使綱監補』 1부, 『朱子大全』 1부를 구해달라는 요청이 있었다.

代物(가격) 건은 훈도 별차가 그곳 元方役에서 정산할 것이므로 별지장이 없다면 元方役에서 조달, 지불하도록 하라는 것은 잘 알았습니다. 즉시 지시했으므로 조달되는 대로 신속하게 보내겠습니다.

元祿 10년 5월 6일 高勢八右衛門(1697, 숙종 23)

이 기록에서 주목할 점은 조선정부의 주문서에 '和本' 『本草綱目』이라고 지정해서 주문할 정도로 唐本·和本에 대한 이해가 이미 조선쪽에 있었다는 사실이다.

『本草綱目』은 明代(1590년) 李時珍의 저서로 本草學을 집대성한 의학서적이다. 이 책에는 동식물·광물 등 약 1900종에 대하여 명칭·산지·형

---

35) 「朝鮮より所望物集書」 숙종 23년(1697) 4월 19일 기록.

一. 東萊より掛判吏を以日本板之本草綱目三四部相調遣候樣ニと賴被申候由、代銀之義者其元ニ而掛判吏方より御元方役ニ相談を以相拂申筈ニ候由、得其意則遂披露候處、願之通申付候樣ニとの御吏ニ付而相調差渡候樣ニ役方へ申渡候間、可被得其意候。

　右元祿十年四月十九日(高勢八)右衛門

一. 第一船送使引判吏ニ下り候□□□□□朝廷方より本草綱目五拾部□□□部數大分ニ候故如何樣之義ニ而入申候哉と被相尋候處ニ醫師共面々之渡置用ニ候由、此外ニ東萊より歷使綱鑑補壹部、朱子大典壹部誂之由各代物之儀ハ訓導別差方より其元御元方役方より差引仕筈ニ候間、不苦義ニ候ハヽ御遠方役方より相調渡候樣ニと之儀承屆候。則申渡候間、調下り次第早速差渡可申候。

　右元祿十年五月六日高勢八右衛門へ申遣。

태·약효·처방 사례 등에 대하여 기술되어 있다. 일본에서는 1606년(慶長 11, 선조 39) 林羅山이 長崎에서 이 책을 입수하였고, 1637년(寬永 14, 인 조 15) 처음 和刻本을 간행한 이래 1672년(寬文 12현종 13) 6차 간행이 있었으며, 에도시대 때 本草學이 발달하게 된 것도 이 책의 영향을 받은 바가 크다고 한다.36) 三木榮은 예로부터 조선의 本草學은 『證類本草』에 의거하여 醫科侍講書로서 조선 말기까지 사용한 탓인지 『本草綱目』의 영향을 받은 것은 비교적 드물다고 하며, 조선에서 『本草綱目』을 수입한 시기를 숙종 38년(1712)으로 보고 있다.37) 그러나 『分類紀事大綱』에 의 하면 三木榮의 주장보다 15년이나 빠른 1697년이 된다. 그것도 조선정부 가 왜관을 통해서 수입하고 있으며, 용도는 조선 의사들에게 나누어주기 위해서 50부나 수입했다는 것이다. 따라서 이 기록을 통해서 조선에서도 『本草綱目』의 중요성을 인식했던 것으로 볼 수 있다.

조선과 일본의 전통의학은 모두 중국의학의 영향을 받으면서 발전했 지만, 17세기를 전후한 시기에 이르면 양국의 의학 수준은 상당한 차이 를 보이게 된다. 이 무렵의 일본의학은 室町 후기에 明으로부터 들여온 金·元代의 의학을 계승한 것으로서, 의학이론도 陰陽五行說과 運氣論을 결합한 성격이 강하고, 공리공담으로 흐르는 경향을 보이고 있었다고 한 다.38) 조선의학도 중국의학의 영향을 받았지만, 고려 말부터 이미 독자 적인 의학이론을 수립하여 고유의 의학 발달을 볼 수 있었다. 특히 세종 시대(1419~1450년대)에 이르러서는 의료제도의 정비, 의학·약학의 장려 와 보급 등을 시도하였다. 결국 일본의 室町期에 해당하는 시기에 조선 에서는 이미 중국의학 일변도의 시기를 벗어나 독자적인 의학이론을 발

---

36) 三木榮, 『朝鮮醫學史及疾病史』, 思文閣出版, 1961. 359쪽 참조.
37) 위의 책, 같은 페이지 참조.
38) 田代和生, 『江戶時代朝鮮藥材調査の硏究』, 東京 慶應義塾大學出版會, 1999. 16~17쪽 참조.

전시켰고, 의학의 전성기를 맞이하고 있었다. 1613년(광해군 5, 慶長 18)에 편찬된『東醫寶鑑』은 저자 許浚의 역량에 힘입은 바가 크지만, 고려 이래 조선시대로 이어지며 발전했던 조선의 의학지식을 집대성한 것으로 볼 수도 있다. 대마번은 조선의 의학서적[39], 藥種, 의사 등을 수용하는 데에 적극적이었으며, 조선 약재를 수입하여 일본 각지에 재판매 하는 것이 하나의 산업으로서 정착되어 있었다.[40] 대마번의 조선 약재와 의술에 대한 관심은 이미 17세기 전반부터 지대하였다.『변례집요』에 따르면, 조선약재가 있어도 일본 의사는 상세히 알지 못하여 治病에 도움이 되지 않았으므로, 조선의 명의에게 藥性을 묻고 약재의 實과 根을 얻기를 원한다고 하였다.[41] 따라서 17세기 말에서 18세기 초 조선의학의 수준으로 볼 때, 조선에서 일본에 의학서적을 요청한 것은 학문적인 이유가 아니라 일본판 의학서적의 가격이 중국 서적에 비하여 저렴하거나 구입이 용이하다는 점을 감안하여 요청했던 것으로 볼 수 있다.

대마번에는 막부와 諸大名들로부터 우수한 조선 의학서를 구해달라는 의뢰가 빈번했고,[42] 대마번에서는 이러한 서적을 조선에서 직접 구해 주거나, 「御文庫」에 보관하고 있는 서적이 있으면 일단 그 책을 주문자에게 보내고 나중에 보충하는 방법을 취하기도 했다. 「御文庫」에는 일본의

---

39)『邊例集要』卷12「求貿」에는 1660년부터 1690년까지 대마번이 구청했던 조선 서적 중에서『東醫寶鑑』이라는 書名이 5회나 나온다.

40) 조선 약재의 판매지역도 17C초에는 九州 지역에 그쳤지만, 점차 京都, 大坂, 江戶 등을 거점으로 전국적으로 확대되고 있었다. 대마번에서는 또한 藥店의 간판과 효능서에「朝鮮國醫貝李先達秘傳氣応丸」,「牛黃淸心丸 朝鮮國韓主簿方」,「朝鮮名方干牛丸」,「朝鮮名法牛肉丸」등의 문구를 게재하여 조선 醫貝으로부터 직접 들여왔다는 점을 강조했다고 한다(田代和生, 위의 책 46쪽에서 인용함).

41)『邊例集要』권12, 求貿, 戊寅(1638) 3월조(국사편찬위원회 하권 207쪽); …'特送正官倭言內, 大納言送人來請於島主曰, 藥材雖或有之, 日本之醫未能詳知, 治兵不利矣, 朝鮮必有良醫, 問諸藥性, 且若干之材, 願得其實與根, 以爲後日活人性命之地云云…'

42)『分類紀事大綱』26책(1집)「朝鮮御誂物御調物集書」참조.

古典을 포함하여 다수의 漢籍類와 조선 서적 등을 갖추고 있었으며,[43]
「御文庫」의 존재를 알고 있던 조선에서 가격 등을 이유로 일본판 중국
의학서적을 왜관을 통해서 구입하려던 것으로 추측할 수 있다.

[사료 4]
관수 小川又三郎이 37번 서장으로 보고하기를, 동래부사의 요청으로 훈
도 李僉知가 말하기를, 이 書付의 서적 및 시계를 아무쪼록 급히 구해달
라고 요청했습니다. 이에 李첨지가 가져온 書付를 제출합니다. 이 書付에
는 倭板이 있는 것은 倭本을 희망한다고 하며, 만일 倭板이 없으면 唐本
중에서 마멸이 조금도 없는 것을 원한다고 합니다.
시계건은 높이 3척 정도의 시계를 희망하며, 가격은 銀 2枚 또는 3枚 정
도에 해당하면 좋다고 되어 있습니다. 書物 가운데 倭本도 없고 唐本도
없는 書物이 있으면(왜본도 당본도 없는 경우에는) 가지고 있는 것을 건
네주도록 동래부가 희망하고 있으므로, 아무쪼록 신속히 구해달라고 합니
다. 書物의 外題(제목) 및 수량은 다음과 같습니다.[44]

---

43) 田代和生, 위의 책 22쪽 참조.
44) 「朝鮮より所望物集書」 숙종 30년(1704) 6월 18일 기록.
   一. 館守小川又三郎方より三拾七番の書狀ニ申越候者東萊所望の由にて訓導李僉知
   申聞候は、此書付の書物並ニ時計の義何と慈愁に相備候樣にと願申候。則李僉
   知持參仕候書付差上申候。此書付の內倭板有之候分は倭本を望に被存候由、若
   倭板 無御座候ハ、唐本の內に而摩滅少し茂無御座本を□…□　時計之義ハ高
   サ三尺者ケり之時計望ニ被存、値段ハ銀貳枚か三枚か□候得者宜御座候由、右
   書物の內倭本にも唐本にも無之書物御座候ハ、有之書物の分を御渡被下候樣
   にと東萊望の義ニ御座候間、何とそ早々御渡被下候得べしと申越候に付、書物
   外題貝數左記之。
   　　覺
   一. 性理大全　一. 大學衍義補　一. 綱鑑大成　一. 史綱　一. 宋名臣言行錄
   一. 發明綱目　一. 大姓通寶　一. 職方外記　一. 自鳴鐘 貳機　時計之事
   　　　計
   　　　　訓導 李僉知印
   　　　　甲申五月 日
   　　右寶永元年六月十八日之日帳

覺

一. 性理大全　一. 大學衍義補　一. 綱鑑大成　一. 史綱　一. 宋名臣言行錄

一. 發明綱目　一. 大姓通寶　　一. 職方外記　一. 自鳴鐘 貳機　時計之事

計

訓導 李僉知

甲申 五月 日

[사료 4]는 동래부사가 대마번 쪽에 시계와 서적을 구해달라는 요청서와 그 목록이다. 서적은 모두 8종이며, 유학 서적 및 『職方外紀』가 포함되어 있다. 『職方外紀』는 明 말기에 예수회의 이탈리아 선교사 알렌(艾儒略)이 한문으로 저술한 世界地理圖志이다. 그런데 주문서에 「和本」이 있으면 그것을 구한다고 구체적으로 언급한 것으로 볼 때 唐本·和本에 대한 정보가 이미 조선쪽에 있었고, 그 중에서도 「和本」을 원한다는 것은 가격이나 운송 등의 측면에서 「和本」을 구입하는 것이 유리하다고 판단했기 때문인 것으로 추측할 수 있다. 그밖에 명청대의 禁書 제도와 관련하여, 명청대에는 史記와 지리서, 천문서 등이 외국인에게는 禁書였으므로 대마번을 통하여 구입하려던 것으로 볼 수도 있으나, 사료상의 제약으로 보다 구체적인 내용은 알 수 없다.

[사료 5]

일전에 이야기한 동래부사가 요청했던 書物 가운데 上方(大坂)에 있는 것 가운데 5부는 구했으니 별지 書付와 같이 勘定方에서 그곳(왜관)의 代官方에게 보내도록 지시했습니다. 價格 문제도 勘定方에서 말할 것이므로 도착하거든 동래에 알리기 바랍니다. 그때 같이 부탁한 시계는 아직도 上方에서 오지 않았으므로 도착하는 대로 부치겠으니 그리 아시기 바랍니다.

書物 중에서 唐本이나 和本 모두 上方에 없어서 구하지 못하는 것도 있습니다. 이 또한 별지에 기재해 두겠습니다. 上方에 없어서 구하지 못한

다는 점을 동래부사에게 잘 알리기 바랍니다.[45]

　　　覺
一. 綱鑑大成 1부, 단 10책
一. 史綱 1부, 단 12책
　　　이상 唐本

一. 性理大全 1부, 단 15책
一. 大學衍義補 1부, 단 20책
一. 宋名臣言行錄 1부, 단 12책
　　　이상 和本

一. 위는 동래(부사)가 주문한 書物을 上方에서 조달해 온 것을 보내므
로 전달하시기 바랍니다.
　　寶永 원년(1704, 숙종30) 12월 19일 小川又三郎에 지시함

---

45) 「朝鮮より所望物集書」 숙종 30년(1704) 12월 19일 기록.
先頃被申越候東萊望の書物の內上方へ有合候分五部相調下し候に付、 別紙書付の通
り勘定方より其元御代官方へ差渡候樣にと申渡候。 價などの儀も勘定方より可被申
越候間、相違候ハヽ東萊へ可被相渡候。 右同前に被申越候時計未上方より出來不參候
間、到來次第差渡可申候可被得其意候。 書物の內唐本和本とも上方へ無之由にて, 調
不下書物も有之候。 是又別紙の內に致書載置候。
上方へ無之候而調下し不申候段、東萊江可被申屆候。
　　　　　　　覺
一. 綱鑑大成 壹部 但シ拾册ニメ
一. 史綱 壹部 但シ拾册ニメ
　　右者唐本
一. 性理大典 壹部 但シ拾五册ニメ
一. 大學衍義補 壹部 但シ貳拾册ニメ
一. 宋名臣言行錄 壹部 但シ拾貳册ニメ
　　右者和本
一. 右者東萊誂之書物上方より相調下シ候ニ付差渡候間可被相屆候。
　　右寶永元年十二月十九日小川又三郎方へ申遣ス。

　　동래부사가 왜관을 통해서 대마번으로 하여금 구해주도록 요청한 서책은 1704년 6월에 주문해서 12월에 받았으니까 6개월 만에 입수한 것이다. 서책은 동래부사가 주문한 물목이 있었겠지만 이 기록에는 없다. 단 대마번에서 보내온 覺에 따르면 주문했던 서적의 종류를 알 수 있는데, 동래부사가 요청한 물목에 전부 부응하지는 못했음을 알 수 있다. 요청한 것 가운데 5가지 서적만을 구해 준 것이다. 대마번이 조달한 장소는 上方(大坂)이며, 유학 경전이나 중국 서적 중에서도 중국판, 일본판을 구별해서 구해 왔음을 알 수 있다.

　　대마번의 조달 경로는 조선측 - 왜관(館守, 裁判) - 왜관(代官方 접수) - 대마번(勘定方) - 藩廳 조사 - 대마번의 上方 屋敷에서 조달한 것으로 되어 있다.

[사료 6]　　　　　　　　　　　　　　　　　　　(밑줄은 필자)

　　작년 가을에 말씀하신 건은 訓導 李僉知, 別差 韓僉正에게 모두 전달했습니다. 公儀(조선정부)에서 구하는 狐皮·狸皮 건은 그때도 말했듯이 관련 부처에서 조사한 바, 두 가지 모두 근년에는 생산되기 어렵기 때문에 上方에 말해도 갑자기 구하기는 어렵다고 합니다. 그렇지만 公義用[46](조선

---

46) '公儀'는 일반적으로 막부 또는 장군을 의미하는 용어이다. 宗家文書 중에서 막부 보고용으로 작성한 문서에는 막부 또는 장군을 지칭하는 의미로서의 '公儀'라는 용어를 사용하고 있다. 그러나 『分類紀事大綱』은 막부 보고용 문서는 아니며, 대마번 내부에서 실무상 참고할 목적으로 작성한 문서이다. 따라서 조선국왕을 '公儀'로 표현했다고 해서 용어 사용의 規例에 어긋나는 것은 아니라고 생각한다. 公儀가 조선정부를 지칭하는 의미로 사용된 예는 『竹島記事』1(국사편찬위원회 소장, 등록번호 MF0004711)에서도 볼 수 있다. 즉 안용복의 1차도일 때, 대마번의 家老 杉村采女가 왜관의 通詞 中山加兵衛에게 문의한 내용 중, 조선정부를 '公儀'로 표기한 내용이 있다. 원문은 다음과 같다.

① …'조선인들이 자신의 이익을 위하여 몰래 건너온 것인지? 또한 (闕字) 조선 정부로부터 지시를 받고 건너온 것인지? (朝鮮人共自分之持之爲密々罷渡申事ニ候哉、又々(闕字) 公儀より差図ニ而罷渡候哉.)라고 질의한 내용에는 闕字까지 표시하여 문의하고 있다.

정부용)이라고 하므로 각별하니 아무쪼록 신속히 구해 주도록 上方에 말한 바, 일전에 上方에서 말해 오기를 狐皮를 여러 가지로 구해 보았지만 결국 없어서 구하지 못했다고 합니다. 狸皮는 1,000매 정도는 구할 수 있다고 합니다. 이와 관련하여 전에도 말했듯이, 이전부터 公儀에서 구하는 물건은 각별히 여겨 구하기 어려운 물건이라도 여러 방면으로 손을 써서 조달했지만 가격문제가 잘 해결되지 않았습니다. 지금에 이르러서는 외상거래가 되어 손실이 되고 있을 뿐입니다. 이번의 狸皮도 머지않아 내려 보내려고 하므로 내려 보내는 대로 (저쪽에) 건네주시기 바랍니다. 가격문제는 조속히 返濟해 줄 것인지? 전처럼 만일 가격문제가 잘 해결되지 않아 말썽이 생긴다면 비록 上方에서 물건이 내려왔다고 해도 가지고 있되 건네주지 말아야 합니다.

어쨌든 가격문제는 뭐라고 해도 또 다시 외상거래가 되어서는 어떨까 하므로, 가격을 代物로 교환해 두도록(받아 놓도록) 兩譯에게 말하여 代物로 받아 두면 확실한 증거가 될 것입니다. (가격 변제에 관한) 교섭이 되거든 알리기 바랍니다. 그렇게 되면 (上方에서 물건이) 내려오는 대로 조속히 건네주십시오.

무릇 公儀 주문은 □…□(판독 불명) 상인들의 판매를 가지고 공제하는

---

② 이 질의에 대하여 中山加兵衛가 6월 13일에 1차로 조사한 후 대마번에 보고한 내용 중, '…(안용복이) 울릉도에 건너온 것은 조선정부에 알리지 않고 자신의 돈벌이를 목적으로 몰래 건너왔다는 것(ウルチントウ江罷越候儀、公儀江相知不申、自分之爲持密々二罷渡候事.)으로 보고하고 있으며, 역시 조선정부를 公儀로 표기하고 있다.

③ 역주『交隣提醒』, 국학자료원, 2001. (2)특허상인들에 의한 무역(私貿易), 끝부분에서 '…옛날부터 高官 가운데 상거래에 가담하고 있는 사람이 있다는 얘기도 있었다. 바쿠후 쇼군(幕府將軍)의 물건이라면서 가지고 오는 일이 지금도 있으니,…'(…古來歷々之內商賣二加り被居候と申咄も有之、公儀之荷物と申持來候事今とても有之候故,…). 여기서 公儀之荷物은 바쿠후 쇼군의 물건이 아니라 조선정부의 물건으로 해석하는 것이 타당할 듯하다(김동철, 「17세기 日本과의 交易·交易品에 관한 연구 –密貿易을 중심으로」,『국사관논총』61집, 1995. 254쪽 이하에서는 상인들은 물론 동래부의 향리와 군관, 수어청·어영청 등 한양과 지방의 아문들도 각자의 재정수입을 목적으로 밀무역에 가담했음을 밝혔다).

일이□…□

이번에도 저쪽(조선)의 지불 방식을 元方役들에게 일러 확실히 返濟할 근거가 있으면 그 취지를 알리기 바랍니다. 狸皮를 건네주면 공제건은 元方에게 이르겠습니다. 지불이 분명하지 않으면 반드시 말썽이 생길 것이므로 아주 주의해야 할 것입니다. 위의 취지를 訓別에게도 이르고, 답변의 취지를 자세히 보고하기 바랍니다.[47]

宝永 3년 정월 19일 俵五郎左衛門에게 지시함 (1706, 숙종 32)

[사료 6]은 숙종 23년 정월에 狸皮(너구리 가죽)와 狐皮(여우 가죽)을 구청한 기록이다. 이 같은 동물가죽은 방한용 의복을 제조하는데 사용되었으며, 조선에서도 흔히 구할 수 있는 물건이지만, 일본산 가죽이 품질 면에서 더 고급스러웠던지 어째서 구청한 것인지 명확하지 않다. 다만 조선정부에서 필요한 물건(公儀用)이므로 구하기 어려운 물건이라도 조

---

47) 「朝鮮より所望物集書」 숙종 32년(1706) 정월 19일 기록.

一. 去秋被申越候訓導李僉知別差韓僉正各迄申達候。公儀誂之狐皮狸皮之義其砌も申遣候通、役方吟味をとけ候處に、兩樣共近年出兼候故、上方申越候ても俄相調申間敷由申候。 然共公義用と有之候ては格別の義に候故何と楚早々調下し候樣にと上方越せ候處、此程上方より申越候は狐皮色々才覺仕候得共、決し而無之候而調不申候。狸皮之義は千枚程は調□□可申候由申越候。就夫前々茂申遣候通以前より公儀誂と有之品は格別と存候二付、才覺成兼候品二而茂色々と才覺仕差渡候處二價之義不埒二有之、於今二賣掛ケ二成り、御損失二成り申夏而已二候。此度之狸皮茂追付差下シ可申と存候間、下り次第差渡可申候。價之儀早速返濟可有之候哉、前々之通、若不埒二被仕義二候ハヾ假令上方より差下し候とも相控、差渡シ申間敷候。兎角價の義何角と申候而も又々賣掛二罷成り候而は如何二候間、價代物二而引替二仕候樣二兩譯江被申渡、 弥代物二而引替二可仕と槌成證據二成候。請合仕候ハヾ可被申越候。左候ハヾ下り次第早々差渡可申候。尤、公儀誂之義は商人中賣込を以差引仕事□□□今度も彼方より拂方之儀御元(方)(役)中江被申聞槌成返濟之儀も候ハヽ、(其)趣可被申越候。弥狸皮差渡候ハヽ、差引の義御元方役中江可被申渡候彿前不槌候ハヽ必定不埒二可罷成と存候間、能々可被入念候。右の段訓別江被申聞、返答之趣委細可被申越候。

右宝永三年四月十九日俵五郎左衛門へ遣。

달에 각별히 노력했다는 대마번의 답변 속에서 誠信과 交隣의 자세로 조선을 대하고 있음을 알 수 있으며, 차후에 있을지도 모를 조선과의 교섭에서 유리한 위치를 차지하려는 실리적인 모습을 엿볼 수 있는 대목이다.

선행연구에 따를 때, 구청물에 대한 결제는 일본이 조선에 구청한 경우 대략 두 가지 방법으로 처리되었다고 한다.[48] 첫째는 「公木計除」인데, 이 방법은 왜관에 구청 물화를 조달해 주고, 공무역의 대가로 지급되는 公貿木에서 減計하는 것이며, 왜인의 구청에 대한 원칙적인 대금결제 방법이었다고 생각된다.[49] 두 번째는 「物化被執」과 銀貨決濟인데, 왜관에 구청 물화를 먼저 반입하고 그 手票(물품반입증서)를 받은 뒤에 일정한 기간이 지난 후 銀 또는 鐵物로 대금을 결제받는 방법이다.

조선이 일본에 구청한 경우는 기록에 나타난 사례가 적어서 확실히 알 수는 없다. 다만 위 사료에서 일본 쪽이 조선의 구청물을 조달해 주어도 외상거래가 될 뿐이라고 우려하는 점에서 볼 때, 조선에서는 구청물 대금을 금이나 은 등으로 즉시 결제해 준 것 같지는 않으며, 시일을 두고 代物로 결제하거나, 일본 쪽에 받아야 할 무역대금에서 計減하여 처리했던 것으로 볼 수 있다(왜인 구청물에 대한 物化被執의 반대 경우). 구청물에 대한 결제는 정해진 방법이 없었으며, 물건에 따라 결제 방법이 달랐던 것이다.

이 기록에서 주목되는 부분은 구청물 대금의 확보에 관하여 대마번에서 왜관 쪽에 지시하고 있는 내용이다. 즉 대마번은 구청물 지급이 결국은 외상판매(賣掛)가 되어 손실이 발생하고 있다고 보며, 구청물 대금의 확보가 불확실하면 上方에서 물건이 내려왔다고 해도 가지고 있되 건네

---

48) 鄭景柱, 「仁祖-肅宗間의 倭人 求請慣行과 決濟方式 -朝鮮後期 對日貿易 事例 紹介-」, 慶星大學校貿易研究所 『貿易評論』 창간호, 1994. 13-40쪽 참조.

49) 『왜인구청등록』 I 현종1년 10월 초5일 기록에 "왜인이 求貿하는 물자는 모두 公木으로 折價計減한다(倭人求貿之物皆以公木折價計減)"는 내용이 있다.

주지 말아야 한다고 지시하고 있는 것이다.

대마번은 정치적으로는 막번체제 아래에서 막부에 대하여 家役을 부담하는 하나의 藩이지만, 경제적으로는 조선의 영향권 아래 놓여 있었다. 따라서 대마번은 조선과의 교역에 藩의 사활이 걸려 있었다고 해도 과언이 아니며, 이런 이유에서 무역대금 확보에 집요할 수밖에 없었다고 보아야 한다.

(3) 기타 물건들

숙종 27년(1701) 11월 5일자 「朝鮮より所望物集書」 기록에는, 훈도·별차가 왜관에 입관하여 일전에 서거한 왕후(인현왕후)의 제례를 올려야 하는데, 荔枝·龍眼·蜜柑·久年母 네 가지 물품이 필요하니까 飛船을 통해서 급히 조달해 주도록 요청하고 있다.50) 여지(荔枝)51)와 龍眼52)은 열

---

50) 「朝鮮より所望物集書」 숙종 27년(1701) 11월 5일 기록.
　　訓導別差入館仕り先頃逝去被致后祭禮之節、荔枝、龍眼、蜜柑、久年母備不申候而難叶義に候間、 相調申度候。 何と楚飛船を以成りとも急便に被仰越右の四色御取寄被下候樣に申候に付, 今度一特送使便に御代官方より御勘定所へ申越候由、委細被申越承届候。 則御勘定方へ早々相調候樣に申渡候間、 相調□□急便に差越可申候。
　　右元祿十四年十一月五日嶋雄八左衛門方へ申遣す。

51) 荔枝는 무환자나무과의 상록수 과일이며 중국 남부지방이 원산인데, 현재는 중국 남부, 대만, 동남아시아, 일본 오키나와 등지, 호주, 플로리다와 하와이에서 재배된다고 한다.[출처; 한국한의학연구원 한의학지식정보자원 웹서비스(http://jisik.kiom.re.kr/)] 실록에는 태종 3년(1403) 10월 21일 「설미수(偰眉壽)가 여지 및 종려다래[棕櫚] 와 발라(孛羅)를 올렸다는 기록이 있고, 정조 24년(1800) 6월 14일에는 종기로 고생하는 정조에게 여지고(荔枝膏)가 고름을 빨아내는데 가장 좋다는 의관 백성일(白成一)·정윤교(鄭允僑)의 대화가 나온다. 실록에는 이것 외에도 여지와 관련된 내용이 60여건 등장한다.

52) 龍眼은 쌍떡잎식물 무환자나무목 무환자나무과의 상록교목으로, 열매를 용안 또는 계원(桂圓)이라 하며 식용한다. 말린 것을 용안육 또는 복육(福肉)이라고 하여 한방에서 강장제·진정제로서 건망증과 불면증 치료에 복용한다. 중국 남부 또는

매를 과일로 먹거나 말려서 한약재로 쓰는데, 주로 왕실이나 사대부 등 소비 계층이 특수한 신분에 한정되었던 것으로 보인다.[53] 久年母는 열대산 밀감이다.[54] 서거한 왕후의 제례 용품은 조선 국내에서도 얼마든지 구할 수 있을 터인데, 군이 외국산 과일을 구해서 왕후의 제사를 지내려 한 이유는 확실하지 않다.

시계는 명에 사신으로 갔던 鄭斗源이 귀국할 때(1631) 千里鏡·西砲 등과 함께 가져온 것으로 알려져 있다.[55] [사료 4]에 따르면 이로부터 70년 뒤에 일본에서도 시계가 들어온 것이 되는데, 그 시계가 長崎 또는 薩摩를 통해서 들어온 서양 시계인지 일본산인지는 기록이 간단하여 자세히 알 수 없다, 다만 높이 3척, 가격은 銀 2枚 또는 3枚 정도에 해당하면 좋겠다고 구체적으로 주문한 것으로 보아 일본에 그러한 시계가 존재한다는 정보 정도는 파악하고 있었음을 알 수 있다.

이상의 사실을 종합하면 다음과 같다.

첫째, 근세 조일간에는 왜관을 통해서 활발한 물물교류가 있었으며, 이러한 교류는 求請이라는 형식을 통해서 이루어졌다. 구청은 대개 일본이 조선에 구청한 것이었지만, 조선이 일본에 구청

인도 원산이며, 동남아시아와 열대 아메리카에 널리 분포한다. [출처; 위와 같음]

53) 실록에는 연산군이 특히 여지를 좋아하여 북경 사행 때 龍眼과 荔枝를 많이 구입해 오도록 지시한 기록이 보인다(『연산군일기』 3년 9월 29일).

54) 남옥 지음, 김보경 옮김 『붓끝으로 부산산 바람을 가르다(日觀記)』, 2006, 소명출판사, 570쪽에서는 '일본에 대하여 알아야 할 것들' 중 '귤(柑)'을 설명하는 항목에서 "작은 것은 밀감(蜜柑)이라고 하고 큰 것은 구년모(久年母)라고 한다. 구년모라는 노파가 처음 심었기 때문에 그런 이름이 붙었다'고 하였다. 또 원중거 지음, 김경숙 옮김 『조선후기 지식인, 일본과 만나다(乘槎錄)』 89쪽에서는 "대마도주가 單子를 바치며 구년모라는 홍귤(柑) 한 바구니와 견절(鰹節) 두 두름을 보내 왔다'는 기록이 있다.

55) 『인조실록』 9년 7월 12일 기록에 의하면, 陳奏使 鄭斗源이 명나라에서 돌아와 千里鏡·西砲·自鳴鐘·焰硝花·紫木花 등의 물품을 바쳤다고 한다.

한 물품도 적지 않았다. 즉 구청은 쌍방향 교류였다.

둘째, 조선이 대마번에 구청했던 물품은 대개 조선 조정에서 필요한 물건이었으며, 대마번에서도 조선 정부의 「御用」임을 알고 신속히 조달해서 보내주었다. 약재의 경우 조선에서 구할 수 없는 것을 대마번에 요청했으며, 이와 동시에 청에도 구입을 의뢰하였다. 서적은 唐本보다 和本을 선호했으며, 그 이유로는 당본에 비하여 가격이 저렴하거나, 운송에 용이하다는 점 등이 고려되었을 것이다. 여하튼 당본과 화본을 비교했을 때 조선쪽에 유리한 것이 화본이라고 판단했기 때문에 일부러 화본을 지정해서 구입을 요청했던 것으로 보인다.

셋째, 조선에서 구청한 물품의 조달 경로는 조선정부 의뢰 - 왜관 접수 - 대마번 접수 - 上方(大坂) 구입 - 대마번 경유 왜관 도착 - 조선에서 인수하는 과정을 거쳤으며, 대마번은 조선 정부에서 필요한 물품이므로 飛船을 동원해서 신속히 조달하려고 노력하였다.

넷째, 구청 물품의 대금 지급은 정해진 방법이 없었으며, 물건에 따라 代物로 지급하거나, 물화를 被執한 다음에 일정 기간이 지난 후 計減하는 방법을 취했던 것으로 보인다.

다섯째, 왜관은 조선의 수출품이 나가는 창구인 동시에 수입품이 들어오는 창구이기도 했다. 조선의 입장에서는 이와 같은 물품을 들여오는 창구로서 왜관이 중요한 의미를 가졌다. 왜관을 통한 조일간의 무역은 국가대 국가 간의 공식적인 무역이 주된 것이었지만, 조선 왕실에서 필요한 물품이거나 일본 각지의 大名, 家老 등이 개인적으로 원하는 물건을 주고받는 창구이기도 했다. 이러한 의미에서 볼 때 초량왜관은 義州 및 慶興 등과 함께 쇄국을 표방했던 조선시대에 외부로 열려 있던 창구 중 하나였다.

3. 정보유통 기능

「왜관」이란 조선에 있던 倭人들의 집단 거류지를 말한다. 즉 왜관이라는 제한된 구역을 설치하여 조선인과 倭人의 잡거를 방지하고, 나라의 기밀이 왜인들에게 흘러들어가는 것을 막기 위하여 조선 정부의 의도로 만든 특수시설이라고 설명하는 것이 보통이다.[56] 그러나 이런 설명은 왜관의 국제적인 성격을 이해하는 데 충분하지 못하며, 왜관과 관련이 있는 조선·대마번·덕천막부의 입장에서 각기 왜관이 필요했던 이유를 설명해야 한다고 본다.

동아시아를 전란으로 내몰았던 豊臣秀吉의 조선 침략이 무위로 끝나고 전쟁 당사국이었던 조선과 일본에게는 해결해야 할 문제들이 생겼다. 하나는 양국의 국교를 재개하는 문제였고, 다른 하나는 明과 국교를 회복하여 동아시아의 국제사회 속에서 막부 정권을 안정적으로 유지하는 문제였다.

明과 국교를 회복하는 문제는 덕천막부의 과제였다. 막부는 임진왜란이 끝난 직후인 1599년부터 明과 강화교섭을 가졌으나 국교를 회복하지는 못했다. 明과 국교를 회복하려는 노력은 明을 중심으로 하는 동아시아의 국제질서 속으로 편입되기를 희망하는 것이었으나 국교 회복이 좌절됨으로써 일본은 국제질서로부터 소외되는 결과를 가져왔다.[57] 동아

---

56) 장순순, 「朝鮮時代 倭館變遷史硏究」, 전북대학교 대학원 박사학위논문, 2001. 49~53쪽 ; 田代和生, 『近世日朝通交貿易史硏究』, 創文社, 2002. 167~169쪽 참조.

57) 손승철, 『조선시대 한일관계사 연구 -교린관계의 허와 실』, 경인문화사, 2006. 216~235쪽 「일본의 탈중화과정」 참조. 민덕기, 「德川幕府의 對外體制와 明·淸의 교체」, 『아시아문화』 제10호 3쪽에서는 임진왜란 이후 동아시아의 근세사회로 진입하려던 德川幕府의 노력이 중국 중심의 국제질서를 지향한 것은 아니며, 勘

시아의 국제사회에서 고립될 위기에 처한 덕천막부는 1630년대부터 자국 중심의 국제질서를 형성하려는 노력의 일환으로「四つの口」를 통한 해외정보 수집에 열중하기 시작하였다. 이웃 나라들의 정치·군사정세를 가능한 한 구체적으로 파악하는 것은 막부의 입장에서 외교상 안전보장 정책의 일환이기도 하였다. 17세기 말에서 18세기 초는 明·淸 교체기에 해당하는데, 중국 대륙의 정세 변화에 깊은 관심을 갖고 있던 막부는 이와 관련된 정보에 많은 관심을 보이고 있었다. 따라서 막부는 長崎로 입항하는 모든 외국 선박들에게 의무적으로 외국 사정을 기록한 風說書를 제출하도록 명하였다. 이렇게 수집된 정보는 막부에서 체계적으로 관리하여 나중에『華夷變態』와『通航一覽』등 막부 편찬물에 수록되었다.

『華夷變態』는 1644년(正保1, 인조22)부터 1717년(享保2, 숙종43)까지 長崎奉行이 막부에 보고한「唐人風說書」약 2,300통을 막부의 유학자 林春勝·林信篤이 항목별로 정리하여 37권으로 편찬한 해외정보집이다. 이 중에는 조선관계 정보가 24건 가량 수록되어 있는데, 이를 도표로 정리하면 다음과 같다.

〈표 8〉『華夷變態』의 조선관계 정보

연번	권수	대상시기	제목
1	1	1645(仁祖23/正保2) 보고일자 미상	東萊府使談
2	2	1674(顯宗15/延宝2) 6.23.보고, 10.18.着	對馬風說
3		1674(顯宗15/延宝2) 9.11.보고, 10.26.着	對馬風說(覺)
4	3	1675(肅宗1/延宝3) 1월 8일 보고	朝鮮傳說
5		1675(肅宗1/延宝3) 1월 16일 보고	朝鮮傳說
6		1675(숙종1/延宝3) 4월 28일 보고	朝鮮國に而風說之覺書
7		1675(숙종1/延宝3) 11월 8일 보고	朝鮮國之風說
8		同	朝鮮譯官覺書

合貿易의 부활에 지나지 않는다고 하였다.

연번	권수	대상시기	제목
9	4	1676(肅宗2/延宝4) 4월 朔日 보고	唐亂に付朝鮮國に而風說覺書
10		6월 朔日 보고	唐亂に付朝鮮國に而風說覺書
11		8월 보고	朝鮮譯官答對馬州家臣書
12	7	1678(肅宗4/延宝6) 12월 25일 3건 보고	宗對馬守朝鮮の注進三通
13		1679(肅宗5/延宝7) 5월 12일 보고	宗對馬守よりの注進
14	28	1701(숙종17/元祿14) 正月 晦日 보고	朝鮮人拾八人口書
15		1701(숙종17/元祿14) 正月 晦日 보고	朝鮮人九人口書
16		1701(숙종17/元祿14) 10월 26일 보고	朝鮮人八人口書
17		1701(숙종17/元祿14) 10월 22일 보고	朝鮮人拾一人口書
18		1701(숙종17/元祿14) 10월 22일 보고	朝鮮人八人口書
19	34	1709(숙종35/宝永6) 3월 9일 보고	朝鮮人六人之口上書
20		同	朝鮮人六人名年附
21	崎港商說 권3	1721(숙종47/享保6) 정월 6일 보고	朝鮮人拾六人口上書
22		同	朝鮮人拾六人名歲付

　수록된 정보는 대개 명청 교체기의 중국 대륙과 관련된 정보이며, 卷 28 이하의 기록은 표류와 관련된 내용을 막부에 보고한 것이다.[58]

　수집한 정보 중에는 吳三桂의 사망정보처럼 사실과 다른 정보도 있었 지만,[59] 청과 오삼계 사이에서 중도노선을 취하고 있는 조선정부의 태도 를 정확히 파악하고 있는 정보도 있다. 예를 들면,

---

58) 卷28의 1701년 표류기록은 전라도 장흥군 백성·상인이 1700년 11월 6일 출항, 경상도 長鬐에서 귀향 중 표류하여 長門國 見嶋郡 裏之濱에 표착했다는 내용이 다. 1709년 기록은 경상도 寧會 어민 6인이 2월 26일 筑前國 志摩郡 唐泊浦에 표 착했다는 내용이며, 모두 『通航一覽』 第4, 「朝鮮國部」 112 漂着(권136)에 동일한 내용이 수록되어 있다.

59) 『華夷變態』 卷2, 「對馬風說」, 1674년(延寶2, 현종15) 9월 11일 보고(95쪽)에 '一. …然所に吳三桂病氣にて、相果たるよしに御座候、…라고 하여 오삼계가 병을 앓 다 사망했다는 소식을 급보로 전했으나 오삼계의 사망은 이보다 4년 뒤인 1678 년 10월의 일이다.

[사료 7]

조선국에서 북경으로 보낸 사자가 최근에 귀국했다고 합니다. 그 사자들은 북경에서 달왕(韃王; 淸)과 직접 대면했는데, [韃王이] 사자에게 은밀한 이야기가 있었다고 합니다. 아마도 조선국에 지원병(加勢)을 부탁했을 것이라고 합니다. 그래서 조선 조정이 논의하기를, 북경의 달왕이 패배할 것으로 보이는데 달왕에게 지원병을 보내는 것이 어떨지... 우선 지원병 파견을 미루고, 북경에서 굳이 이야기를 해 오면, 달왕의 태도에 따라 입장을 바꾸어 오삼계에게 의탁하기로 의논이 정해졌다는 소식을 들었습니다. 이에 따라 지금까지는 지원군을 보내지 않았습니다. 그러나 여러 곳에 지시를 내려서 병력이 점점 한양에 모이고 있다고 합니다. 하지만 자세한 사정은 알기 어렵습니다. 일단 들은대로 말씀드립니다.[60]

　　　정월 8일　　　　　　　宗對馬守

약소국이었던 조선은 명·청 교체기 때 명과 청 사이에서 매우 신중한 태도를 보이고 있었으며, 특히 三藩의 亂의 동향에 대하여 신경을 곤두세우고 있었다. 조선은 종래의 親明政策을 포기하기는 어려웠지만, 강대한 청의 세력과 직면하고 있는 입장에서 쉽게 행동할 수도 없었다. 대마번은 이와 같은 사정을 소상히 파악하고 있었던 것이다.

　조선정부의 입장이 어려웠던 만큼, 국내 사정이 외부로 누출되는 것을 꺼려하여 정보를 통제했던 흔적도 보인다. 즉,

---

60) 『華夷變態』 卷3, 「朝鮮傳說」, 1675년(延寶3, 숙종1) 정월 8일 보고(101쪽)

　一. 朝鮮國より北京へ相定差渡候使者、頃日歸國仕由に御座候。彼使者に於北京韃王直に被致對面、使者に隱密之口上有之由。定て朝鮮國へ加勢の賴にて可有御座との事に候。就夫朝鮮都の相談には、北京韃王負色に相見候得ば、韃に加勢差越候義、如何可有之候哉、先加勢差越儀相延、北京より達て申來り候はば、韃之様子により致手替、吳三桂に一身可仕哉と相談相極り居候よし沙汰承候。依之唯今までは加勢遣し不申候、併所々に触有之て、勢日々都に集申よしに御座候、去れどもしかと實正難知御座候。先承掛に申上候事。

　　　正月八日　　　　　　　宗對馬守

[사료 8]

一. 조선국에 북경으로부터 지원병 문제에 관한 이야기가 내려왔냐고 문의했지만, 아직 이렇다 할 움직임은 없다고 합니다. 아마도 조선 국 문제를 일본이 아는 것을 꺼려하여 비밀로 하는 것이 아닌지 생 각됩니다. (中略) …하급 관원들(下々)에게는 그 소식이 있었던 것 으로 보이지만, (조선)역관들이 비밀로 하고 있는지, 그와 같은 이 야기를 하지 않습니다. 지원병을 보내면 대규모가 될 것이므로, 따 라서 비밀로 해도 그때는 왜관에도 알려질 것으로 생각됩니다. 지 금까지는 [지원군을] 보낸다는 이야기를 듣지 못했습니다.… (이하 생략).61)

동래부사 李夏(1672. 2~1674. 6 재임)가 임지로 내려가기 전에 현종에게 하직인사를 올릴 때, 현종이 왜관의 관왜들을 잘 다스리도록 하라는 분 부를 내리자 이하가 말하기를, "동래부의 官屬들은 倭의 심복이 아닌 자 가 없어, 모든 움직임이 곧장 누설되어 알려집니다. 인심이 이와 같으니 절대 작은 걱정이 아닙니다."62) 라고 하였다. 그 자리에 입시하였던 領相 許積이 말하기를, "한 마디를 사사로이 알려주면 금 4백 냥을 상으로 주 기 때문에 장사치들이 나라의 실정을 누설하면서 오직 늦을까 걱정하는 정도라고 들었으니, 진실로 통분할 일입니다." 라고 하였다.63)

이 기사를 통해 알 수 있는 것은, 대마번은 왜관에서 수시로 접촉하는 조선의 倭學譯官(訓導, 別差), 小通事(하급 역관), 군관, 상인 등 다양한

---

61) 『華夷變態』卷3, 「朝鮮傳說」, 1675년(延寶3, 숙종1) 정월 16일 보고(104쪽)
    一. 朝鮮國へ北京より加勢之儀申來候哉と相尋候得共、いまだ見續勢之儀不申來候 由申候。定而朝鮮國之義日本に相聞候段如何に存、隱密仕候哉と存候。(中略) … 下々には其沙汰有之樣子に候得共、譯官之者は致隱密候哉、左樣之咄不仕候。加 勢遣候は大勢にて可有御座候間、縱隱密仕候とも、其節は和舘にも相知可申と 奉存候。只今迄は指遣候との儀不承候.… (이하 생략).

62) 『현종개수실록』 13년(1672) 2월 12일 기사.

63) 주73)과 같음.

인물로부터 정보를 수집하였고, 이들은 대마번의 요청으로, 또는 자발적
으로 정보를 제공했던 것으로 보인다. 물론 여기에는 조선측 정보 제공
자들과 대마번의 경제적인 유착관계가 배경이 되어 있었다. 대마도주는
해마다 訓導에게 은화 1000냥을 지급하였고, 이 돈을 여러 역관 및 여러
上司에 소속된 관리들에게 약간씩 나눠주는 것이 관례가 되어 있었다.
조선정부에서도 이와 같은 관행은 국가의 체면을 손상시키는 일로 보았
고, 그 대책에 대하여 고심하고 있었다.[64]

長崎와 薩摩는 막부가 중국에 관한 정보를 얻을 수 있는 중요한 거점
이었다. 특히 對馬口는 막부 말기에 이르기까지 조선에 관한 정보가 들
어오는 유일한 통로였으며, 대마번과 왜관을 거쳐 조선으로 이어지는 정
보수집 루트는 간접적으로나마 막부가 중국 대륙과 연결할 수 있는 고리
이기도 했다. 막부는 이와 같은 입장에서 왜관을 중요시하였다.

朝鮮과 국교를 재개하는 문제는 막부보다 대마번 쪽이 더욱 시급한
문제였다. 섬 전체가 산악지대라는 특성상 경작지가 거의 없는 대마번의
입장에서는 朝鮮에서 생필품, 특히 쌀을 들여오지 못하면 藩의 존립 자
체가 위협을 받을 수 있는 처지였다. 대마번은 이처럼 경제적으로는 朝
鮮의 경제권에 속해 있었지만 정치적으로는 막부의 지배를 받았기 때문
에 임진왜란 당시 침략군의 선봉에 서서 길안내를 해야 했고, 이런 역할
은 조선 정부의 불신을 받아 국교 회복의 걸림돌로 작용하였다. 그러나
대마번으로서는 조선과 국교를 회복하는 문제가 藩의 사활이 걸린 문제
였으므로 國書까지 위조해 가면서 조선과의 국교 정상화에 필사적으로
매달릴 수밖에 없었다. 이러한 대마번의 노력으로 양국의 국교가 재개되
었고, 1637년부터는 왜관에 관수를 파견하여 조선과 무역·외교 업무를
담당하게 하였다. 왜관을 통해서 들어오는 조선산 인삼과 公作米, 중국
산 비단은 대마번의 경제에 직접적인 영향을 미쳤으므로 왜관은 대마번

---

64) 국역 『전객사별등록』(Ⅱ) 庚寅(1710) 3월 28일.

의 존립을 좌우하는 창구라고 할 수 있을 것이다.

대마번 역시 수집한 중국 및 조선관련 정보를 독자적으로 정리하여 기록으로 남겼다.

〈표 9〉『分類紀事大綱』의 중국 및 조선 관련 사정을 수집한 기록

권 수	내 용	연 대
33(1집)	阿蘭陀人朝鮮江漂着之一件 唐船朝鮮江漂着一件 南蠻船制禁一件 耶蘇宗門制禁之儀朝鮮江被仰遣候一件 唐兵亂之一件	寬文 6(1666)~寬文 8(1668) 慶安 2(1649) 慶安 1(1648)~慶安 2(1649) 貞享 3(1686)~元祿 1(1688) 寬永14(1637)~元祿16(1703)
2(2집) 25(2집)	北京帝崩御之事 風說之事	享保 8(1723)~享保20(1735) 享保 6(1721)~享保15(1730)
9(3집)	安南·呂宋·交趾之賣船北京より被差留候事	宝暦10(1760)~宝暦12(1762)
1(5집) 15(5집)	北京帝之事 朝鮮物騷之儀差起候段流布之一件	寬政 7(1795)~寬政11(1799) 文化 9(1812)
4(6집) 6(6집) 15(6집) 16(6집)	北京帝之一件 エケレス國之小舟北方之地方周廻之風聞 一件 朝鮮國饑饉之一件 朝鮮京近邊流行疾之一件	文政 3(1820)~文政 4(1821) 文政 4(1821) 文化11(1814)~文化14(1817) 文政 5(1822)

왜관은 조선의 수출품이 나가는 창구인 동시에 수입품이 들어오는 창구이기도 했다. 특히 조선에서 생산되지 않는 丹木과 물소뿔은 왜관을 통한 수입이 중요한 루트였으며, 일본산 구리와 유황 역시 무기와 화폐 제조 등에 필요한 물품이었다. 조선의 입장에서는 이와 같은 물품을 들여오는 창구로서 왜관이 중요한 의미를 가졌다. 그리고 인접국에 대한 정보수집은 대마번이나 막부만이 행했던 것은 아니며 조선도 마찬가지였다. 북쪽 국경이 여진족의 위협에 노출되어 있는 상황에서 임진왜란 이후 일본의 정세를 파악하는 것은 절대적으로 필요했으며, 통신사가 가져오는 부정기적인 정보와 왜관을 통하여 얻는 일상적인 정보를 기초로

대일정책을 결정하였다. 이러한 의미에서 왜관은 조선 및 중국관련 정보
가 유출되는 창구인 동시에 일본 정보가 들어오는 창구역할을 하였다.[65]
조선이 왜관 운영에 막대한 비용을 들이면서도 明治政府에 의하여 강제
로 접수당할 때까지 왜관을 폐쇄하지 않았던 이유는 이처럼 조선 나름대
로의 현실적인 필요성이 있었기 때문이다.

　근세의 동아시아 세계는 조선·중국(明, 淸)·일본 3국 모두 민간인의
해외 도항을 국가가 통제하는 쇄국정책을 폈다. 이것은 국가에 의한 해
외무역의 관리와 통제, 외국 선박에 대한 관리체제가 확립되었다는 것을
의미하며, '사람'과 '물건'의 해외 출입 및 이에 따른 '해외정보'의 유입을
관리·통제한다는 의미도 있다. 본 연구에서는 이와 같은 국제적인 환경
아래 왜관에서 대마번으로 보고한 조선 및 중국관련 정보 보고서를 분석
하여 대마번이 수집한 정보의 종류와 내용, 정보수집 담당자, 정보원 및
대마번이 이들을 어떻게 관리했는지 살펴보고자 한다.

　이 글에서 주된 분석대상으로 삼고 있는 사료는 『分類紀事大綱』과
『華夷變態』이다. 『分類紀事大綱』은 왜관에서 관수가 작성한 每日記를
바탕으로 대마번에서 편찬한 사료이며, 여기에는 조선의 사정을 수집한
각종 정보와 중국관련 정보가 다수 수록되어 있고, 일부는 막부까지 보
고되었기 때문에 대마번과 막부의 관심사를 알 수 있는 중요한 사료이
다. 『華夷變態』는 인조 22년(1644)부터 경종 4년(1724)까지 81년간 長崎
및 薩摩로 입항했던 민간 상선의 風說書 2,300여 통을 모아서 막부가 편
찬한 책이다. 이 두 가지 사료를 비교 분석하면 대마번 내지 막부의 관심
이 어디에 있었는지 알 수 있을 것이다. 아울러 왜관의 정보수집에 대한
조선 정부의 대응을 실록을 통해서 알아 보고, 결론에서는 이상의 분석
을 바탕으로 대마번이 조선 및 중국관련 정보 수집에 열중했던 이유를

---

65) 岩下哲典·眞榮平房昭 編,『近世日本と海外情報』, 岩田書院, 2001 수록 米谷均,「對
　　馬口における朝鮮中國情報」, 岩田書院, 2001. 113쪽.

규명해 보려고 한다.

1) 중국관련 정보

조선은 중국과 국경을 접하고 있고, 千秋使·冬至使 등의 사신을 北京으로 파견하여 규칙적으로 무역을 행하고 있었으므로 중국 대륙에 관한 모든 정보를 정기적으로 입수할 수 있었다. 또 조선 정부는 義州에서 열리는 開市에서 淸商과의 무역을 통해 국경 부근에서 떠도는 소문을 입수하기도 하였다. 『分類紀事大綱 25』「風說之事」에 실려 있는 중국관련 정보는 ① 朱一貴의 난(1721)에 관한 정보, ② 康熙帝 붕어에 관한 정보 (1722), ③ 北京 지진에 관한 정보(1730) 등이다. 이하에서는 사료를 통하여 각 사건에 관한 정보를 비교·분석해 보고자 한다.

(1) 朱一貴[66]의 난에 관한 정보

朱一貴의 난은 明 왕조 부흥의 기치를 내걸고 청조 지배에 반기를 들었던 兵亂이다. 朱一貴에 대하여는 자세히 알려진 바가 없으며, 亂을 전하는 보고서에는 明의 후예라는 것 이외에 신상에 관하여 구체적인 언급은 없고 단지 사건의 경과와 결과만을 보고하고 있을 뿐이다. 다음 사료는 『分類紀事大綱 25』「風說之事」에 실린 경종 1년(1721) 10월 9일자 館守報告書이다.

---

66) 『分類紀事大綱 25』「風說之事」에는 '朱乙貴'로, 『華夷變態』에는 '朱一貴'로 표기되어 있으며, 朱乙貴는 朱一貴의 誤記로 보인다. 『ウィキペディア(Wikipedia)』清朝統治時代(台湾) 참조.

[사료 9]

향보6 신축년

풍설지사

지난 번에 분부하신 唐兵亂에 관한 문건을 加瀨傳五郎 및 通詞들에게 건
네주고 은밀히 알아보게 한 바, 일전에 崔知事가 내려왔기에 傳五郎이
(崔知事에게) 물었더니 최지사가 말하기를, 이번 6월에 謝恩使가 돌아오
는 길에 들으니 南京의 朱氏가 大明의 자손이라면서 의병을 모아 南京省
안으로 잠입하여 臺灣嶋라는 곳을 탈취했는데 賊徒를 점점 불러모아 그
세력이 매우 강하기에 北京에서 토벌이 있을 예정이므로 아마도 멸망할
것이라는 풍문이 있다고 합니다. 앞으로 千秋使와 皇曆使가 귀국하면 다
시 알 수 있을 것이라고 합니다. 이에 따라 그 내용을 傳五郎에게 문서로
작성하게 하여 나(館守)에게 제출하고, 이번에 보고드린다고 관수로부터
전해 왔습니다.

　　　　10월 9일자 보고 67)

　[사료 9]의 주된 내용은 北京에 다녀온 謝恩使가 입수한 朱一貴의 난
에 관한 정보를 왜관의 訓導・別差에게 전하고, 訓導・別差는 다시 倭通詞
에게 전하여 대마번으로 보고한 것이다. 10월 9일자 館守日記에도 비슷
한 내용의 기록과 覺이 수록되어 있다.68)

_____

67)　　　享保六辛丑年
　　先頃被仰下候唐兵亂之義御書付加瀨傳五郎幷通詞中江相渡置內々爲承候處、 此間崔知
　　事致下府候付傳五郎相尋候處、崔知事申聞候ハ、當六月謝恩使之歸り二相聞候南京朱
　　氏之人大明之子孫之由、義兵を集南京之內二斬入、臺灣嶋と申所を斬取、賊盜段々二
　　招キ集勢甚强御座候付、北京より討伐有之筈二候故、定而相亡可申由風說仕候。重而
　　皇曆使冬至使之歸り二又々相知可申由申聞候。依之其旨傳五郎方二而書付二爲仕、私
　　二宛差出候付、則今度差上之由館守より申來。
　　　右十月九日之來狀

68) 경종 1년(1721) 10월 9일자 館守日記.
　　〃唐兵亂之義承合候處、崔知事方より當六月謝恩使之歸り二相聞候通書付差出候由二
　　而大通詞加傳瀨五郎方迄遣之候付御國へ御案內申上候來り書狀控二有之。

이 보고서에서 특이한 점은 「覺」이 붙어 있다는 것이다. 「覺」은 조선 조정이나 동래부사가 작성하여 왜관으로 보낸 공식적인 외교문서는 아니며, 조선의 兩譯이 자신의 명의로 일본쪽이 알고싶어 하는 사실관계를 적어서 관수에게 보낸 私文書이다.[69] 「覺」을 통해서 알 수 있는 사실은 왜관에서 중국관련 정보를 은밀히 탐지하기도 했지만, 때로는 조선의 양역에게 공개적으로 정보 공개를 요구하기도 했고, 조선쪽에서는 훈도·별차 명의의 「覺」을 통해서 정보를 알려줬다는 것이다. 10월 9일자 보고서 말미에는 崔知事가 자신의 명의로 작성해서 관수 앞으로 보낸 覺을 眞文 (漢文)으로 기재하였다.[70] 朱一貴의 亂에 관하여 좀 더 상세한 내용이 보고된 것은 冬至使가 귀국하고 난 이듬해 3월 4일이며, 10월 9일자 보고서와 같은 경로를 거쳐 관수 樋口彌五左衛門 명의로 대마번에 보고되었다.

---

69) 이훈, 「조선 후기 東萊府와 倭館의 의사소통 -兩譯 관련 '實務文書'를 중심으로」, 『韓日關係史研究』 제27집, 2007. 203~212쪽에 따르면, 중개자(兩譯)에 의하여 간접화법으로 전달되는 동래부와 왜관의 공적인 의사소통 경로는 왜관이 조정이나 동래부의 의사를 파악하는 데 시간이 많이 소요될 뿐만 아니라 비효율적이었으므로 이를 보완하는 방법이 '覺'이라고 한다. 즉 '覺'은 왜관쪽의 정보제공 요구가 있을 때 양역이 동래부사의 의견을 대신하거나, 또는 그들 자신의 의견이나 약속·확인 등을 양역 명의의 문서(覺)로 작성하여 건네줌으로써 왜관쪽의 요구에 부응하고, 사태를 원만하게 처리할 수 있었다고 한다. 또한 兩譯은 동래부사의 자시를 받는 입장에 있었지만 반드시 동래부사의 지시를 받아서 '覺'을 작성했던 것은 아니며, 때로는 동래부사의 허락이 없어도 외교실무의 담당자로서 독자적인 판단에 따라 '覺'을 작성하여 왜관쪽에 전달했다고 한다.

70)　　　唐兵亂之眞文左記之
　在京時謝恩使行自燕京回來得聞北京消息、則南京朱姓人稱以大明子孫、招集義兵侵掠南京諸郡至下令奪得前日鄭錦所居臺灣島、更爲擊破回中復其地且與海浪賊黨相應連通其勢甚盛恣意猖獗、故卽今命征討期於掃滅云々、此亦風傳之說也、
　右者自謝恩使行得聞風聞之說也、此亦未必可信而更待皇曆使行及節行回遷以爲詳知耳、
　　　　辛丑十月初九日　　崔知事
　　　館守尊公

[사료 10]

唐兵亂에 관한 문제를 알아본 바, 일전에 朱乙貴라는 사람이 臺灣에서 思明·夏門을 공격하여 南京의 여러 고을을 침략했는데, 北京에서 大兵으로 정벌하여 朱乙貴가 패배하였고, 마침내 항복했다고 하는데 이 사이에 皇曆使(冬至使)가 귀국할 때 알려 온 것이라고 합니다. 또 이 문제는 거제도로 유배된 전 영의정이 최지사에게 말했다고 합니다. 이것 또한 소문인데 알아본 바 틀림 없다고 관수가 보고했습니다.

　　　3월 4일자 보고71)

　朱一貴의 난에 관한 정보는 왜관에서 대마번으로 보고하기 석달 전에 이미 長崎로 입항한 南京船을 통해서 막부로 보고된 상태였다. 즉 막부에 朱一貴의 난을 최초로 보고한 1721년 7월 1일자 「拾九番南京船唐人共申口」에 따르면, ① 4월 경 복건성 대만에서 大明 洪武帝의 후예를 자처하는 朱一貴라는 자가 明 왕조 부흥을 기도하며 '大明中興朱一貴'의 기치를 내걸고 반란을 일으켰다는 사실, ② 2000여 기병을 이끌고 청군과 수일간 전투를 치렀다는 사실, ③ 4월 말 대만 惣兵 歐氏와 安平鎭 부장 許氏가 朱一貴軍에게 패배했다는 사실, ④ 복건성 福州로 입항하는 商船은 거의 없으며, 福州에서 출항하는 商船은 정지되었다는 사실, ⑤ 朱一貴軍 토벌은 北京의 명령을 기다리고 있다는 사실과 그밖에 다른 風聞은 없다는 사실이 보고되었다.72) 이후에도 朱一貴의 亂에 대하여는 같

---

71)　…唐兵亂之義承合候處、先達而朱乙貴と申人臺灣より思明夏門之內責入南京之諸郡を侵掠いたし候處、 北京より大兵を以征伐有之朱乙貴敗走ニ及間もなく致降參候由。 此間皇曆使歸國之節申來候由ニ御座候。 尤此段ハ巨濟江流罪有之候前議政より崔知事江咄被申候由ニ御座候。 是又風說爲承合候處何茂相違無之候由館守より申來ル。

　　　右三月四日之來狀

72)『華夷變態』下、崎港商說 卷三、享保 6년 7월 초하루(1721, 景宗 1).

　　　「拾九番南京船之唐人共申口」

　　　…然ば當四月之比, 福建之內臺灣におゐて, 大明洪武帝之末裔之由に而朱一貴と申人

은 해 윤7월 朱一貴軍이 패배할 때까지 사태의 추이에 관하여 거의 유사한 내용의 보고가 계속해서 막부로 보고되고 있었다.73)

(2) 康熙帝 사망에 관한 정보

다음 사료는 康熙帝 사망에 관한 정보를 景宗 2년(1722) 12월 13일에 관수가 대마번으로 보고한 것이다. 입수한 정보 중에서 康熙帝가 지난 달 12일(1722년 11월 12일) 사망했다는 것은 잘못된 정보이며, 보고일이 12월 13일로 되어 있는 것도 分類紀事大綱 편찬 과정에서 착오나 誤記가 있었던 것으로 보인다.

[사료 11]
康熙皇帝 붕어에 관한 문제는 兩譯이 入館하여 通詞들에게 말하기를, 붕어에 관한 소식이 이곳으로 은밀히 들려오기는 하지만 아직도 한양에서 공식적으로 알려 오지는 않았으며, 조만간 상세히 알려 올 것이라고 합니다. 또 崔知事와 李同知도 입관했는데, 그들에게는 한양에서 書狀이 도착하여 황제가 붕어한 것은 지난 달 12일이며, 벌써 北京에서 부고를 알리는 칙사가 와서 議政府와 기타 대신들 모두 상복을 입고 칙사를 접대하고

明世に復し申度志に而謀叛を企、大明中興朱一貴と申旗を上げ、貳千余騎程に而打て出、數日合戰に及び、臺灣之惣兵歐氏、安平鎭之部將許氏此貳人を終に朱一貴方江打取、四月末に敗陣仕候由承申候、此等之趣、先達入津仕候唐人共委細可申上と奉存候、尤福建之內福州之儀は他所より參候商船は構無之候得共、福州より他所江商船出申儀停止被致候由に御座候。右朱一貴征伐之義も北京之下知を被相待候由承申候。右之趣之外別に異說無御座候。右之通唐人共申候に付、書付差上申候、以上。

　　丑七月朔日
　　風說定役

73) 『華夷變態』下、﨑港商說 卷三、享保 6년 7월 9일「貳拾番寧波船之唐人共申口」; 동년 7월 16일「貳拾壹番廣東船之唐人共申口」; 동년 7월 19일「貳拾貳番寧波船之唐人共申口」; 동년 윤7월「貳拾四番南京船之唐人共申口」참조.

있으며, 조선에서도 곧 進香使를 파견할 예정이라고 합니다. 물론 황제는 69세로 붕어했다고 합니다. 따라서 풍문이 전해지는대로 알리도록 通詞들에게 일러두었습니다. 또 한양에서 알려 오면 조사하여 보고하겠다고 관수로부터 전해 왔습니다.

12월 13일자 보고[74]

康熙帝 사망에 관한 소식이 조선 조정에 알려진 것은 경종 2년(1722) 12월 16일 淸의 칙사가 한양에 도착하여 康熙帝의 유조(遺詔)를 전한 다음이며, 13일에 사망했다는 사실이 조정 대신들에게 구체적으로 알려진 것은 17일의 일이다. 19일에는 康熙帝의 成服을 거행하였다. 막부에서는 12월 22일 南京에서 長崎로 입항한 唐船으로부터 風說書를 보고 받고 康熙帝의 사망 사실 및 제4 皇子가 뒤를 이을 것이라는 사실을 알았으며,[75] 12월 28일에 長崎로 입항한 南京船 역시 동일한 내용을 보고하였다.[76]

---

74) 景宗 2년(1722) 12월 13일자 館守報告書

…康熙皇帝崩御之由二付、 兩譯致入館通詞中迄申聞候は右崩御之義爰元江は內々相聞候得共、未都表より表向二は不申來候。近日得と可申來旨申由二御座候。尤崔知事李同知二も致入館候所彼者共方江は都表より書狀相達右皇帝崩御之儀去月十二日二而早速北京より告訃之勅使被罷越候付、議政府其外大臣共二喪服二而勅使接待有之、則朝鮮國よりも早速進香使被差越候間二御座候与之義申來候。 勿論皇帝御年六十九二而崩御之段申出候由御座候。依之段々風說承立追々申聞候樣二と通詞中江申渡置候。尚又都表より表立申來候ハ丶承合御案內可申上候由館守より申來ル。

右十二月十三日之來狀也。

75) 『華夷變態』 下、崎港商說 卷三、「二十九番南京船之唐人共申口」

…然者康熙帝當十月中旬比より御惱之由承候處に十一月十三日に崩ぜられ候。 當年御年六拾九歲、在位六拾一年に而御座候。第四之皇子雍親王と申候は當年四拾二三歲之由、此皇子帝位御繼可有之旨之遺詔私共出船之砌寧波江到來仕候。勿論登極之詔は追而諸省江到來仕筈之由に御座候。尤諸省共に靜謐に御座候。此外相替儀無御座候。

右之通、唐人共申候に付、書付差上申候、以上。

寅十二月二十二日

風說定役 唐通詞目付 唐通詞

[사료 12]

…강희제는 올해 10월 중순경부터 괴로워했는데 11월 13일에 붕어했습니다. 올해로 69세이고, 재위 61년입니다. 제4황자 옹친왕은 올해 42~3세이며, 이 皇子가 황위를 잇도록 한다는 遺詔가 우리들이 出船할 무렵 寧波에 도래했습니다. 물론 등극에 관한 詔勅은 뒤이어 각 省에 도래할 예정이라고 합니다. 또한 각 省은 모두 평온하며, 이 밖에 변동된 것은 없습니다. 위와 같이 唐人들이 진술했으므로 보고서를 올립니다. 이상.

　　임인년(1722) 12월 22일

　　風說定役　唐通詞目付　唐通詞

『華夷變態』에도 대마번에서 막부쪽으로 보고한 사료가 24건 가량 있는데, 중국 황제의 사망에 관한 소식은 막부에서 관심을 갖는 사항이므로 보고했을 것으로 추측된다.

다음 사료는 康熙帝 사망에 관한 1722년 12월 13일자 館守報告書에 대하여 다음 황제는 몇 번째 왕자가 될 것인지, 北京의 정세는 어떤지 알아볼 것을 대마번이 관수에게 지시한 문서이다.

[사료 13]

향보 8(1723) 계묘년

지난 번에 강희제가 붕어했다고 알려왔는데, 皇曆使(冬至使)가 歸京할 때 몇 번째 왕자가 太子로 되는지, 그밖에 北京의 정세를 알아보고 조속히 보고하라는 취지를 관수에게 전했다.

　　2월 6일[77)]

---

76) 『華夷變態』 下, 崎港商說 卷三, 「參拾番南京船之唐人共申口」 참조.

77) 享保八癸卯年(1723)

　　先頃康熙帝崩御之由被申越候皇曆使歸京時分候何番目之王子太子被立候哉、其外北京之時勢被承合早々可被申越之旨館守方へ申遣之。

　　　右二月六日之日付也。

  대마번에서는 12월 13일자 館守報告書를 통해서 康熙帝가 사망했다는 사실을 이미 알고 있었으나 몇 번째 왕자가 즉위할 것인지, 北京의 정세는 어떠한지 추가로 알아볼 것을 관수에게 지시한 것이다. 이 사료를 통해서 알 수 있는 것은, 『華夷變態』에 실린 정보는 唐船들이 의무적으로 보고한 風說書를 모아서 편찬한 책이므로 막부의 관심사항이나 시각을 알 수 없지만, 『分類紀事大綱』에 수록된 정보는 관수가 올린 보고서 외에도 막부나 대마번에서 관수에게 추가로 지시한 내용이 담겨 있기 때문에 이를 통해서 막부 및 대마번의 관심사항이 무엇이며, 요구하는 정보가 무엇인지 알 수 있다는 것이다. 중국의 왕조 교체와 군사 분쟁은 주변국들에게도 적지 않은 영향을 끼쳤으며, 이 때문에 德川幕府에서도 중국 대륙의 정세 변화에 민감하게 반응하지 않을 수 없었다. 「唐船風說書」를 중심으로 집적된 『華夷變態』의 방대한 기록에서 알 수 있듯이 明淸 교체와 三藩의 난 등에 관한 해외정보는 長崎와 琉球·對馬 등 복수 경로를 통해서 막부로 전달되었다.

  朱一貴의 亂과 康熙帝 사망에 관한 『華夷變態』와 『分類紀事大綱』의 기록을 비교해서 정리하면 다음과 같다.

  중국과 관련된 정보는 『華夷變態』와 『分類紀事大綱』에 거의 유사한 내용이 실려 있는데, 정보를 입수한 시기는 대체로 『華夷變態』 쪽이 왜관을 경유하여 대마번으로 들어간 정보보다 빠르며, 정보의 양 또한 『華夷變態』 쪽이 훨씬 더 풍부한 편이다. 그러나 『分類紀事大綱』에 실린 정보는 조선 사절이 北京으로 가서 황제와 맞대면하고 수집한 정보라는 점, 北京에 체류하는 동안 사절이 직접 견문한 사실이라는 점, 정보를 수집한 조선의 사절은 조정에서 선발된 당상관급의 고위관료로서 상당한 학식과 국제정치적인 안목을 갖춘 인물들이라는 점에서 『華夷變態』의 정보보다 생생하고 정확하며, 정보로서의 신뢰성이 높다고 볼 수 있다. 『華夷變態』에 실린 정보는 대개 福建이나 廣東 등 남부 중국에서 출항하여 長崎로 입항한 선박, 琉球를 경유하여 薩摩로 입항한 선박들이 보고한 정보이므로 지역적으로 남부 중국에서 입수한 정보에 치중되어 있으며, 정보 수집자 역시 민간 상선을 운영하는 선원들이므로 정보의 질이 떨어질 수밖에 없어서 막부의 요구에 전적으로 부응하지 못했다. 대마번에서도 이런 사정을 알고 있었으므로 중요한 정보는 관수에게 추가로 알아볼 것을 지시했던 것으로 보인다.78)

(3) 北京의 지진에 관한 정보

다음 사료는 대마번이나 막부가 중국 대륙의 정치적인 변란은 물론 자연재해까지도 관심을 가졌다는 것을 보여주는 사료이다.

[사료 14]
北京에서 올해 8월 20일 무렵 큰 지진이 여러 차례 일어나 王城을 비롯하여 많은 민가가 무너지고 압사한 백성들이 수만에 이르며, 이 일로 인하여 남쪽 해변에서는 지진해일로 역시 廻船은 말할 것도 없고 많은 민가가 무너졌으며, 근래에 없던 큰 변고라는 내용의 문서(書付)가 한양에서 釜山浦로 내려와 알게 되었는데, 그 취지를 兩譯에게 말하고, (兩譯이) 사본을 보내왔으므로, (이 사본을 문서) 말미에 적어서 말씀드린다는 취지의 보고서를 (館守) 杉村帶刀가 보내 왔다.
　　12월 26일자 보고79)

────────────

78) 米谷均, 앞의 논문, 118쪽에서는 "…北京에서 들어오는 대륙정보는 北京과 가깝다는 의미에서는 이점이 있지만, 한반도를 경유하는 과정에서 정보가 왜곡된다는 약점을 가지고 있다.…" 고 설명하고 있다. 그러나 어떤 정보가 왜곡되었는지 구체적인 자료는 제시하지 않고 있다. 또한 同 논문에서는 로날드 토비의 『近世日本の國家形成と外交』(創文社, 1990)에서 三藩의 亂에 관한 정보 분석 내용을 인용하면서, "조선에서 對馬藩을 경유하여 幕府로 들어온 정보는 조선의 崇明反淸적인 감정에서 오는 정보의 왜곡과, 對馬藩에 대한 의심 때문에 고의로 정보를 유보하는 등 정보의 신뢰성이 떨어진다"고 언급했다.

이 사료는 1730년(영조 6) 8월 20일 무렵 북경에서 12회에 이르는 큰 지진이 발생하여 인명과 재산피해가 크다는 사실을 관수가 조선의 兩譯으로부터 입수하여 대마번으로 보고한 것이다. 조선에 北京의 지진 소식이 전해진 것은 영조 6년(1730) 11월 3일이다.[80] 『華夷變態』에는 北京 지진에 관한 風說書가 보이지 않으며, 『分類紀事大綱』의 「風說之事」에만 수록된 내용이다. 또한 「風說之事」에는 조선의 兩譯(假訓導 변첨지, 別差 홍첨정)이 자신들의 명의로 관수 앞으로 써 준 覺이 문서 말미에 첨부되어 있다.[81] 이 문서에 구체적으로 드러나 있지는 않지만, 조선 조정에서는 행정문서를 통하여 北京 지진에 관한 사실을 동래부에 알렸고, 이 사실을 안 왜관쪽에서 兩譯에게 정보 제공을 요구하자(其趣兩譯江申渡), 兩譯은 중앙에서 내려온 행정문서를 베낀 사본을 傳令 형식으로 왜관쪽에 보냄으로써(則寫差越候故) 北京의 지진에 관한 정보를 제공했던 것으로 추측할 수 있다.[82] 대마번은 막부가 관심을 갖는 이와 같은 북방

---

79) 北京當年八月二十日之比大地震度々いたし、王城を初民家過半倒壞人民之壓死數萬二及、其以南方之海邊津波ニ而是又諸廻船者不及申大分民家折崩近來無之大變之旨右之書付都より釜山浦江到來之由致承知候付、其趣兩譯江申渡、則寫差越候故、帳末ニ書載仕差上之候旨杉村帶刀方より申來ル。

　　右十二月二十六日之來狀也

80) 『영조실록』 6년(1730) 11월 3일 戊辰條.

81)　　　覺

一. 八月念間地震十二次、王府甲第大小民家倒壞不知其數、人物壓死不知幾萬、元明暢春兩處行宮太半壞倒、皇帝設幕以居.

一. 且聞賚咨官回來後所言則、八九月間南海猝然泛溢、商船無數敗沒、海邊民家幾萬亦爲陷沒云々、

　　　庚戌十二月二十六日

　　　假訓導　卞僉知　　別差　洪僉正

　　　館守尊公

82) 이훈, 「조선 후기 東萊府와 倭館의 의사소통 -兩譯 관련 「實務文書」를 중심으로」, 『韓日關係史硏究』 제27집, 2007. 199~200쪽에 따르면, '傳令'은 중앙에서 정한 결정이나 지침을 동래부로 내려보낸 官文의 내용을 왜관측에 알릴 때 작성됐으며,

정보를 신속히 제공함으로써 家役을 충실히 이행하고 있다는 점을 보여 주었고, 막부쪽에 자신의 발언권을 높일 수 있었던 것으로 보인다.

2) 조선관련 정보

조선 국내에 관한 정보 역시 대마번이 왜관을 통하여 수집했으며, 그 중 일부는 막부까지 보고되었다. 『分類紀事大綱 25』 「風說之事」에는 ① 경종 즉위 후 老論 일파가 英祖 책립을 모의했던 사건, ② 李麟佐의 난 (1728), ③ 영조 4년 무렵에 민심을 크게 동요시켰던 정도령(鄭都令)에 관한 풍문, ④ 李麟佐의 난의 여파로 볼 수 있는 영조 6년 무렵의 국왕 詛呪사건(1730년)과 이에 따른 정계의 숙청에 관한 정보가 수록되어 있다. 그밖에도 西人과 南人, 老論과 少論의 당파분쟁 등에 관한 정보수집 과 보고에 관해서는 일일이 열거하기가 힘들 정도로 세세하게 수록되어 있다. 이러한 정보는 왜관과의 교섭 현장에서 실무자로 활동했던 훈도· 별차·小通事 등의 倭學譯官들, 군관, 상인, 왜관을 출입하던 잡역부(下々 の者) 등 다양한 정보원을 통해서 수집하였다. 이들은 대마번의 요청에 응하거나 또는 자발적으로 정보 제공자가 되었는데, 그 이면에는 대마번 이 제공하는 각종 利權이 매개가 되었다.83)

동래부사의 견해를 양역을 통하여 전달하는 경우에도 이용된 공식적인 의사소 통 방법이었다고 한다. 즉 중앙에서 동래부로 내려온 回啓나 官文은 외교문서가 아닌 조선의 행정문서이므로 官文을 그대로 왜관쪽에 줄 수는 없었으며, 官文의 내용을 왜관에 알릴 필요가 있을 때, 통교제도상 조일 양쪽의 중개자에 불과한 동래부사 명의로 傳令을 발급할 수 없었기 때문에 동래부사의 使者 격인 兩役에 게 위임하는 형태로 傳令을 발급한 것이라고 한다. 그 결과 傳令은 당연히 원본 이 아닌 寫本이 왜관쪽에 전달되었다고 한다.

83) 김동철, 「17~19세기 東萊府 小通事의 編制와 對日活動」, 부경역사연구소, 『지역과 역사』 제17호, 2005.

『華夷變態』에는 조선의 정세와 관련된 정보가 보이지 않는데, 이는 막부가 조선보다는 중국과 관련된 정보에 보다 더 관심을 가졌던 것이 『華夷變態』의 편찬 과정에 반영된 것으로 추측된다.[84] 이하에서는 구체적인 사료를 분석하면서 왜관이 수집했던 정보의 내용과 수집 목적을 살펴보도록 하겠다.

(1) 朝廷의 동향에 관한 정보

다음의 [사료 15]는 숙종 말년에 희빈 장씨의 죽음과 관련된 조정의 동향을 파악하여 경종 2년(1722) 3월 4일에 관수가 대마번으로 보고한 내용의 일부이다. 景宗이 즉위하자 老論 세력은 왕을 압박하여 숙빈 최씨 소생의 이복동생 연잉군을 왕세제로 책봉케 하고, 나아가 왕세제의 대리청정을 밀어붙이다가 소론 강경파 김일경 등에게 역습을 당하여 정권을 빼앗겼다. 그 후 老論이 景宗을 살해하려 했다는 告變이 이어지면서 老論의 많은 핵심 黨人들이 처형당하고 정권은 少論 수중으로 넘어갔다.

[사료 15]
향보 7 임인년
한양의 소동에 관해서 은밀히 알아본 바, 전 국왕<숙종> 때 현 국왕<경종>의 母妃는 원래 남인 계열이었는데, 母妃는 질투가 심해서 그대로 둘수는 없다고 하여 지금까지 집권하였던 김씨 영의정 및 西人 중의 老論들이 계책을 내어 母妃를 목매어 죽이고 世子는 그대로 두었는데 즉 현 국왕에 올랐다… [85]

---

84) 岩下哲典·眞榮平房昭 編, 『近世日本と海外情報』, 岩田書院, 2001. 117쪽에 따르면 李麟佐의 난(1728)과 閔彦貴의 난(1734)은 倭館에서 對馬藩을 거쳐 막부까지 보고되었으며, 『唐兵亂風說公儀江被仰上候控幷朝鮮國山賊徒黨御案內被仰上候控』(慶應義塾大學圖書館 소장, 宗家資料)에 수록되어 있다고 한다.

85) 享保七壬寅年

[사료 15]는 老論 일파가 경종을 폐위시키고 동생 연잉군을 즉위시키려고 막후에서 모의했던 내용을 관수가 수집하여 대마번으로 보고한 것이다.

[사료 16]
…그러나 김씨 영의정은 현 국왕이 모비가 목졸려 죽은 사건의 내막을 자세하게 알고 있고, 유감스럽게 여기고 있으므로, 국왕을 퇴위시키려고 지난 겨울 冬至使 때 국왕의 동생을 세자로 세우려고 北京에 奏請하게 하였고, 西人의 老論들이 비밀리에 의논하기를 국왕은 원래 병약한 몸이라 이미 30여세가 되도록 아직도 후사가 없으므로 즉시 동생에게 양위해야 한다고 말하여, 建儲 문제 역시 北京에 奏請하도록 啓聞을 올렸다… 86)

두 보고서는 수집한 내용이 매우 상세하며, 일반인들은 자세히 알기 어려운 궁중 내부의 사정까지 소상하게 파악하고 있다. 이러한 정보는 왜관을 드나드는 상인이나 小通事 등 왜관의 하급 역관에게서는 얻을 수 없는 정보이며, 訓導·別差 등 한양과 인맥이 닿는 고위 역관을 통해서만 수집할 수 있는 정보이다.

경종이 재위 4년만에 급서하고 영조가 즉위하자 경종이 독살당했다는 벽서가 나붙는 등 전국이 소란스러웠다. 대마번에서도 영조 즉위 초의 혼란상에 대하여 관심을 보이며, 즉시 파악해서 보고하라는 지시를 관수

〃都表騷動之儀內々承合候處、先國王御代當國王之母妃元來南方之親類二而其上右母妃忌妬之心深く其儘二被召置候而は不宜筋有之候付、只今迄被相務候金氏之領議政幷西方之內老論方之衆中計を以右之母妃を縊死いたし、 世子ハ其儘二被立置則當國王二被相立候…

86) …然處右金氏之領議政當國王御代二罷成母妃縊殺之譯內々國王御存有之候付、國王之前氣毒二被存候所二當國王御退位有之候樣二仕度被存、 去年冬至使之節國王之愛弟を以世子二相立之申候樣二北京江奏請致させ、 其上西方老論之衆中內談を以國王元來御病身二而最早三十歲余に被成候迄未儲子茂無之候間、直二右之愛弟江讓位候而可然与之義被申上、右建儲之願同然二北京江奏請有之候樣二と啓聞被致候…

에게 내렸다.87)

[사료 17]
향보 13년 무신년(1728, 영조 4)
조선의 현 국왕 즉위 이래 政事가 좋지 않으므로 아래 사람들이 따르지
않고, 지난 겨울 전라도 안의 무인도에 3만명을 모으는 일을 계획한다는
소문이 있음. 그곳<왜관>에 재관 중인 감찰관<目付>으로부터 사실 여부
는 모르겠지만 먼저 알린다는 취지의 보고가 大目付에게 왔다. 귀하도 아
마 알아보고 있겠지만 아직까지 그 사정이 확실하지 않으므로 보고가 없
는 것이며, 방심하지 말고 推察하도록 하고, 그쪽 사정을 자세히 알아서
보고하라는 취지의 지시가 관수 吉川內藏允에게 내려왔다.
      1월 19일

　　영조 6년 무렵은 李麟佐의 난의 여파로 국왕 詛呪사건이 일어나는 등
궁중이 어수선할 때였다. 왜관에서는 이런 정보를 파악하려고 했으나 判
事들은 물론 하급자들까지 입을 다물고 말하지 않았다. 결국 극히 개략
적인 보고만을 대마번으로 올렸을 뿐이다.88)

---

87) 享保十三戊申年 (1728, 英祖4)
　〃朝鮮當國王御卽位以來政事不宜候故、下民心腹不仕舊冬全羅道之內無人之嶋ニ三万
　人相集り事を企候風說有之由、其元在館之目付中より實否者不存候得共、先遂案內候
　旨大目付中迄申越候。貴殿ニて茂定而可被承合候得共、未其事情不審候故不被申越
　事と令推察候無油斷外向承合委細可被申越旨館守吉川內藏允方へ申遣ス。
　　右正月十九日之日付也
88) 享保十五庚戌年 (1730, 英祖6)
　〃先頃以來外向密々ニ致風說候ハ都表老論少論之義ニ而又々亂雜仕候由、下々之者
　之沙汰仕候段承及申候付、通詞中幷朝鮮言葉通し候面々內々ニ而虛實之間委細ニ承合
　候樣ニと申渡候處、判事中ハ勿論下々迄茂閉口仕殊外申兼候樣子之由…
　　右五月八日之來狀也

[사료 18]

지난 번 보고 이래 조선 조정에 관한 은밀한 풍문은 노론 소론 간의 다툼이 아직도 난잡하다고 함. 하급자들 간의 소문이라고 들었으며, 通事 및 조선어를 아는 사람들에게 허실을 자세히 알아보도록 은밀히 일렀는데, 判事들은 물론 아래 사람들까지 입을 다물고 말하지 않는다고 함. …

　　영조 6년(1730) 5월 8일자 보고

이 무렵 왜관에 裁判役으로 주재 중이던 雨森芳洲의 일기(裁判日記)에는 궁중의 동향에 관한 상세한 내용이 기록되어 있다.[89]

[사료 19]

一. 무신년 난의 잔당 등이 국왕을 저주하려고 밀담을 나눈 것이 위로 보고되어 시녀 등이 조사받은 것에 관하여 자세히 보고함.

一. 제작년(1728, 영조 4) 세자 薨去도 독살이라고 함.

一. 국왕에게도 한 번 독약을 주었으나 잔당들은 효험을 보지 못했다고 함.

---

89) 關西大學出版部, 『雨森芳洲全集』 三, 1982. 215쪽.

　　朝鮮國騷動之風說左記之

一. 戊申ノ年之餘黨等國王を奉呪咀候与之儀同人等之私語密二達上聞侍女共御詮議之處其子細ヲ委く申上候由。

一. 去去年世子薨御も奉毒殺候由。

一. 國王へ茂一度毒藥を捧ケ候得共、餘黨共其驗を得不申候由。

一. 太闕を別太闕二遷御被為成候由。

一. 戊申年騷亂之逆賊棟樑たる人七人之內六人ハ其年死刑二被行、其余壹人ハ乙巳丁未年間之吏曹參判李眞儒与申人二而、 則戊申年濟州江配流二而御座候を先比都表江被召捕最中拷問嚴鋪未白狀無之候得共、多クハ其紛無御座由。

一. 己亥年之信使從事義も逆賊之末二而平安道之內二配流二而御座候處、是も餘賊二極り多くハ死刑二可被行之由。

一. 當三月比より右之一件相顯每日五人七人死刑二被行候人數凡三百余人二及候由。

一. 呪咀之方ハ大概平定之處、宦者より又々餘黨を訴出此間者尚又騷亂杖罪死罪之人數相增候由。

一. 戊申年之騷動より事廣く可罷成由二御座候。

　　以上

一. 대궐을 다른 대궐로 옮겼다고 함.
一. 무신년 소동의 역적 두목들 일곱 명 중 여섯은 그 해에 사형당했고, 나머지 한 명은 을사 정미년 간의 이조참판 李眞儒라는 사람이며, 무신년에 제주로 유배당했는데 지난번에 한양으로 불려 올라와서 심하게 고문을 받았으나 여전히 자백은 하지 않았지만 대체로 틀림없다고 함.
一. 기해년 信使 종사관도 역적의 일당으로 평안도에 유배되었는데, 이들도 잔당으로 결정되어 대개는 사형당했다고 함.
一. 올해 3월 무렵부터 이 사건이 드러나 매일 5인 7인씩 사형당하는 사람의 수가 무려 300여명에 이른다고 함.
一. 저주사건은 대략 가라앉았으나, 환관으로부터 또 餘黨을 고소하여 다시 소란이 일고 杖罪 死罪에 이르는 사람이 늘고 있다고 함.
一. 무신년 소동에서 사건이 확대되어가고 있다고 함.
　　이상

　국왕 저주사건이란 영조 6년(1730) 3월 9일에 宮人 順正과 世貞 등이 왕세자와 옹주를 매흉(埋凶)했다가 적발된 사건이다. '埋凶'이란 특정인이 사망하거나 질병에 걸리도록 저주하는 의미로 흉한 물건을 만들어 일정한 곳에 파묻는 것을 말한다. 영조의 親鞫으로 밝혀진 사건의 내막은, 궁녀 順正이 福娘·九月·金德伊 등과 공모하고, 世貞·去於之·朴景裕 등 세 명이 이들에게 독약을 구해 주어 왕세자를 시해했으며(영조 4년 11월 6일), 국왕의 다른 血屬에게도 복용시켰다는 것이다. 이 사건과 관련된 주모자 7인은 물론 전부 참형에 처해졌으며, 每日記의 보고처럼 사건이 적발된 3월 9일 이후 매일같이 관련자들이 처형되고 있었다. 그러나 實錄에는 국왕(영조)에게도 독약을 복용시켰다는 기록이 보이지 않으며, 아마도 정보가 전달되는 과정에서 와전되었거나 과장된 것으로 생각된다. 3월 22일에는 영조가 慶德宮으로 移御하였다. 李眞儒는 경종 2년 (1722)에 司諫으로서 世弟(영조)의 代理聽政을 건의한 노론 4대신을 탄핵하여 제거했으며, 金一鏡 등과 함께 신임사화를 일으켜 노론을 숙청한 인물이다. 1724년 경종이 죽자 이조참판이 되어 告訃兼奏請使 副使로 청나라에 다녀왔고, 이듬해에 노론이 등용되자 極邊에 안치되었다가 한양으로 압송되어 문초를 받던 중 5월 13일에 物故되었다.

대마번에서 이처럼 상세하게 조선 조정의 동향을 파악했던 이유는 집권 세력의 정치 성향에 따라서 대일정책이 바뀔 우려가 있었고, 대일정책 여하에 따라서 대마번의 이익이 좌우될 수도 있었기 때문이다. 藩에서 산출되는 특별한 물산도 없고, 藩勢도 미약했던 대마번은 정치적으로는 막부의 지배를 받았지만 경제적으로는 조선에 예속된 이중적인 지위를 갖고 있었다. 따라서 막부가 관심을 보이는 정보를 왜관을 통해서 입수하여 신속히 보고함으로써 막부의 인정을 받아야 했으며, 藩의 경제를 유지하기 위해서는 朝鮮에 관한 정보를 세세한 것까지 입수하여 朝鮮과 교섭이 있을 때를 대비해야 했다.

(2) 민간의 풍문에 관한 정보

다음 사료는 영조 년간에 도성의 하층민들 사이에 나돌던 정도령에 관한 소문을 수집하여 영조 4년(1728) 2월 8일에 관수가 대마번으로 보낸 보고서이다. 실록에는 같은 해 3월 16일에 정도령 일당이라는 자를 붙잡아서 조사했다는 기록이 처음 보인다.

[사료 20]
이곳의 풍문에 관한 문제는, 지난 달 초부터 소문이 나돌았으므로 別代官 및 通詞들에게 이야기해서 判事나 商譯들에게 진위를 알아보게 한 바, 도무지 알 수 없다고 모두가 말했습니다. 오로지 아랫 사람들의 소문이며, 虛實이 분명하지 않으므로 더욱 조사하여 알아보고 보고를 올리려고 한 바 헛소문이라고 합니다. 그러나 소문의 내막을 적었으니 읽어보시기 바랍니다. 이곳에서 지난번부터 소문이 나돌기를 鄭氏라는 사람이 요술을

부려 1, 2만명을 모으고 전라도 안의 칠성산이라는 곳에 거주한다고 하며, 또는 충청도 안의 양계산에 산다는 풍문이 있습니다. 그밖에 한양의 궁궐 문에 榜文 등을 붙이며 여러 가지 요술을 부린다는데, 하층민들이 전적으로 믿고 있는 듯하여 通詞들에게 일러 알아보도록 했지만 갖가지 소문이 나돌아서 알기 어렵다고 하여 兩譯 및 判事들에게 알아보게 한 바 역관 등도 알지 못한다고 합니다. 그 이후 한양에서 소식이 와서 判事들에게 알아보게 한 바 근거 없는 헛소문이라고 兩譯 및 判事들이 이야기했다고 通詞가 이야기했습니다.

　　　2월 8일자 보고[90]

　언뜻 보기에는 대수롭지 않은 민간의 풍문같지만, 사료를 통해서 알 수 있듯이 왜관쪽에서는 別代官까지 동원하여 소문의 진위 파악에 나서고 있다. 別代官은 왜관에서 무역 업무를 주관하는 役人이지만,[91] 사안에 따라서는 別代官까지도 정보수집에 동원되었다는 사실을 확인할 수 있다.[92] 또한 왜관에서는 훈도·별차를 비롯하여 豆毛浦萬戶에 이르기까지 모든 채널을 통하여 이 소문을 집요하게 조사하고 있다.

---

90)　〃爰元風說之義先月初比より取沙汰有之候故、別代官及通詞中江申渡判事中又者商譯等江實否爲承合候處、決而不存由一統ニ申聞候。偏ニ末々之者等之取沙汰ニ御座候得者、虛實之所分明ニ無之候故、得と承合御案內可申上と差叶候處ニ虛說之由御座候。然共風說之趣書載仕入御披見候。於爰元頃日より風說仕候者鄭姓之人妖術を行一二萬之勢を集メ候而全羅道之內七城山と申所江居住仕候共申、又忠淸道之內兩鷄山江居住いたし候共風說有之候。其外都國王之大門覇府(者婦)ニ榜文等を押置色々之妖術仕候段末々之者等專評判仕たる事之樣ニ承之候付、　通詞中江申付爲承合候得共區々ニ取沙汰有之難相知由ニ付、　兩譯幷判事中江爲承合候處、　譯官等茂曾而存不申由申聞候。其以後都より便り有之判事中より承合候處、　形もなき虛說之由兩譯幷判事中も申たる由通詞中より申聞候。
　　　右二月八日之來狀也

91)　田代和生, 앞의 책, 176쪽.

92)　영조 4년 4월 6일자 관수보고서
　　…先達而爰元騷動之風說申上候以後御代官及通詞中江申付色々承合させ候得共　、譯官なと決而不申聞山賊ニ而可有之と計申聞候。…

[사료 21]

오늘 알아보았더니 豆毛浦萬戶의 家來(手下, 부하)가 한양에서 내려왔는
데, 도적들 중 몇몇이 체포되었고, 나머지 도적들도 차츰 처벌될 것이라는
풍문이 있다는 취지를 관수 吉川內藏允가 알려왔다.

　　　3월 29일자 보고[93]

　그러나 조선쪽에서는 민심이 흉흉하다는 사실이 왜관쪽에 알려지는
것을 꺼려하여 조선인이 왜관에 출입하는 것마저 금지시키고 있음을 사
료를 통하여 알 수 있다.[94]

[사료 22]

　　　영조 4년 3월 29일자 관수보고서

　…최근에 다시 조선쪽 소동을 들었는데, 通詞들에게 매번 兩譯과 判事들
에게 알아보게 했지만 깊이 감추고 있어서 분명하게 알지 못했습니다.…
… 어찌됐든 조선쪽 사정이 평안하지는 않다고 합니다. 이에 따라 동래부
에서 왜관으로 소문이 알려지는 것을 꺼려하여 최근에 이르러서는 하급
조선인들(下々之者)마저도 왜관 출입을 엄하게 금지했다고 들었습니다.…

---

93) 영조 4년 3월 29일자 관수보고서

　〃今日承候得者豆毛浦萬戶之家來都表より罷下候處、右盜賊共之內少々被召捕餘盜之
　儀も段々詮議有之由沙汰仕候旨館守吉川內藏允方より申來ル。

94) 영조 4년 3월 29일자 관수보고서

　…然處頃日より又々外向騷動之由承及候付、　通詞中を以每度兩譯并判事中へ茂爲相
　尋候得共深ク相隱し分明二不相知候…

　…兎角外向不精勢与相聞申候。　依之東萊より館內聞へを憚り頃日二至り下々之朝鮮
　人迄も館門之出入嚴鋪相禁申候由承及申候。…

　영조 4년 4월 6일자 관수보고서

　…就夫頃日都より關文を以判事中江申來候者右騷動之儀日本人江決而漏し不申候樣
　二堅ク被申付候故深ク隱密仕候由風說有之候。…

영조 4년 4월 6일자 관수보고서
…최근 한양에서 공문을 보내 判事들에게 이르기를, 이 소동에 관한 문제가 일본인에게 절대로 흘러들어가지 않도록 하라고 단단히 당부했기 때문에 깊이 감추고 있다는 소문이 있습니다.…

영조 4년 4월 6일자 관수보고서
…앞서 이곳 소동에 관한 소문을 보고드린 이후 別代官 및 通詞들에게 일러서 여러 가지를 확인시켰지만 譯官들이 결코 말하지 않고 그저 산적에 관한 소문이라고만 말했다고 합니다.…

　정도령에 관한 소문의 진상은 결국 흉년으로 인한 충청도 일대의 산적소동으로 판명났으며, 이러한 사정도 3월 말경 소상하게 파악하여 대마번으로 보고하였다. 왜관쪽에서 이처럼 조선의 풍문에 관하여 관심을 보인 이유는 영조 4년(1728) 4월 13일자 관수 보고서에 잘 나타나 있다.

[사료 23]
…충청도에 특히 흉년이 들어 산적이 많고 왕래에 방해가 되기 때문에 한양에서 조사하기에 이르렀으며, 도적 중에 체포된 자도 있다는 역관들의 말을 지난 달 29일자 書狀으로 관수가 알려왔습니다. 이 소문대로 산적이 많아서 왕래 등에 방해가 된다면 御商賣品(대마번으로 들어가는 물품) 또는 公作米를 들여오는 문제 등에도 지장이 있을지 모른다는 소문이 있지만, 모두 헛소문같기 때문에 전하지 않습니다…95)

　즉, 조선에 변고가 생겼을 때 대마번에서 가장 우려했던 점은 상품의 유통로가 막혀서 藩으로 들어오는 물품 수송에 지장이 초래되는 일이었

---

95) …忠清道之内殊外凶年ニ付山賊多ク、往来之妨ニも罷成候故、都表より吟味ニ及、盗賊之内被召捕候者も御座候由譯官中申出候与之義、去月二十九日之書狀を以館守方より申来候。彌右風說之通山賊多ク往来等之妨ニ罷成候ハヽ、御商買之品々又者公作米入来之義等も可差支哉と風說等も有之候得共、何茂胡亂なる義共ニ候故不申越候。…

다. 인삼과 生絲 등의 무역품 수송로가 막히는 것도 걱정이지만, 특히나 公作米 수입은 대마번의 생계가 걸린 문제였기 때문이다. 이처럼 조선과 의 무역에 대마번의 경제가 예속되어 있던 상황에 대하여 雨森芳洲는 『交隣提醒』에서, "雜物 지급을 중단하고, 저자 개설을 금지하는 것(撤供 撤市)은 쓰시마 사람들한테는 어린애의 젖을 끊는 것과 같은 것이라고 조선 사람들이 늘 말하고 있다"고 서술하였다.[96] 경제적으로 조선에 예 속되어 있던 대마번의 입장에서는 조선 조정의 동향 뿐만 아니라 민간에 서 일어나는 사소한 사건에 대해서도 정보 수집을 게을리할 수 없던 이 유가 여기에 있었다.

(3) 李麟佐의 난에 관한 정보

이인좌의 난은 1728년(영조 4년) 李麟佐 등의 少論이 주도한 반란을 말하며, 일어난 해의 간지를 따서 戊申亂이라고도 한다. 소론은 경종 연 간에 왕위 계승을 둘러싼 노론과의 대립에서 일단 승리하였으나 노론이 지지한 영조가 즉위하자 위협을 느끼게 되었다. 이에 朴弼顯 등 소론 과 격파들은 영조가 숙종의 아들이 아니며, 경종의 죽음에 관계되었다고 주 장하면서 영조와 노론을 제거하고 밀풍군 탄(密豊君坦)을 왕으로 추대하 고자 하였다. 여기에는 남인들도 일부 가담하였다. 왜관에서는 이인좌의 난에 대하여 영조 4년(1728) 4월 29일에 관수가 처음 대마번으로 보고서 를 올렸다.

---

96) 한일관계사학회 편, 『역주 交隣提醒』, 국학자료원, 2001. 19쪽, 75쪽.
　　(3) 一、撤供撤市いたし候ヘヽ、對州之人ハ嬰兒の乳を絶候ごとく二候と、彼國之人 常二申事二而、此方二いた手をあて候第一之上策と存居申候。

[사료 24]

금번 조선국 소란의 원인을 상인들에게 알아본 취지를 아래에 적었습니다.

1. 역적 대장 이인좌 이배 등이 밤을 틈타 충청도 병마절도사 이봉상을 공
   격하고, 그 휘하의 병졸을 이끌고 죽산으로 가서 왕래하는 사람들을 괴
   롭히며 길을 막고 소동을 부렸고, 임금의 명으로 순토사를 보내 역적을
   주살했는데, 원래 갑자기 모인 사졸들이므로 모두 흩어졌습니다. 역적
   대장을 죽일 때 같은 무리에 관해서 물었더니 남태징 이장흥이라고 하
   여 두 사람도 주살하도록 했습니다.…97)

보고 내용은 난의 경과 및 주모자의 신상 등에 관한 간단한 이력이다.
상세한 내막이 보고된 것은 6월 초하루가 되어서였으며, 7월 9일에는 대
마번과 江戸 두 곳으로 보고하였다.

[사료 25]

조선에 산적이 많아 왕래하는 사람들을 괴롭히고 있으며, 한양에서 토벌
군이 내려와 주모자를 잡아서 처형하도록 했다고 하지만, 잔당이 산속으
로 숨어서 완전히 진압된 것은 아니므로 화물 수송이 자유롭지 못하며,
빨리 내려와야 할 인삼과 白絲 등도 지연되고 있다고 상인들이 말했습니
다. 이 말이 사실인지 아니면 다른 장애라도 있어서 화물이 내려오지 못
하는 것인지, 아시는 바와 같이 조선인이 하는 말은 틀릴 때가 자주 있으
므로 확실하게 말씀드릴 수는 없습니다. 지난 겨울 이래 위 산적으로 인
한 지장 때문에 예년의 인삼 근수보다 절반으로 줄어든다고 상인들이 말
하는 취지를 에도로 보냅니다.

　　　6월 초하루98)

---

97) 영조 4년 4월 19일자 관수보고서.
　　今般朝鮮國騷亂之濫觴を商譯中承合候趣左記之。
　　一,逆賊之大將李麟佐李培等夜ニ乘シ忠淸道之兵馬節度使李鳳詳を討取、其旗下之者共
　　を牽ひ竹山ニ出張往來之人民をなやまし通路難成樣ニ令騷動候付、上聞に達し巡討
　　使を被差越逆賊を致誅殺候得者、元來俄に寄せ集たる士卒故悉離散仕候。右逆賊之大
　　將を殺シ候時同類之義相尋候得者南泰徵李長興ニ而候由申ニ付則両人も令誅殺候。…

이 사료를 보아도 알 수 있듯이, 이인좌의 난에서도 대마번은 역시 난의 여파로 물품 수송로가 막혀서 대마번으로 들어오는 인삼과 白絲의 반입량이 줄어든 것을 걱정하고 있다.

李麟佐의 亂에 관하여 왜관에서 수집한 정보 중에는 사실로 볼 수 없는 뜬소문도 포함된 것으로 보인다. 난의 주모자로 처형당한 朴弼夢[99]에 관한 정보가 그러하다.

[사료 26]
박필몽은 나이가 70여세이며 이미 관직에서 물러나 있었는데, 역적의 일당과 同類라고 하여 3族이 모두 살해되었다. 이 사람의 참언으로 이전 조정의 金 영의정을 거제도로 유배보냈고, 趙 좌의정을 해남으로 유배보내고 칼을 주어 자살하게 하였다. 이번에 逆黨으로 살해되자 김씨와 조씨 자식들의 소원으로 弼夢의 肝을 꺼내 각기 亡靈의 神主에게 바치고, 이제 적을 타도하였으니 靈魂도 遺恨을 멈추라고 했으며, 이어서 남은 肝을 一族 및 집안 사람(家來)들에게 먹이고 소망을 이루어서 기뻐했다는 말을 했다고 한다.[100]

98) 영조 4년 7월 9일자 관수보고서.
　　江戶表古川圖書樋口孫左衛門方江申遣し書狀
　朝鮮國山賊多く往來之人民を惱し候付、都より討手を被差越頭立たる者を召捕仕置ニ被申付たる由ニ候得共、餘黨山林ニ隱シ居今以全く鎭り不申候故、荷物運送不自由ニ有之敏差下候筈之人參白糸等も及延引候由商人共申由ニ候。　右之段實事にて候哉又者外ニ故障茂有之荷物不差下候哉、御存之ことく朝鮮人申事ハ相違之義度々有之候故極而は難申候。　去冬以來右山賊之故障ニて例年之通人參之斤數例年より過分ニ相減し可申由商人共申候旨江戶表江申遣ス。
　　右六月朔日之日付也

99) 박필몽은 1721년(경종1) 金一鏡·李明誼·李眞儒 등과 함께 상소하여 王世弟(후의 영조)의 대리청정을 주장한 노론 4대신의 죄를 성토함으로써 신임옥사를 일으킨 인물이다. 李麟佐가 난을 일으키자 유배지에서 나와 반란에 가담했으며, 난이 실패하면서 체포되어 한양으로 압송된 후 능지처참당했고, 가문은 몰락하였다.

100) 영조 4년 4월 29일자 관수보고서.
　〃朴弼夢ハ行年七拾有余ニ而旣官職を退キ被居候處、逆賊之內より同類ニ而候由致

역적을 처형하고 一族에게 그 人肉을 먹였다는 기록은 實錄에도 보이
지 않으며, 아마도 변란 후의 뒤숭숭한 민심이 소문에 반영되었던 것으
로 볼 수 있다. 왜관에서는 이처럼 사실로 보기 어려운 풍문도 빠짐없이
수집하여 대마번으로 보고하였다. 즉 관수는 館守條書에서 지시한대로
虛實에 상관 없이(不依虛實) 모든 소문을 수집하여 보고하였고, 사건의
진위 여부나 중요도는 대마번이 판단하여 처리했던 것으로 추측할 수 있다.

3) 情報源의 관리

(1) 역관 매수

대마번은 외교·무역 및 정보수집을 위하여 조선쪽 譯官이 누구이며,
성향은 어떤지에 대하여 많은 관심을 가지고 있었다. 譯官과 친분을 맺
어 두지 않으면 양국 관계가 곤란해진다는 사실을 잘 알고 있었기 때문
이다. 대마번에서 오랫동안 조선과의 외교를 담당했던 雨森芳洲는, 譯官
에게 恩賜를 후하게 함으로써 대마번의 음덕이 없으면 입신할 수 없다는
생각을 갖도록 해야 하며, 바쿠후(幕府=公義)를 대하는 것에 비유하자면,
老中의 보좌역(用人)을 각별히 배려하는 것과 같은 마음가짐을 가져야
한다고 자신의 견해를 밝히고 있다.[101] 즉 조선 역관들이 대마번을 소홀

訴人候付三族共ニ被殺候。 此人之讒言を以先々朝廷金領議政を巨濟之內ニ流し、趙
左議政を海南ニ流罪与号シ、道ニ而劍を賜ひ被爲致自殺候ニより此度逆黨ニ而被殺
候を金氏趙氏の子息方より依願弼夢の肝を拔出し各々亡靈之神主ニ供之唯今御敵
ヲ打取候間、靈魂も遺恨を被相止候樣ニ被申入、次ニ餘たる肝を一族及家來等ニ食
セ只今遂本望候而致喜悅候由被申候与云々。
　　　戊申四月二十九日　　　　朝鮮 同役中
　　御國 別代官衆中

히 여기게 해서는 안되며, 이들에 대하여 賜給을 후하게 함으로써 현안
문제를 교섭할 때 조선 역관들이 대마번에 유리한 결정을 내릴 수 있도
록 평소부터 관리해야 한다는 것이다. 그는 『交隣提醒』의 전편을 통해서
조선과 교섭에 임할 때는 조선의 풍속 및 관습을 존중하고 信義와 誠信
으로 대할 것을 주장했는데, 이러한 雨森芳洲 역시 자국의 이익을 위해
서는 조선 역관을 매수하는 것이 필요하다고 주장한 점이 흥미롭다.

對馬島主는 조선 譯官에게 각종 물자를 원조함으로써 교섭이 대마번
에 유리하도록 유도하였다.102) 훈도·별차 등 조선 역관에 대한 대마번의
접대는 매우 지극했으며, 매일 訓導에게 丁銀 1.8錢, 別差에게 銀 8錢을
지급하였다. 즉 연간 銀 1000냥, 丹木 400근, 물소뿔 10桶을 지급한 것이
다.103) 訓導와 別差는 이처럼 대마번에서 받는 각종 물자와 대일무역에
참가하여 얻은 이익을 바탕으로 생계를 꾸려갔으며, 譯官 중 일부는 상
당한 부를 축적한 것으로 알려졌다.104) 譯官에 대한 관심과 배려는 訓
導·別差에게만 한정되었던 것은 아니며, 30여 명에 이르는 小通事 역시
마찬가지였다. 小通事는 訓導·別差를 보조하는 동래부 소속의 하급역관
이다. 이들은 公作米의 入給, 守門과 設門 근무, 일본 사절의 宴享 준비,
양국인의 왕래 규제, 왜관의 물품 관리, 통역 등 왜관에서 일상적으로 발
생하는 무역과 외교 교섭 현장에서 왜인과 직접 관계되는 일을 담당했으
므로 대마번의 이해를 좌우할 수 있는 존재였다.105) 따라서 對馬島主의

---

101) 한일관계사학회 편, 앞의 책, 44~45쪽, 91~92쪽, (30) 「조선측 譯官에 대한 취급」.
"譯官之義ハ、格別ニ恩賜を厚く被成、御國之御陰にて無之候而ハ、其身立不申候と
存候様ニ被成可被置事ニ候。御老中方之御用人ヘ〳ヽ、別段之御手入を被成候同然之
心持ニ御座候而、譯官共御國をおろそかニ存候様ニ罷成候而ハ、甚御爲ニ成り申間
敷候".

102) 김동철, 앞의 논문(2005), 218쪽.

103) 『숙종실록』 36년 3월 29일. 동래부사 權以鎭의 狀啓.

104) 양흥숙, 앞의 논문, 164~167쪽.

뇌물 중 일부는 小通事를 비롯하여 五日色, 庫子, 書契色, 館直, 部將 등 대마번과 조금이라도 관련이 있는 자들에게 지급되었으며, 이들에 대한 뇌물의 지급도 정례화하였다.106) 물론 조선 조정에서도 小通事와 대마번의 유착관계를 잘 알고 있었으며, 小通事를 일본의 심복으로 인식하고 있었다.107)

조선 역관들이 料米를 받지 못하여 대마번에서 주는 각종 물자를 받았던 것은 아니며, 이들에게는 정기적으로 料米가 지급되었다. 즉 훈도·별차는 매달 초하루에 각각 料米 1섬 9말, 콩 12말, 목면 2필을 지급받았고, 3월부터 8월까지 6개월은 點心米로 매달 초하루에 3말을 지급받았다. 소통사 역시 매달 초하루에 料米 6말을 지급받았다.108) 숙종 36년(1710) 3월에는 동래부사 권이진이 장계를 올려 훈도·별차의 料米를 더 올려줄 것을 청했으나 이들의 料米가 먹고 살아갈 수 없는 정도는 아니라는 이유로 받아들이지 않았다.109)

---

105) 김동철, 앞의 논문 218~219쪽에 따르면, 이들에게는 1713년 이후 '通事拜領銀'이라는 銀이 지급되었으며, 소통사는 이 은으로 「義田」이라는 토지를 구입하였다고 한다. 매년 小通事에게 지급하는 것이 곤란했으므로 토지를 구입·운영함으로써 원조가 영구히 되도록 한 것이다. 通事拜領銀은 원조인 동시에 회유책으로써 小通事가 對馬藩의 은혜를 잊지 않음으로써 그들에게 대대로 편의를 보장받을 수 있었던 것으로 보고 있다.

106) 김동철, 같은 논문, 218~220쪽.
양흥숙, 앞의 논문, 130~131쪽.

107) 『정조실록』 2년(1778) 8월 17일.

108) 하우봉·홍성덕역 국역 『증정교린지』, 민족문화추진회, 1998. 114쪽 各項料布式條.
김동철, 앞의 논문, 208~209쪽에는 훈도와 별차의 料米를 각각 바람이 높은[風高] 6개월은 1섬 9말을, 바람이 잔잔한[風和] 6개월은 1섬 2말을 지급하였고, 콩은 매달 12말을 지급했다고 한다.

109) 『숙종실록』 36년(1710) 3월 29일, 동래부사 權以鎭의 狀啓.

(2) 조선정부의 대응

왜관에서 왜인과 접촉하는 조선 상인들을 통해서 조선에 관한 정보가 대마번으로 흘러들어 가고 있다는 사실은 조선 조정에서도 국초부터 문제가 되었다. 왜관에서는 왜인들의 편의를 위하여 매일 아침 朝市가 열렸으며, 매월 6차례씩 開市가 열렸다. 이때 왜인들과 접촉하는 조선 상인들을 통하여 크고 작은 정보가 왜관으로 유출된 것이다.[110] 이에 대한 대책으로 일찍이 세종 3년(1421)에는 刑曹가 왜관을 출입하는 상인에게 법을 엄중히 적용할 것을 아뢰면서, 왜인과 내통 공모한 情跡이 드러난 자는 姦細를 추궁 신문하는 조목에 의하여 엄중히 징계할 것을 건의하였다.[111] 광해군 2년에는 특히 潛商에 대한 대책으로 영의정 李德馨이 왜국과 교역을 허가하도록 건의하면서, 潛商을 근절하여 중대한 기밀이 이들을 통해서 누설되는 것을 방지해야 한다고 건의하였다.[112]

왜학역관을 통한 정보 누설에 대해서는 중종 26년(1531)에 臺諫에서 왜인들에게 정보를 누설한 通詞와 房守 등을 엄히 다스려 국가의 위엄을 보이도록 하라고 건의하였고,[113] 효종 4년(1653)에는 동래부사 任義伯의 장계에 따라 潛商 금지와 倭債 사용자에 대한 처벌을 규정하면서 왜인에게 우리나라 사정을 발설하는 행위도 아울러 처벌할 것을 약정하였다.[114] 그러나 이러한 禁令과 처벌에도 불구하고 효과는 별로 없었던 듯

---

110) 『광해군일기』 3년(1611) 11월 24일 기사에는 開市 때 우리나라의 간교한 무리들이 오직 이익만을 쫓아 큰 일이든 작은 일이든 몰래 통지하지 않는 일이 없다며 개탄하고 있다.

111) 『세종실록』 3년(1421) 6월 9일.

112) 『광해군일기』 2년(1610) 3월 6일.

113) 『중종실록』 26년(1531) 윤6월 8일.

114) 하우봉·홍성덕 역, 국역 『증정교린지』, 126~130쪽, 제4권 約條, …○ 왜인과 서로 만났을 때 물건을 매매하는 일 외에 함부로 우리나라 사정을 말하는 자는

하다. 숙종이 즉위했을 무렵에는 변방의 금령이 해이해져 왜관의 왜인들이 몰래 여염으로 다니면서 부녀자를 자주 간음하였고, 동래와 부산의 백성 중에는 왜인의 출산이 많았으며, 서북 지방 사람들 또한 그러하여 왜인과 胡人의 눈과 귀가 되어 남몰래 나라의 일을 일러주므로 식자들이 이를 근심했다고 한다.[115) 거듭되는 금령과 처벌에도 불구하고 조선에 관한 정보는 계속 일본으로 흘러들어 갔다. 숙종 38년(1712) 4월에는 통신사의 귀국 보고로 『懲毖錄』까지 일본으로 유출되었다는 사실을 알고 반출을 금지시켰으며, 초량촌에 인가의 入居를 금해야 한다는 교리 吳命恒의 건의로 訓導·別差와 通事 이외에는 초량촌으로 들어가 살지 못하게 하였다.[116)

이상에서 『分類紀事大綱』 25 「風說之事」에 수록된 중국관련 정보 및 조선관련 정보를 원문을 통해서 살펴보고 분석하였다. 위에서 분석한 내용을 간략히 정리하면 다음과 같다.

첫째, 대마번의 가장 큰 관심사는 조선에서 수입하는 무역품이 제대로 들어오는지 여부였으며, 조선에 관한 정보를 수집한 궁극적인 목적은 안정적인 무역품 수입을 위해서였다. 특히 대마번은 지형적인 특성상 조선에서 들여오는 쌀이 아니면 번의 생계를 꾸려가지 못할 형편이므로 조선에서 변고가 일어나 공작미 수입에 차질이 생긴다면 당장 번 전체의 경제가 마비될 입장이었다. 따라서 대마번은 공작미 수입과 관련된 정보에 민감할 수 밖에 없었던 것이다. 공작미 이외에 조선산 인삼과 중국산 白絲도 대마번의 무역품 중에서 중요한 비중을 차지했지만 생필품은 아니

발각되는 대로 馳啓하여 기밀을 누설한 죄로 다스린다. ○ 평상시 출입하면서 터무니없이 우리나라 사정을 말하는 자는 그 무리로 하여금 서로 살피고 명백히 조사하게 해서 그들의 보고가 사실이면 보고한 자에게는 상을 주고, 나라 사정을 누설한 자는 啓聞하여 처벌한다.…

115) 『숙종실록』 1년(1675) 윤5월 3일.
116) 『숙종실록』 38년(1712) 4월 22일.

었으며, 번 자체에서 소비한 것이 아니라 오사카(大坂)나 교토(京都)로 전매하여 무역이익을 남기는 물품이었다. 따라서 조선에서 李麟佐의 亂 같은 변란이 일어나면 난 자체의 발생 원인이나 주모자·경과 등에 대한 관심보다도 난의 여파로 상품의 유통망이 막혀서 대마번의 경제에 영향을 미치게 될 것을 염려했던 것이다.

둘째, 대마번이 조선의 동향에 관한 정보를 치밀하게 수집했던 이유는 조선과 외교·무역상의 현안문제를 협상할 때 보다 유리한 위치에서 교섭하려던 것으로 볼 수 있다. 집권 세력의 정치적 성향이나 對日觀에 따라 대마번의 이익이 좌우될 수 있으므로, 이러한 사항을 파악하고 있어야 교섭에서 유리한 입장에 설 수 있기 때문이며, 이렇게 파악한 정보를 기록으로 남김으로써 미래에 있을 교섭에 대비하려던 것으로 파악할 수 있다. 『分類紀事大綱』을 편찬한 목적도 역시 과거의 사례(과거의 정보)를 항목별로 정리해 두고, 양국 간에 타결해야 할 외교·무역상의 문제가 발생했을 때 참고할 목적으로 편찬한 것이다. 근세 조일 간의 교섭에서는 외교·무역상의 현안문제를 타결할 때 前例와 舊格에 따라 해결하는 것이 보통이었다. 따라서 과거의 처리 사례를 많이 알고 있을수록 교섭에서 유리한 위치에 설 수 있으며, 현재 조선의 상황을 정확히 파악하고 있어야 교섭에서 주도권을 행사할 수 있기 때문에 대마번은 조선의 동향에 관한 정보를 세밀한 부분까지 수집하고 정리하였다.

셋째, 대마번은 조선과 중국에 관한 정보를 수집함으로써 번의 지위 강화에 이용하였다. 즉 대마번은 藩勢가 약한 작은 번이었지만 막부의 공인 아래 조선과 외교·무역을 독점함으로써 얻는 경제적인 이익을 바탕으로 다른 번과 대등한 위치에 설 수 있었다. 특히 막부가 원하는 북방 정보는 대마번 만이 왜관을 거쳐서 막부로 보고할 수 있었기 때문에 대마번은 이 점을 이용하여 막부에 대한 발언권을 높일 수 있었다.

Ⅴ. 범죄를 통해서 본
왜관의 운영실태

「왜관」이란 조선에 있던 왜인들의 집단 거류지를 말한다. 즉 왜관이라는 제한된 구역을 설치하여 조선인과 왜인의 잡거를 방지하고, 나라의 기밀이 왜인들에게 흘러들어가는 것을 막기 위하여 조선 정부의 의도로 만든 특수시설이라고 설명하는 것이 보통이다.[1] 이와 같이 규제 대상으로서의 왜관이라는 성격이 있는 반면, 왜관은 임진왜란 이후 200여 년 동안의 '善隣外交' 시대에 조일 간의 외교와 무역이 이루어지던 곳이며, 조선후기 양국의 우호관계를 상징하는 곳으로 보는 견해도 있다.[2] 즉 통제와 교류가 공존하던 지역이 근세 왜관이었다.

근세 왜관에는 이런 저런 이유로 대마도에서 건너온 役人과 상인 등이 장기간 체류하면서 무역과 외교 교섭에 임하고 있었다. 기존의 연구에 따르면 근세 왜관에는 대체로 400~500여 명의 대마도인들이 거주했던 것으로 파악하고 있다.[3] 이들 대마도인과 조선의 역관·상인 등이 일

---

1) 장순순, 「朝鮮時代 倭館變遷史研究」, 전북대학교 대학원 박사학위논문(2001), 49~53쪽 ; 田代和生, 『近世日朝通交貿易史研究』(創文社, 2002), 167~169쪽.

2) 김동철은 왜관의 성격에 대하여, "초량왜관은 그곳에 위치한 정태적인 존재가 아니고, 통제라는 정치이데올로기만 유지된 곳도 아니고, '그때 거기'서 살아간 人間群像의 삶의 터'라고 보았다. 또 최근의 연구동향에 관하여 '통제해야 할/통제되어야 할 공간(윤유숙, 허지은, 하혜민, 손승철, 장순순, 김동철, Louis James, 최상진 등)'으로 보는 시각과, '생활·교류·소통 등을 중심으로 한 일상적 삶의 장소(田代和生, 김동철, 김성진, 양흥숙, 이훈 등)'로 보는 두 시선의 연구가 활발하게 진행되고 있다고 하였다(「조선후기 통제와 교류의 장소, 부산 왜관」, 한일관계사학회, 『한일관계사연구』 37집, 2010. 3~34쪽 참조.

3) 田代和生, 『近世日朝通交貿易史の研究』, 創文社, 2002년 3刷, 第1部 第7章「草梁倭館の設置と機能」172쪽에 의하면, 1678년(숙종4, 延宝6) 4월 23일 古倭館(두모포왜관)에서 관수 이하 450여명의 대마도인이 新館(초량왜관)으로 들어갔다고 하면서 小田省吾의 논문을 典據로 들고 있다.
小田省吾의 해당 논문에는 慶尙左水使가 4월 23일자로 당일 오전 두모포왜관에

상적으로 접촉하면서 갖가지 사건이 수시로 발생하던 곳이 왜관이다.

왜관에서 흔히 일어나는 사건으로는 절도·강도, 폭행, 潛商(밀무역), 일본인이 왜관 밖으로 무단히 나가거나(闌出), 조선인이 금령을 어기고 왜관으로 잠입하여 매춘을 하는 것(交奸), 倭債(路浮稅, 밀무역 자금)와 관련한 마찰 등이 문제가 되었다. 양국인의 잦은 접촉은 이따금 양국인 사이에 행패와 다툼이 일어나고 살인사건을 동반하기도 하였다.

潛商·交奸·闌出·폭행 등은 근세의 왜관 업무가 시작된 이래 조선정부에서 지속적으로 통제를 가하고 금령을 마련했던 사안이지만 각 사건이 갖는 의미는 다르다. 交奸은 개인 간의 범죄행위에 속하는 일이며, 조선측에서는 엄금했지만 일본 측에서는 사건 해결에 미온적인 편이었다. 潛商은 양국 모두 재정수입(商業稅)과 관련된 문제이므로 엄격하게 금지하였다. 闌出은 금령의 위배라는 점에서 양국(특히 조선)의 정책 결정에도 영향을 주는 사건이었으며, 대개는 양국의 외교문제로 비화하여 조선이 금령을 강화시키는 계기가 되었다.

근세 朝日關係의 실상을 파악함에 있어서 왜관에 대한 연구는 필수적이며, 왜관의 변천과정은 물론 왜관에서 실제로 외교와 무역 업무에 종사했던 왜관 구성원들에 대한 연구, 왜관의 기능에 대한 연구, 왜관에서 일어난 각종 사건 등에 대한 다각적인 연구가 필요하다.4)

서 관수 이하 450여명이 신관으로 이전했다는 내용의 보고서를 발송했다고 한다(小田省吾, 「李氏朝鮮時代に於ける倭館の変遷」, 京城帝國大學法文學會, 『朝鮮支那文化の研究』, 辺江書院, 昭和4<1929>).

『邊例集要』卷11, 「館宇」, 戊午(1678) 4월조에는 舊館倭人 489명과 大小船隻이 신왜관으로 들어갔다고 한다.

4) 왜관에서 일어난 각종 사건을 분석한 연구는 다음과 같다.

손승철, 「『倭人作拏謄錄』을 통하여 본 왜관」, 부산시사편찬위원회, 『항도부산』 제10호(1993.12)

Louis James, 「조선후기 釜山 왜관의 기록으로 본 朝日關係 -폐·성가심(迷惑)에서 상호이해로」, 한일관계사학회, 『韓日關係史研究』 제6집, 1996; 「근세 한일 양국이 글에서는 왜관과 관련된 물리적 마찰 중에서 潛商을 제외한 闌出, 交奸, 폭행 및 살인 등에 대하여 살펴보고자 한다. 잠상은 주로 왜관에 출입하던 동래상인이나 잡역인들과 대마도인들의 접촉과정에서 일어났지만, 왜관과는 무관하게 대일업무를 맡고 있던 역관 등이 자신의 지위를 이용하여 저지르는 경우도 많았다.5) 그리고 잠상을 상호 인식의 차이에서 일어나는 범죄로 볼 수는 없기 때문에 이 글에서는 제외하기로 한다.

인의 상호인식 -왜관에서 일어난 闌出事件을 중심으로」, 『정신문화연구』 20권 1호(통권66호), 1997이 있다.

장순순, 「조선후기 왜관에서 발생한 朝日 양국인의 물리적 마찰 실태와 처리」, 부산대학교 한국민족문화연구소, 『한국민족문화』 제31호, 2008.

田代和生著 정성일譯, 『왜관 -조선은 왜 일본사람들을 가두었을까?』, 논형, 2005에서는 왜관에 체재하는 일본인들의 생활상과 왜관에서 전개된 양국의 다양한 교류 양상을 소개하면서 闌出·交奸·潛商·절도·폭행사건 등에 대하여 언급하고 있다.

尹裕淑, 「近世癸亥約條の運用實態について -潛商·闌出事件を中心に-」, 『朝鮮學報』 160집, 1997 ; 同 「約條にみる近世の倭館統制について」, 『史觀』 138집, 1998(이 논문들은 『近世日朝通交と倭館』, 岩田書院, 2011에 再錄되었다).

허지은, 「17세기 조선의 왜관 통제책과 조일관계」, 『韓日關係史硏究』 제15집, 2001에서는 조선후기에 체결된 朝日 간의 約條가 왜관 통제를 주된 목적으로 한다고 규정하면서, 약조의 규정이 어떻게 이행되었는지를 실증적으로 분석하는 과정에서 왜관에서 발생한 양국인의 불법행위(闌出·潛商·交奸)에 대하여 언급하고 있다.

5) 윤유숙은 잠상의 형태에 대하여 다음과 같이 구분하고 있다.
   (1) 일본에서 일어나는 잠상으로는 ① 통신사의 來日이나 도해역관사의 대마도 도해에 편승하여 통신사·도해역관사의 구성원이 일본인과 행하는 잠상, ② 대마번 또는 다른 번의 주민이 막부의 쇄국령을 어기고 조선 연해로 도항하여 조선인과 거래하는 경우(이른바 拔船 또는 僞船)
   (2) 조선에서 일어나는 잠상으로는 왜관 내에서 합법적으로 열리는 開市 때 관리의 감시를 피해 불법거래를 하거나, 금제품을 몰래 관내로 반입하는 경우 등 실로 다양한 형태의 잠상이 존재했다고 한다(尹裕淑, 『近世日朝通交と倭館』, 岩田書院, 2011. 제2장 「癸亥約條(約條制札碑)の運用實態」, 85~87쪽에서 참조함).

1. 闌出[6]

　조선정부가 왜관을 설치하면서 가장 고민했던 문제 중 하나는 왜관을 어떻게 지역사회와 격리시키는가 하는 점이었다. 따라서 1607년 두모포 왜관이 설치될 때부터 왜관의 경계를 정하여 조선인들이 함부로 왜관에 출입하거나, 館倭들이 마음대로 왜관을 벗어나지 못하도록 하는 등 양국인의 왜관 출입에 대하여 물리적이고 법제적인 통제를 가하였다. 효종 4년(1653)에는 왜관 내의 각 방에 마음대로 들어가는 것을 금하기로 약조를 정했으며, 임의대로 각 방에 들어가는 자는 潛商으로 논한다고 하였다.[7] 이보다 앞서 효종 3년(1652)에 동래부사 尹文擧는 商賈가 각 방에 들어가 사사로이 거래하는 것을 潛商律로 다스릴 것을 요청하였다. 또 開市에 대한 옛 규례를 회복하기로 왜인들과 약속했으나, 代官倭 등이 처음에는 허락했다가 중간에 말을 바꾸어 島主가 江戶에 있어서 마음대로 시행할 수 없다고 핑계를 댔다. 윤문거가 역관을 시켜 따졌더니 대관왜 셋이 從者倭 90여 명을 거느리고 왜관 문을 뛰쳐나와 몽둥이와 칼을 함부로 휘둘렀다. 부산진(釜山鎭)에서도 이들을 막지 못하자 왜인들은 곧바로 동래부로 달려 갔는데, 이튿날 아침에야 소동이 겨우 가라앉았고, 난출한 왜인들을 타일러 왜관으로 돌아가게 할 수 있었다.[8] 조선정부는 問慰譯官이 가져가는 書契에 開市 때 각 방에 散入하는 것을 금지한 일

---

6) 闌出에 관하여는 拙稿「闌出, 조선의 고민과 그 대책」,『전북사학』36호. 2010.4. 에서 상세하게 언급했으며, 본 논문의 闌出 관련 내용은 상기 논문을 요약한 것이다.

7) 국역『증정교린지』제4권「約條」, 129쪽.

8)『효종실록』, 효종 3년(1652) 9월 22일 기사. 이때 난출을 막지 못한 부산첨사 정척(鄭倜)이 拿鞫되고, 동래부사 윤문거는 비변사의 覆啓로 겨우 나국을 면하고 推考하게 되었다.

에 대한 왜인들의 난출행위를 비난하였다.9)

草梁으로 왜관을 옮긴 다음 해인 1679년에는 왜관의 동서남북에 禁標를 설정하여 대마도인들이 통행증 없이 무단으로 경계를 넘어가지 못하도록 하였다.10) 속종 35년(1709)에는 왜관의 토담을 1.8m 높이의 돌담으로 개축하여 조선인이 왜관에 함부로 넘나드는 것을 통제하였고, 영조 15년(1739)에는 왜관 밖의 伏兵幕을 6군데로 늘려 왜관 출입자에 대한 통제를 강화하였다. 실제로 조선인의 경우에 왜관 출입이 특별히 허용된 역관이나 상인을 제외하고 누구든 허가 없이 왜관을 출입할 경우 '蘭入' 혹은 '投入', '潛入'이라고 하여 사형과 같은 엄벌에 처해지기도 하였다.

朝日 양국 사이에 외교나 무역상 현안문제가 있을 때는 조선정부가 파견한 왜학역관11)이 왜관 안으로 들어가서 협의하는 것이 정상적인 절차였다. 그러나 왜인들은 자신들의 요구가 받아들여지지 않을 때는 禁令을 어기고 왜관 밖으로 뛰쳐나가 동래부로 몰려가서 동래부사를 상대로 일종의 무력시위를 하는 일이 자주 있었다. 조선에서는 이런 일을 불법

---

9) 『효종실록』, 효종3년(1652) 11월 11일 기사. 書契의 내용은 다음과 같다.
 "…大廳에서 開市하는 것은 본디 舊例인데, 인심이 점점 투박해져 사사로이 各房에서 하므로 守臣이 舊約을 준행하려 하였습니다. 그런데 留館代官이 문득 분노하여 부하 왜인들을 거느리고 문을 밀치고 뛰쳐나와 막대기와 칼을 들고 곧바로 동래부를 쳤으니 이는 전에 없던 일로서 참으로 매우 놀랍습니다. 이미 부산첨사와 역관과 문을 지키던 사람 등을 모두 잡아다 심문하였는데, 貴州도 소문에 놀랐을 것입니다. 화친을 통하는 의리는 약조를 삼가고 금령을 엄하게 하는 데에 있을 따름입니다."

10) 『邊例集要』 권5 「約條」 기미(1679년) 10월. 이때 정해진 약조는 다음과 같다(272쪽).
 一. 東至松峴, 距館三百步許.
 一. 西至西山, 距館八十步許.
 一. 西南間, 至草梁間家前.
 一. 南至海邊, 距館百步許.
  合四處良中, 立木爲標.

11) 訓導와 別差를 말하며, 任役이라는 표현도 종종 등장한다.

행위로 간주하여 '闌出'이라고 불렀으며, 더러는 '亂出'로 부르기도 하였다.[12] 조선측 기록에 나오는 난출사건을 살펴보면 다음과 같다.

<표 10> 實錄과 『邊例集要』에 나오는 闌出 기록

연번	연대	서력	사건개요	전거
1	仁祖 4	1626.11.	동래부사 柳大華 때 1특송사 宴享時 萬松院送使倭가 公貿木 11同을 주지 않는다며 宴廳을 뛰쳐나와 위협한 사건.	邊
2	〃 15	1637.10.	동래부사 鄭良弼 때 매·말·野鶴 求貿를 불허하자 왜관을 뛰쳐나와 守門지기를 구타한 사건.	邊
3	〃 24	1646.12.	동래부사 閔應協 때 館守 및 差倭 등 30여명이 渡海譯官 入去時 弔慰書契 문제로 釜山에서 뛰쳐나온 사건.	邊
4	孝宗 3	1652. 9.	동래부사 尹文擧 때 大廳開市 문제로 一代官 등이 下倭 93명을 인솔하고 동래부로 와서 항의한 사건.	邊
5	〃	〃 10.	倭人 90여명이 東萊府에 난입하여 守門軍官을 구타한 사건	邊
6	〃 9	1658. 9.	동래부사 閔鼎重 때 差倭 平成令이 동래부에 書契를 바친다는 구실로 왜인 20여명을 인솔하고 館門 파수를 구타한 후 闌出한 사건	邊
7	〃	〃 12.	開市 때 斗量에 불만을 품은 倭人 50여명이 작당하여 開市軍官을 구타하고 釜山鎭 앞길까지 나와 시위한 사건	邊
8	〃 10	1659.10	동래부사 李萬雄 때 公木升品을 復給하지 않자 差倭 橘成般이 왜인 20여명을 인솔하고 부산 客舍로 돌입한 사건	邊
	顯宗 1	1659. 6. 2	관왜 洪右衛門이 여러 왜인을 사주하여 부산으로 난출, 八郎兵衛와 傳右衛門 등이 개운포만호 金南斗의 머리채를 잡아 끌고 폭행한 사건	實
9	〃 6	1665. 5	동래부사 安縝 때 3월에 왜인이 무단히 仙巖寺에 갔다 온 사건	邊, 實
10	〃	1665. 6	동래부사 安縝 때 출입하는 배를 보기 위하여(候望倭船) 왜인 6명이 난출한 사건	邊
11	〃 12	1671. 8.27	동래부사 鄭晳 때 差倭 平成太가 왜관 이전을 요구하며 왜인 100여명을 인솔하고 동래부까지 나와서 시위한 사건	邊

12) 朝鮮王朝實錄에서는 대개 '闌出'로 기록하고 있으나 '亂出'로 쓰기도 했다(영조 31년<1755> 12월 25일에 "倭情甚狡, 每以亂出館門, 恐喝萊伯…"이라는 기록이 보인다). 일본쪽 기록에서는 '闌出', '濫出' 등을 혼용하고 있다(『分類紀事大綱』 30(1집) 「日本人闌出一件」, 別記錄 4(4집)에 「設門濫出一件記錄」 등이 있다).

연번	연대	서력	사건개요	전거
12	〃 13	1672. 4.6	동래부사 李夏 때 관수 등이 난출하여 민가에 체류하며 行惡한 사건	邊
	〃	4.29	관왜 14명이 온천에 가서 목욕 후 언덕에 올라가 甘同倉(梁山땅)을 내려다 보았고, 통사가 따라가 만류하자 막대기를 휘둘러 쫓아버리고 강변을 배회하며 두루 구경한 뒤에 돌아간 사건	實
13	〃 14	1673. 1	新館基址를 둘러본다며 무단히 관문을 나간 사건	邊
14	肅宗 6	1680. 1.	동래부사 李瑞雨 때 代官倭 6명과 下倭 20명이 公作米를 주지 않는다며 松峴 禁標를 넘은 사건	邊
15	〃 21	1695. 1.	동래부사 李喜龍 때 왜인 6명이 仙巖寺 참배를 사칭하고 관문을 나가 매사냥을 한 사건	邊
16	〃 23	1697. 8.25	동래부사 李世載 때 館倭 18명이 난출하여 草梁으로 가서 開市早罷, 書契 개찬문제, 公作米 문제, 西館 보수문제, 柴炭에 대한 불만의 시정을 요구한 사건	邊, 實
17	〃 34	1708. 2.	동래부사 韓配夏 때 관왜 2명이 금령을 어기고 서쪽 담장을 넘어 魚菜 구입을 빙자하며 漁村에 다녀온 사건	邊
18	〃 36	1710. 3.	동래부사 權以鎭 때 왜인 29명이 魚菜 구입을 핑계로 設門을 나간 사건	邊
19	英祖 12	1736. 7.3	동래부사 吳命瑞 때 왜인 13명이 柴炭을 주지 않는다는 이유로 設門을 나와 尾浦까지 진출해서 농성한 사건	邊, 實 (7.25)
20	純祖 7	1807. 7.	동래부사 吳翰源 때 信行請來差倭 藤格이 諸色倭 110명을 거느리고 飛船 5척에 분승하여 信行을 칭하며 水陸으로 闌出한 사건	邊, 實 (7.29)
21	〃 24	1824. 3.	동래부사 李奎鉉 때 館倭가 豆毛鎭 관아에 난입하여 사람을 막대기로 때린 사건	邊

* 邊 ; 『邊例集要』「闌出」/ 實 ; 실록

實錄이나 『邊例集要』闌出條에 기록된 사건은 난출이 문제가 되어 한양에까지 보고되어 기록으로 남은 경우이며, 실제의 난출사건은 사료에 나타난 기록보다 더욱 많았을 것으로 보아야 한다. '…倭人闌出時, 訓別必無不知機微之理, 不善周旋之罪, 在所難免, 以此決棍,…13)'이라는 기록에서 추측할 수 있듯이, 난출사건이 발생해도 처벌이 두려워 훈도·별차

---

13) 『邊例集要』 숙종36년(1710) 3월 기사.

선에서 현장을 숨긴 경우도 많았을 것이기 때문이다.

일본쪽 기록인『分類紀事大綱』은 조선과 일본 사이에 이루어졌던 복잡한 통교내용들을 항목별로 분류하여 편년체로 편집한 기록이다. 즉 조일 양국 간에 있었던 제반사를 빠짐없이 정리해 둠으로써 조선과 교섭할 때 언제든지 필요한 정보를 신속하고 정확하게 파악하기 위해서 대마번에서 편찬한 것이다.『朝鮮王朝實錄』,『邊例集要』등 조선쪽 사료와『分類紀事大綱』을 비교할 때, 양쪽 사료 모두 자국의 입장에서 난출사건을 해석하고 기록했다는 점에서는 공통적이다. 예를 들어 조선쪽 사료에는 왜인들이 본래 교활하고 성정이 조급하여 난출사건을 일으켰다는 기록이 자주 나온다. 반면에『分類紀事大綱』에는 난출사건을 취급하는 조선쪽의 태도에 대하여 '不埒千万(괘씸하기 짝이 없다, 무도하다는 의미)'이라거나 '不調法(무례한, 예의가 아니라는 의미)'이라는 표현이 자주 나오고 있다. 기록상의 표현만 보다라도 양국의 인식차를 알 수 있는 대목이다.

<표 11>『分類紀事大綱』에 나오는 闌出 관련 기록

연번	연대	수록전거	사건명	소장번호
1	1651~1710 (효종2~숙종36)	分類紀事大綱 30책(1집)	炭柴不入來候付, 館內之下々新門之外江罷越候得者, 釜山兩譯罷職被申付, 館守之馳走方可被引と噂有之候事14)	MF0003041
2	1697(숙종23)	朝鮮關係 P1(1)(2)(3)	東平行二付釜山二而喧譁則右之意趣御國江申上口上東萊与接待仕御國申上候狀控	對馬島資料館 소장자료
3	1698(숙종24)	分類紀事大綱 부록1(1집)	唐坊新五郎勤役之節日帳拔書	MF0003043
4	1736(영조12)	分類紀事大綱 26책 (2집)	日本人闌出一件	MF0000755
5	1786~1787 (정조10~11)	別記錄 4(4집) 日本刊本 G63 -8	設門濫出一件記錄	對馬島資料館 소장자료

※ 4, 5번 사료는 對馬歷史民俗資料館이 소장하고 있으며, 아직까지 마이크로필름 작업이 되어 있지 않기 때문에 필자가 직접 자료관에 가서 촬영해 온 사진자료를 이용하였다.

종래의 연구에서는 난출의 원인이 되는 조선쪽의 문제를 심도 있게 규명하지 못했으며, 왜관 내지 왜인들을 규제의 대상으로만 파악하였다. 약조의 운용에 따른 결과만을 본다면 왜인들은 분명히 '성가신 존재'[15]일 뿐이지만, 관점을 달리하여 규제의 원인이 조선쪽에 있는 것은 아닌지 살펴보는 것도 우리 역사의 폭을 넓힐 수 있는 작업이 되리라고 본다.

양국의 기록에서 난출을 감행했던 왜인들이 공통적으로 요구했던 사항은 柴炭에 대한 불만을 시정해 달라는 문제, 公作米가 이전보다 감소한 문제, 西館 보수문제, 開市가 일찍 파하는 문제 등이었다. 이하에서는 이들 사항에 대하여 구체적으로 살펴보겠다.

땔나무와 숯(柴炭)은 왜관에서 취사와 난방용으로 사용하는 생필품이었으며, 이에 대한 미지급과 지급 지체, 지급된 시탄의 품질이 좋지 않다는 문제 때문에 분규가 자주 발생하였다. 왜인에게 지급하는 물품 중 쌀가루(米糆) 등은 동래부에서 지급했고, 육물(六物, 陸物)[16] 및 시탄은 경상 좌우도의 각 鎭이 땔나무와 숯을 마련하여 부산진에 수납하게 하고, 부산진이 이를 받아두었다가 왜관에 지급하였다.[17] 그 후 1630년(인조 8)

---

14) 국사편찬위원회에서는 2005년부터 『分類紀事大綱』의 탈초작업을 시작하여 『對馬島宗家文書資料集』이라는 이름으로 탈초본을 간행하였다. 3번 사료는 동 자료집 Ⅳ권에 수록되어 있다.

15) '성가신 존재'라는 표현은 Louis James, 「朝鮮後期 釜山 倭館의 記錄으로 본 朝日關係 -폐 성가심(迷惑)에서 상호 이해로」, 『한일관계사연구』 6, 122~154쪽 이하에서 사용한 표현이다.

16) 모든 배에 일상적으로 쓰이는 선박 수리용 자재로서 못(釘), 볏짚(藁), 대나무(竹), 모시(苧), 절판(折板), 절주(折柱), 범연(帆筵)을 말한다. 처음에는 여섯 가지라는 의미에서 육물(六物)이라고 불렀으나, 이후 이들 6품 이외의 물품도 모두 육물(陸物)로 불렀다고 한다. 국역『증정교린지』제1권, 「대마도인 접대에 관하여 새로 정한 사례」, 19쪽의 주)76 참조; 田代和生, 『近世日朝通交貿易史の硏究』, 創文社, 2002년 제4刷, 72쪽 주)9 참조.

17) 국역『증정교린지』제4권 「柴炭支給」 참조. 『邊例集要』 권10 「柴炭」에는 柴炭價로 지급된 무명이 72동이고, 매1필당 땔나무 150束과 숯 8섬으로 기록되어 있다.

에 각 鎭浦의 防軍價布 가운데 매년 73동 30필을 부산진에 떼어주고, 이 것으로써 왜관의 수요에 충당하게 했으며 한정량 이외에는 주지 않았 다.[18]

<표 12> 柴炭의 1일 및 연중 지급량

분류 / 대상	1일 공급량		연중 공급량	
	숯	땔나무	숯	땔나무
館 守	1섬	10속	365섬	3,650속
正 官	〃	〃	〃	〃
副 官	〃	〃	〃	〃
1 代 官	〃	〃	〃	〃
都頭禁徒	9말	9속	328섬 5말	3,285속
船 主	〃	6속	〃	2,190속
封進押物	6말	5속	219섬	1,825속
代 官 倭	3말	3속	109섬 5말	1,095속
書 僧 倭	〃	〃	〃	〃
通 事 倭	〃	〃	〃	〃
禁 徒 倭	〃	〃	〃	〃
醫 倭	〃	〃	〃	〃
私卜押物	〃	〃	〃	〃
侍 奉	〃	〃	〃	〃
書 記	〃	〃	〃	〃
총 계	8섬 8말	84속	3,212섬	30,660속

* 1섬 = 10말, 약 180리터
* 1속(束) = 1단 = 10줌(把)

典據 : 국역『증정교린지』「시탄지급」『邊例集要』卷10「柴炭」

---

18) 국역『증정교린지』4권「柴炭支給」, 153쪽. 매 필당 숯은 7섬 7말 5되이고, 땔나 무는 150속이다.『邊例集要』권10「柴炭」조에 따르면 館守·正官·副官·一代官은 매일 숯 1섬과 땔나무 10속, 都頭禁徒는 숯 9말과 땔나무 9속, 船主는 숯 9말과 땔나무 6속, 封進押物은 숯 6말과 땔나무 9속 등이었다.

시탄의 지급 기한도 처음에는 일정하지 않았다. 즉 동래부에서는 年例送使 및 別差倭의 留館期限이 이미 끝나 上船宴을 지낸 이후로는 모든 음식 제공을 거두는 것이 전례였다.[19] 그러나 부산진에서는 유관기한이 끝난 여부를 불문하고, 또한 상선연을 지냈는지 여부를 불문하고 실제로 왜인이 돌아갈 때까지 날마다 시탄을 주었다. 이처럼 왜인을 접대하는 규정이 고을마다 달라서는 합당치 않으므로, 우부승지 유명웅(兪命雄)이 건의하여 시탄은 유관기한이 끝나고 상선연을 지낸 이후로는 즉시 철거하여 지급하지 않는 것으로 정하였다.[20]

1726년 조선정부는 왜관 수리를 위하여 건너온 차왜와 각종 匠工人들에게 체류기간 동안 시탄을 지급해 주도록 하였다. 그러나 그 지급량이 너무 많아 폐해가 심했으므로 감동역관 金健瑞의 건의로 1791년(정종 15)에 공급량을 대폭 줄이는 조치를 단행하였다. 삭감된 공급량을 도표로 정리하면 다음과 같다.

〈표 13〉 삭감된 柴炭의 1일 및 연중 지급량

분류 대상	원래의 공급량		삭감된 공급량		실제 지급된 수량	
	숯	땔나무	숯	땔나무	숯	땔나무
監董次知頭倭[21]	20섬	200속	8섬	80속	12섬	120속
別禁徒倭	13	130	7	70	6	60
中禁徒倭	〃	〃	〃	〃	〃	〃
通事倭	12	120	〃	〃	5	50
書記倭	〃	〃	6	60	6	60
小禁徒倭	9	90	5	50	4	40
器械次知倭[22]	4	40	2	20	2	20
泥匠倭[23]	〃	〃	〃	〃	〃	〃

---

19) 국역『典客司別謄錄』(Ⅰ), 辛巳(1701, 숙종 27) 12월 17일. 부산광역시사편찬위원회, 2009.7.

20) 위의 주와 같음.

분류 대상	원래의 공급량		삭감된 공급량		실제 지급된 수량	
	숯	땔나무	숯	땔나무	숯	땔나무
使喚倭	〃	〃	〃	〃	〃	〃
목수왜(12명)	48	480	24	240	24	240
引鋸倭(6명)24)	24	240	12	120	12	120
看役廳	3		2		1	
계	166섬	1,630속	84섬	820속	82섬	810속

典據 : 국역『증정교린지』「시탄지급」

도표에서 알 수 있는 것처럼, 원래의 시탄 공급량이 땔나무는 1,630속, 숯은 166섬이던 것을 땔나무는 810속, 숯은 82섬을 지급하고 땔나무 820속과 숯 84섬을 줄였다. 이것은 원래의 지급량보다 50% 이상이 줄어든 것을 의미한다.

『邊例集要』「柴炭」조에도 땔감을 지급하지 않거나, 지급한 땔감의 수량부족으로 인하여 동래부와 왜인들 사이에 잦은 마찰이 있었음을 알 수 있다. 1757년(영조 33) 동래부사 李世載 때 왜인들이 난출한 일을 책망하자 왜관의 사이항(裁判)이 말하기를, 입급된 시탄의 수량이 매우 적어서 이에 불만을 품고 진정하러 난출을 감행했다고 답변했다.25) 1776년(영조 52) 12월에는 부사 韓重熙 때 지급한 시탄의 수량 부족과 不繼給 때문에 다툼이 일어났는데, 이로 인하여 부산 褊裨가 수명의 왜인에게 구타를 당하고 결박을 당한 채 왜관으로 끌려가는 소동이 벌어졌다. 조선의 守門部將이 이를 꾸짖고 만류했지만, 부장 역시 난타를 당했다고 한다.26)

---

21) 監董次知頭倭는 감동을 담당한 頭倭.

22) 器械次知倭는 기계를 담당하는 倭.

23) 泥匠倭는 진흙 장인.

24) 引鋸는 원목을 製材하는 큰톱이며, 引鋸倭는 큰톱질을 전문으로 하는 왜인을 뜻한다.

25) 『邊例集要』권10「柴炭」정축 8월조(하권 108쪽).

실록에도 시탄 문제로 인한 분규 기사가 자주 보인다. 예를 들어 영조 32년(1756)에는 沙下面 新草梁里의 秋應德이 왜인의 物貨價를 오랫동안 갚지 못해 관왜 喜六에게 구타를 당하고 3일 만에 사망하는 사건이 일어났다. 조사 결과 시탄공급이 지연되는 것에 불만을 품은 관왜 23명이 柴炭通事를 만나러 난출했으나, 柴炭通事는 만나지 못하고 마침 채무자 추응덕을 만나 언쟁 끝에 구타하여 사망에 이르게 된 것이다.[27] 영조 12년(1736)에는 왜관의 왜인이 숯을 날마다 주지 않는다고 관문을 뛰쳐나온 일이 있어서 부산첨사를 처벌하였다.[28] 정조 10년(1786) 12월에는 땔나무와 숯을 늦게 지급한 訓導 鄭思玉을 처벌하였다.[29] 이 사건에서 왜인의 난출을 막지 못하고 급히 보고도 하지 않은 設門將 文成豹와, 邊門을 엄중하게 지키지 못한 변문 都把守 별차 崔昌謙이 모두 장형을 받은 후 변방으로 귀양을 갔다. 훈도 鄭思玉은 5일분의 시탄을 때가 지나도록 지급하지 않음으로써 왜인이 이를 구실로 소요를 야기하게 한 죄를 물어 처벌받았다.

시탄과 관련하여 왜인들이 소란을 벌인 경우 대개는 시탄의 지급을 지체하여 왜인들의 불만을 샀지만, 지급된 시탄의 품질이 조악한 것도 역시 문제가 되었다. 일본측 기록에는 시탄 문제로 인한 왜인들의 불만을 다음과 같이 적고 있다.

[사료 27]
一. 땔나무와 숯은, 예전에는 많은 役人(조선 관리)들이 왜관 안의 각 집에 땔나무와 숯을 가져왔지만, 지금은 사람도 적고 가져오지도 않습니다. 그리하여 이쪽(왜관)에서 땔나무와 숯을 가지러 사카노시타(坂

---

26) 『邊例集要』 권10 「柴炭」 병신 12월조(하권 110쪽).

27) 『邊例集要』 권14 「雜犯」 병자 11월조(하권 350쪽).

28) 『영조실록』 12년(1736) 7월 25일.

29) 『정조실록』 10년(1786) 11월 19일, 12월 19일.

の下)로 내려가게 되었습니다. 귀국(조선)의 役人이 감소한 것은 어찌된 일입니까? 무엇보다 숯의 굵기가 작아졌고, 게다가 소나무 숯(松炭)이어서 품질이 좋지 않습니다. 땔나무도 잡목 뿐이며, 아침 저녁에 필요한 장작도 마련하기 어려운 형편입니다. 이후부터는 전례대로 지급하도록 지시를 내려달라고 이야기했습니다.[30]

　땔감을 마련하러 사카노시타로 내려간다는 것은 결국 난출을 의미하며, 조선측의 땔감 지급 지체로 인하여 난출을 감행할 수밖에 없는 사정이 생기는 것이다. 관수 이하 각 왜인에 대한 시탄의 지급 수량이 정비된 것은 영조 47년(1771)년의 일이었다. 그러나 시탄의 품질 문제는 객관적인 규정을 마련하기 어려워 이후에도 땔감과 관련한 분규는 끊이지 않았다. 결국 순조 9년(1809)에 시탄 문제를 포함하여 대마도와의 폐단을 釐定하는 약조를 새로이 마련했는데, 시탄의 支待는 이미 元定된 숫자가 있으므로 원정된 숫자 이외에 勒捧하는 일이 없게 하며, 각 家食者들이 멋대로 炭幕으로 나와서 시끄러움을 야기하는 일이 없도록 하였다.[31]

　공작미는 公貿하는 면포(公木)의 대가로 대마도에 지급하는 쌀을 말한다. 『증정교린지』에는 효종 2년 차왜 平成扶가 와서 대마도의 생계문제를 해결하기 위하여 공목의 절반을 쌀로 바꾸어 줄 것을 요청한 때부터 공작미를 지급하기 시작했다고 한다. 이때 동래부사 柳淰이 조정에 주청하여 공목 300동을 매필당 쌀 2말로 환산하여 특별히 5년간 교환해 주기로 약조하고 계약서를 작성했는데, 5년의 기한이 지난 후에도 번번이 와

---

30) MF0003043『分類紀事大綱 附錄1(1集), 元祿11 戊寅年(숙종 24) <唐坊新五郎勤役之節日帳拔書>, 8월 29일 기록; 一. 炭薪之義古ハ役人大勢掛り居、館內面々之宅炭薪持來候ヘ共、唯今ハ人少二有之不持參候、依之此方より坂之下江取二遣し候樣二罷成候。貴國之役人を減少被成候義如何樣之事二候哉、第一炭之丸數少ク、其上松炭二而惡敷御坐候。薪も柴斗二而朝夕之用事も達兼申體二御坐候、弥此後ハ例之通被仰付候樣二と申遣候事。

31)『순조실록』9년(1809) 11월 15일.

서 다시 간청하므로 할 수 없이 허락하게 되었다고 한다.[32] 그 후 헌종
원년(1660)에 다시 동래부사 鄭泰齊의 건의로 100동을 더하여 합계 400
동의 공목을 쌀로 바꾸어 도합 1만 6천석을 지급했으며, 이것 또한 5년
을 기한으로 허락했으나 매번 전례를 예로 들면서 연기해 줄 것을 간청
하였다.

대마번은 농사가 불가능한 지형적인 특성 때문에 조선에서 들여오는
쌀이 아니면 번의 생계를 꾸려가지 못할 형편이었다. 그러므로 조선에서
천재지변 등의 변고가 일어나 공작미 수입에 차질이 생긴다면 당장 번
전체의 경제가 마비될 입장이었다. 즉 조선산 쌀이 없으면 대마번의 생
활기반 자체가 무너질 염려가 있었다. 따라서 대마번은 공작미 수입과
관련된 조선의 정보 수집에도 민감할 수밖에 없었다. 조선에서 李麟佐의
亂 같은 변란이 일어나면 난 자체의 발생 원인이나 주모자·경과 등에 대
한 관심보다 난의 여파로 상품의 유통망이 막혀서 대마도의 경제에 영향
을 미치게 될 것을 염려했던 것이다.[33]

공작미를 바라보는 조선과 일본의 관점이 반드시 일치하는 것은 아니
었다. 대마번의 입장에서는 공목이든 공작미든 반드시 받아내야 하는 무
역 결제대금이었다. 그러나 조선정부는 공작미가 공무역 대금이라는 인
식보다 인국과 교린하는 도리로 후의를 베풀어 왜인들에게 주는 시혜품
으로 보는 인식이 강했다.[34] '공작미를 당초에 작정하기는 간혹 10년을

---

32) 국역 『증정교린지』 제1권 「公作米」, 48쪽.

33) 조선의 변란과 관련된 대마번의 정보 수집에 관하여 자세한 내용은 허지은,
『근세 쓰시마 朝鮮語通詞의 정보수집과 流通』「Ⅲ.朝鮮語通詞의 정보수집 방법과
내용」, 서강대학교대학원 박사학위논문, 2007 및 졸고 「조선 후기 왜관의 정보
수집에 관한 연구 -『分類紀事大綱』 25 風說之事를 중심으로」, 『한일관계사연구』
29집, 2008.4 참조.

34) 『숙종실록』 숙종 31년(1705) 12월 5일. 왜인이 공작미를 허락받는 일 때문에 왜
관을 떠나지 않자, 동래부사 黃一夏가 대책을 계문하였고, 이에 대한 대신들의
답변에서 공작미를 바라보는 조선조정의 시각이 잘 나타나 있다. 즉,

기한으로 하기도 하고, 간혹 5년을 기한하기도 하였는데 이제와서 그 기한을 모른다고 하니 왜인들의 情狀이 교활하고 간악하다'고 여기거나,[35] '差倭가 公作未를 달라고 간청해 왔는데, 대개 대마도에서는 이 쌀이 없으면 장차 살아갈 수 없으므로 매우 간절하게 구하는 것'이라고 보는 시각이 그러하다.[36] 즉 조선정부는 공작미가 무역대금의 결제수단이라기보다 일본과의 외교관계를 고려한 경제적 지원이라는 인식이 강했다. 공작미에 대한 이와 같은 인식의 차이는 결국 왜인들을 자극하여 잦은 난출사건을 야기하게 되었고, 왜관을 뛰쳐나와 공작미 문제의 해결을 요구하며 시위하는 사태로 번지게 되었다. 숙종 23년(1697)의 난출사건을 주도했던 당시의 사이항(裁判) 高勢八右衛門은 다음과 같이 말하고 있다.[37]

崔錫鼎은 말하기를, "…왜인에게 공급하는 면포를 쌀로 대신 주는 것은 왜인의 간청에서 나온 것이고, 당초에 약조한 것이 아니니, 구습에 따라 번번이 주는 것은 타당하지 못한 일입니다마는, 교린하는 도리는 처치를 마땅하게 하는 것이 중요합니다. 대마도의 살길은 전적으로 우리 나라의 미곡에 의지하므로, 전에 와서 청하였을 때에 사리에 의거하여 엄준하게 막을 줄 몰랐던 것은 아니나, 허락하는 것을 면하지 못하였습니다. 그리고 그 뒤 다시 청하였을 때에도 막지 않았던 것은 실로 厚意에서 나온 것인데,…
尹趾完은 말하기를, "…臣이 왕년에 일본으로 사명을 받들고 갔다가 돌아오는 길에 대마도에 이르러 通事倭에게 말하기를, '이 섬의 형세로 보아 곡식을 생산할 땅이 없는데, 너희들은 어떻게 사는가?' 하니, 대답하기를, '조선의 쌀을 얻기 전에는 자식을 낳은 자가 그 자식이 자라가고 굶어 죽는 것을 차마 볼 수 없어서 곧 죄다 물에다 던졌는데, 지금은 자식을 낳으면 다 키우므로 섬 안이 이 때문에 번성하니, 또한 비록 일본 사람이기는 하나 실은 조선의 邊民과 다를 것이 없다.' 하였습니다. 공작미를 주는 것을 허락하는 것을 나라의 계책으로 논하자면 대단한 잘못이니, 엄한 말로 막는 것이 事體상 당연하겠으나, 저들이 쌀을 청하고 청하지 않는 것은 곧 자식을 낳아 키우고 못 키우는 데에 관계되므로 죽을 힘을 다하여 굳이 다투는 것입니다."

35) 『숙종실록』 23년(1697) 4월 13일.
36) 『숙종실록』 27년(1701) 6월 10일.
37) MF0003043 『分類紀事大綱 附錄1(1集), 元祿十一 戊寅年(숙종 24) <唐坊新五郎勤役之節日帳拔書>

一. 1만 6천석의 쌀을 和館으로 실어오는 배 문제는, 이전에는 2척이 4백석씩 싣고 왔고, 들어오는 쌀도 많았습니다. 최근에는 1척이 2백석을 싣고 오기 때문에 (왜관으로 들어오는) 石數가 부족합니다. 배 1척이 감소한 것은 어찌된 일입니까? 이전과 같이 2척이 싣고 오도록 지시해 주시기 바랍니다.

一. (공작미) 1만 6천석에 관한 문제는 조금씩 未收가 된 것이 2만석 정도가 됩니다. 근년에 귀국이 연이어 흉년이 들었으므로 풍년이 됐을 때 청구하려고 연기해 두었습니다. 이쪽에서 (청구를) 삼간 것은 예의상 그렇게 한 것인데, 各官의 寄米(경상도 각지에서 동래로 수집하는 쌀) 2~3만석이 부산포에 있으나 조금도 □□□□, 1년에 1만석도 받지 못해서 많은 사람들이 곤란해 하고 있습니다. 참으로 많은 쌀을 (보관해) 두고 건네주지 않는 까닭은 어찌된 일입니까? 우리가 看品하는 일은 1년이라도 미진함이 없었다는 것은 잘 알고 계시겠지요.

1697년 8월의 난출사건은 단순히 공작미 문제만을 해결하려고 시위를 감행했던 것은 아니었다. 朝市가 일찍 철수하여 왜관 거주자들이 魚菜를 구입하는데 어려움이 있었고, 僉官들의 숙소가 크게 부서져서 비바람이 칠 때는 거소가 마땅치 않은 형편 등 각종 불만을 해결하기 위하여 왜관 밖으로 뛰쳐나왔던 것이다. 8월 23일 당일에는 18명이 왜관을 나서서 舊草梁으로 향하다가 다시 진로를 바꿔 仙巖寺까지 갔다가 왜관으로 귀가

一. 壹万六千俵米和館ニ漕廻候船々儀、以前ハ貳艘ニ而四百俵宛御漕セ被成候故、米之入方茂多ク御坐候、近年ハ壹艘ニ而貳百俵宛漕參候故、俵數不足ニ入來候、右壹艘御減少被成候義如何樣之事ニ候哉、弥以前之通貳艘ニ而漕參候樣ニ可被仰付候事、

一. 壹万六千俵米之義段々未收ニ成候分貳万俵余有之候、近年貴國打續不作ニ御坐候故、滿作之時分可申請と存、指延置候、此方遠慮之段御禮も可有之所ニ各官より之寄米貳三万俵釜山浦江有之候へ共、少□□□□御渡置ケ年ニ壹万俵茂請取不申、役々之被成致迷惑候、適ニ大分有之米を溜置而無御渡段如何樣之義ニ而ケ樣ニ被成候哉、此方より之看品之義壹年ニ而茂御未進ニ相渡候義御存知之前ニ候事.

하였다. 동래부사 李世載는 이들을 말리지 못한 훈도 李俊漢의 처벌을
조정에 치계하고[38] 왜인들에게 난출의 이유를 따졌다. 왜관은 건립에서
부터 수리에 이르기까지 조선의 비용으로 유지하고 있었다. 倭官들의 거
처가 누추해서 비가 오는 날이면 거처할 곳이 마땅치 않을 만큼 옹색한
생활을 하지만, 조선에 기근이 들어서 수리할 여력이 없는 것으로 이해
한다는 취지인데, 조선과 교섭할 문제가 생기면 무력을 보여서라도 얻어
내겠다는 태도와는 달리 나름대로 일본인들의 인내심이 느껴지는 대목
이다.

開市는 매 三旬의 3일과 8일에 열리며, 동래부의 허가를 받은 상인
들[39]이 왜관 안의 開市大廳으로 들어가서 왜인들과 거래를 했는데, 이때
훈도·별차와 收稅官, 開市監官이 동행하여 매매를 감독하였다.[40] 거래가
끝나면 일시에 모두 물러나왔으며, 各房에 임의로 들어가는 자는 밀무역
(潛商)으로 논하였다. 그런데 점차 이러한 금령이 해이해지고 장사꾼들
이 각 방으로 흩어져 들어가서 사사로이 거래를 했으므로 갖가지 부정이
속출하고 빚을 지는 폐단까지 발생하게 되었다. 결국 효종 4년에 개시
때 각 방에 산입하는 것을 금하기로 약조를 정했고,[41] 동래부사 尹文擧
때는 옛날 규정을 회복하겠다고 왜인과 담판을 벌였는데, 그 와중에 代
官倭 등 5~6명이 從者 왜인 100여명을 거느리고 왜관을 뛰쳐나와 몽둥
이와 칼을 휘두르며 소동을 벌이는 사건이 일어났다. 이들은 울릉도 문
제[42]와 관련하여 조선 측의 서계 개찬을 요구하면서 부산첨사와 면담을

---

38) 『숙종실록』 23년(1697) 8월 25일.

39) 상인의 수를 정한 것은 숙종 17년(1691)에 제정된 『東萊商賈定額節目』이며, 절목
제정 이전에는 20명이었다가 10명을 증원하여 30명이 되었다고 한다. 국역 『증
정교린지』 제4권 「開市」 주)89 참조.

40) 국역 『증정교린지』 제4권 「開市」 참조.

41) 국역 『증정교린지』 제4권 「約條」 참조. 이것이 이른바 「禁散入各房約條」이다.

42) 1693년 울산의 어부 안용복의 울릉도 도해를 계기로 일본이 울릉도 해역에서 조

요구하였다.[43] 조선 측은 이 사건을 왜인들의 불법적인 난출로 간주하여 대응하였고, 일본 측은 왜인에 대한 조선인의 喧嘩사건으로 규정하여 구타한 조선인의 색출을 요구하였다. 이렇듯 양국은 사건을 보는 관점에서 상당한 차이를 보이는데, 주목할 만한 사실은 일본측이 범인 색출에 적극적이었던 이전의 사건들과는 달리 범인의 색출 보다는 '구타사건' 즉 양국 간에 일어난 '喧嘩'를 대조선 교섭의 협상카드로 사용하려고 했다는 점이다.[44] 이 사건이 발생하자 조정에서는 난출을 막지 못한 훈도 李俊漢을 처벌했고, 관수 唐坊新五郎을 처벌하도록 島中(대마번)에 통보하라고 지시하였다. 동래부에서는 開市撤市를 비롯하여 관수의 연향접대를 포함한 모든 응접을 연기하려고 했는데, 난출사건이 벌어지면 동래부에서 흔히 쓰는 왜관 통제책의 하나였다.[45] 관왜에 대한 宴享接待를 연

선인의 어업을 금지하면서 시작된 사건이다. 이 사건을 계기로 울릉도의 영속 및 어업권을 둘러싼 조·일 양국 간의 시비가 있었으나 이후 1696년 德川幕府가 일본인의 울릉도 도해 및 어업활동을 금지함으로써 사건은 일단락되기 시작하였는데, 최종적인 종결은 1699년에 이르러서야 이루어졌다.

43) 『分類紀事大綱』 권13(1집) 「闌出」 丁丑(1697년) 8월 기록.
『分類紀事大綱』 권31(1집) 「日本人朝鮮人喧嘩一件」

44) Louis James, 「朝鮮後期 釜山 왜관의 記錄으로 본 朝日關係 -폐·성가심(迷惑)에서 相互理解로」, 『韓日關係史硏究』 제6집, 1996, 80쪽 이하 참조. 이 사건은 왜관 裁判의 지휘 아래 100여명의 왜인이 부산진 거리를 행진하던 중 鐵砲를 담당하는 市右衛門이란 자가 동래 주민이 던진 돌에 머리를 맞아 혼절하였고, 와중에 군중이 달려들어 市右衛門의 일본도 두 자루를 탈취하는 불상사까지 발생하였다. Louis James는 이 사건에 대하여 다음과 같이 평가하였다. 첫째 일반 조선인들은 단지 죽창과 돌만 가지고 있었으나 무장한 일본인들을 회피하려 하지 않았다고 보고, 이 무렵에는 이미 일본인들의 武威가 통하지 않게 되었다고 평가하였다. 둘째, 이 시위가 뚜렷한 목표 아래 조직적으로 이루어졌다고 보고, 일본인들이 협상의 전술이 된다면 폭력이라도 사용하겠다는 의지를 갖고 있었다고 평가하였다. 즉 무력시위를 협상의 한 전술로 생각하고 있었다는 것이다.

45) 땔감 문제로 발생했던 영조12년(1736)의 난출사건 때에도 관수의 접대를 연기한다고 하자 왜관 쪽에서 민감하게 대응했던 기록이 있다. MF0000755 分類紀事大

기한다는 의미는 왜관 거주 일본인들에게 닷새마다 지급하게 되어 있는 각종 생필품, 이른바 '五日次'의 지급을 중단하겠다는 뜻이다. 이 사건에서도 관수 唐坊新五郎은 결국 동래부사 李世載에게 사과하는 것으로 결말을 맺었다.[46]

공작미와 시탄 문제로 인한 난출이 왜관 役人들의 주도적이며 의도적인 난출이었다면, 왜관에 거주하는 관왜의 개인적인 방만이라든가 조선에 대한 멸시관이 작용하여 설문을 무단으로 출입한 경우도 있었다. 왜인 差使와 수행원들이 동래 향교와 온천·냇가와 야외 등을 함부로 돌아다니고, 말리는 소통사들을 결박하거나 환도로 때린 사건이라든가,[47] 동래부사 李喜龍 때 왜인 6명이 仙巖寺 참배를 사칭하고 관문을 나가 매사냥을 한 사건[48] 등이 그러하다. 이와 같은 사건은 일견 조선정부의 통제와는 무관한 것으로 볼 수도 있다. 그러나 관점을 달리해서 보면 결국 조선정부의 통제책이 실효성이 없었거나, 금령에 대한 처벌이 미온적이었기 때문에 벌어진 사건이라고 볼 수도 있다.

개별적인 난출자가 발생했을 경우에 조선정부가 직접 형벌권을 행사하여 엄하게 처벌한 적은 없다. 감시를 소홀히 한 조선쪽 역관을 처벌한 뒤에 관수에게 난출한 왜인의 처벌을 요구하는 것이 고작이었다. 왜관은 설립 당초부터 조선정부가 주도적으로 관리하고 통제를 해 왔음에도 불구하고, 금령을 어긴 왜인에 대하여 직접 형벌권을 행사하지 않았다는

綱 26책(2집), 元文 1년(1736) 기록에 …땔감이 들어오지 않아 관내의 하역부(下々)들이 新門 밖으로 나갔으므로 부산의 兩譯(훈도·별차)을 파직하도록 지시가 내렸으며, 관수의 접대(馳走)가 연기될 것이라는 소문이 있습니다(…炭柴不入來候付, 館內之下々新門之外江罷越候得者, 釜山兩譯罷職被申付, 館守之馳走方可被引と噂有之候。)

46) 『숙종실록』 23년(1697) 9월 5일.
47) 『현종실록』 13년(1672) 4월 29일.
48) 『邊例集要』 「闌出」 21년(1695) 1월조.

것은 이해하기 힘든 부분이다. 외교문제로 번질 것을 우려한 조선정부의 신중한 태도 때문이었는지, 왜관이 강제로 접수당하는 때까지 일본인들의 「武威」를 두려워했던 것인지[49] 향후의 연구과제로 남겨진 부분이라고 생각한다.

관왜의 設門闌出이 특히 문제되는 것은 朝市 때였다. 朝市는 왜인에게 매일 소용되는 魚菜, 과일 등의 구입을 위하여 허가한 임시시장이다. 즉 매일 아침 浦의 백성들이 각종 饌物을 設門 밖에 가져가서 팔 수 있도록 하고, 수문장 및 통사는 監市하여 난잡한 폐단을 금지시켰다. 禁徒倭는 小禁徒를 데리고 나가 수문에 앉아서 왜인의 분란을 금하였다.[50] 그러나 이같은 금령에도 불구하고 일본인과 조선인의 접촉은 막지 못했다. 왜관에서 왜인과 접촉하는 조선 상인들을 통해서 조선에 관한 정보가 대마번으로 흘러들어 가고 있다는 사실은 조선 조정에서도 국초부터 문제가 되었다. 특히 朝市가 열릴 때 왜인들과 접촉하는 조선 상인들을 통하여 크고 작은 정보가 왜관으로 유출되었던 것이다. 이에 대한 대책으로 일찍이 세종 3년(1421)에는 刑曹가 왜관을 출입하는 상인에게 법을 엄중히 적용할 것을 아뢰면서, 倭人과 내통 공모한 情跡이 드러난 자는 姦細를 추궁 신문하는 조목에 의하여 엄중히 징계할 것을 건의하였다.[51] 숙종이 즉위했을 무렵에는 변방의 금령이 해이해져 왜관의 왜인들이 몰래 여염으로 다니면서 부녀자를 자주 간음하여 동래와 부산의 백성 중에는 왜인의 출산이 많았으며, 서북 지방 사람들 또한 그러하여 倭人과 胡人의 눈과 귀가 되어 남몰래 나라의 일을 일러주므로 識者들이 이를 근심했다고

---

49) 雨森芳洲는 왜관이 초량으로 이전할 무렵에는 이미 조선인들이 일본인의 「武威」를 두려워하지 않게 되었다고 하였다(역주 『交隣提醒』, 한일관계사학회편, 국학자료원, 2001, 70쪽 「(54)진정한 믿음을 가지고 교류한다는 뜻은?」 참조).

50) 국역 『증정교린지』 제4권 「朝市」 참조.

51) 『세종실록』 3년(1421) 6월 9일.

한다.52)

設門 출입은 동래부의 출입 허가를 받은 훈도와 별차 이외에는 조선
인이든 일본인이든 출입을 엄격히 통제하였다. 숙종 9년(1683)에는 江戸
에서 귀국하던 통신사가 대마에 체류하는 동안 설문 출입에 관한 협정을
체결하고 이를 돌에 새겨 경계를 정한 곳에 세웠는데 이것이 「癸亥約條
制札碑」이다.53) 계해약조는 1678년 왜관이 초량으로 이전한 후, 왜관에
주재하는 왜인의 난출 및 이들과 접촉하는 조선인의 왜관 난출에 대한
규제를 정한 것이다. 이에 따르면 초량왜관에 거주하는 일본인은 봄·가
을 이외에 며칠 동안만 두모포왜관 부근의 조상 묘지를 방문할 수 있도
록 허락하였다. 묘지 방문 중 일본인이 조선인 집에 출입하는 것은 금지
하였다.

숙종 35년(1709)에는 잠상사건 때문에 일본인들이 新草梁里로 나올 경
우 그들을 체포하여 관수에게 인도하고, 조선인의 경우 왜관을 출입하는
모든 훈도와 별차는 搜檢을 받도록 동래부사에게 지시를 내렸다.54) 그러
나 이러한 금령에도 불구하고 설문을 무단으로 나가 잠상이나 교간을 범
하는 사례가 상당히 많았음을 알 수 있다. 1710년 동래부사 權以鎭의 장
계를 보면,

---

52)『숙종실록』1년(1675) 윤5월 3일.

53)『숙종실록』8년(1682) 11월 7일;
　　첫째, 禁標를 세워 경계를 정해 놓은 것 외에, 크고 작은 일을 막론하고 함부로
　　　　나와 월경하는 자는 一罪로 논한다.
　　둘째, 路浮稅로 발각되어 붙잡힌 뒤에는 준 자와 받은 자에게 똑같이 一罪를 시
　　　　행한다.
　　셋째, 開市 때 各房에 잠입하여 은밀히 매매하는 자에게는 피차 각기 一罪를 시
　　　　행한다.
　　넷째, 닷새마다 雜物을 들여보내 줄 때에 色吏·庫子·小通事 등을 왜인은 절대로
　　　　끌고 다니며 구타하지 말 것.

54) 국역『증정교린지』제4권「約條」

"……신이 처음 부임해서 왜관의 사정을 자세히 살펴보니, 역관이 초량촌 안에 살고 있는데, 왜인이 약조로써 훈도·별차의 집에 왕래를 허용하였다고 하며, 온종일 계속해서 모두가 민가에 있으면서 밤낮으로 함께 거처하니, 초량촌 92호의 민가 중에 혹은 한 두명, 혹은 서너 명의 왜인이 없는 집이 없습니다. 밤낮 할 것 없이 우리 백성과 함께 거처하는데, 남편이 부재중인 집은 왜인이 홀로 그 아내와 상대합니다. 남자는 왜인의 물화를 받아 다른 시장으로 가서 팔아 이익을 남기고 본전을 돌려주는데, 심부름꾼이 되어 품삯을 받습니다. 그러면 아내는 혼자 집에서 왜인과 상대하며 온갖 짓을 다 하기 때문에 情義가 지극히 친밀하여 있을 때나 없을 때나 함께 지냅니다. 이렇게 하는 것이 생활과 관계되기 때문에 죽음을 무릅쓰고 서로 어울립니다. 그리고 역관은 避接(병중에 거처를 옮겨 요양하는 것)을 핑계로 각각 여염집을 차지한 채 왜인과 서로 접하니, 그들이 거처하는 公廳은 황폐된 지 오래여서 이미 거처할 수도 없게 되었습니다. ……"[55]

라고 하였다. 결국 각종 통제에도 불구하고 왜관을 무단으로 출입하는 일반인이 적지 않았던 것이다.

---

55) 『숙종실록』 36년(1710) 3월 29일, 동래부사 權以鎭의 장계.
안동권씨유회당파종중 간행 『國譯有懷堂集』 2, 권5 「邊上事宜를 條目別條로 아뢰는 狀啓」, 2006년, 경인문화사, 28~29쪽에도 동일한 내용이 수록되어 있다.

2. 交奸

왜관에 거주하는 일본인과 조선 여성이 성적으로 접촉하는 것을 交奸이라고 하며, 조선정부에서는 교간을 오늘날의 매매춘에 해당하는 범죄행위로 보고 엄하게 처벌하였다. 왜관에는 일본 여성이 거주하지 않았고, 조선 여성의 출입도 금지된 남성만의 공간이었다. 임진왜란 이전의 浦所倭館 시절에는 일본(대마도)에서 가족을 데리고 조선으로 건너와 왜관 주변에서 살아가는 왜인들이 많이 있었다. 이들 恒居倭人은 대체로 조선정부의 거주 허가를 받지 않은 불법 거류자들이었으며, 恒居倭들이 주동이 되어 을묘왜변과 사량진왜변, 삼포왜란 등 지속적으로 말썽을 일으켰다. 이런 이유로 인하여 임진왜란 이후에는 恒居倭가 인정되지 않았으며, 왜인들의 상경도 일체 인정하지 않았다.[56]

왜관 거류자들은 모두 공무를 띄고 대마번의 허가를 받아서 출장을 온 임시거류자들이었으며,[57] 공무라는 성격상 남자가 파견되었고, 공무가

---

56) 『광해군일기』 2년(1610) 윤3월 14일 기사에는 비변사에서 왜의 사신을 접대하는 일에 대하여 논의가 있었는데, 조정에서 倭를 대우하는 중요한 관건은 화친하느냐 불화하느냐에 있을 뿐이며, 화친을 허락하면 상경 여부는 중요하지 않다고 보았다. 왜인들의 욕심은 실로 開市를 하느냐 않느냐에 있고, 상경 여부는 문제의 핵심이 아니라고 본 것이다. 이 논의에서는 상경을 허락하지 않고 浦에 머물게 하면서 접대하는 것과, 머물 기간, 접대하는 사례와 宴享의 회수를 결정하였다. 임진왜란 이후 한양까지 상경한 일본인은 1629년 일본국왕사를 사칭한 玄方·平智廣 일행 뿐이다. 『인조실록』 7년(1629) 윤4월 22일 기사에는 '倭使玄方、平智廣入京'이라고 간단히 기록하였다.

57) 왜관 안에는 술집, 두부가게, 다다미가게, 의복 수선집(吳服屋), 잡화점 등 공무 외에 장사를 목적으로 체류하는 자들도 있었다. 이들도 물론 대마도주의 허가를 얻고 건너온 자들이며, 체류기간은 허가받은 감찰에 따라서 정해졌다고 한다(이 부분은 田代和生, 『近世日朝通交貿易史の研究』 180쪽에서 인용, 정리하였다).

끝나면 돌아가는 것이 원칙이었다.58) 임란 이후에는 가족을 동반하거나 특히 아내나 딸 등 여자를 동반하고 오는 것은 허락되지 않았으며, 오로지 남자들만 임시로 거주하는 禁女 구역이었다. 왜관의 일본 남성이 공식적으로 조선 여성을 만날 수 있는 기회는 肅拜式이 끝나고 베풀어지는 연향에서 조선 기생이 춤을 추고 노래 부르는 女樂을 감상하는 기회 뿐이었다.

해외 도항이 자유롭지 못했던 쇄국의 시대에, 비록 공무이기는 하지만 외국에서 생활하는 일본인들에게 외국 문화는 좀처럼 경험하기 어려운 체험이 되었을 것이며, 특히 외국 여성은 호기심의 대상이 되기에 충분했을 것이다. 이런 현상은 朝市59) 때 특히 두드러졌는데, 관왜들은 魚菜의 품질을 불문하고 젊은 여자가 가져온 것만을 사려고 하여 풍기가 문란해졌다. 이를 우려한 담당 관리가 개선을 호소하였고, 결국 조선정부에서는 젊은 여성의 朝市 참가를 금지하게 되었다.60)

조선정부에서는 초량촌 주민들과 왜관 거류자의 접촉을 방지하기 위하여 돌담을 쌓기도 하고, 禁標를 세워 관왜의 출입을 통제하기도 하였다. 그러나 조선 여성이 왜관으로 闌入하여 왜인과 성관계를 갖거나, 관

58) 『증정교린지』에는 각 사절의 留館期限, 즉 공무처리를 위하여 왜관에 머무를 수 있는 기간이 정해져 있다. 關白告訃差倭가 60일이며, 나머지 각종 차왜는 관백고부차왜의 留館期限을 準用하고 있다. 관수, 대관 등 임기가 정해진 차왜는 그 임기 동안 왜관에 체류할 수 있었다.

59) 朝市는 왜인에게 매일 소용되는 생선, 야채, 과일 등 생필품을 살 수 있는 길이 없으므로 특별히 허락한 시장을 말한다. 『증정교린지』「朝市」조에 의하면, 매일 이른 아침 浦의 백성들이 각종 饌物을 守門 밖에 가서 팔도록 하고, 수문장 및 통사는 監市하여 난잡한 폐단을 금하며, 禁徒倭는 小禁徒를 데리고 나가 守門에 앉아서 왜인의 분란을 단속하였다.

60) 『邊例集要』 卷13「闌出」 附 朝市, 1710년(숙종 36) 3월; 倭人稱以魚菜發賣者數少, 闌出門外, 而其實, 則由於痛禁女人之入賣魚菜云云事啓. 卷13「闌出」조에서는 남성만이 朝市에 참가하고 여성은 왕래하지 못하도록 규정을 바꾸었다(「闌出」, 같은 달 기사에 '…朝市, 只許男人入送切禁女人之往來…').

왜가 왜관을 闌出하여 조선 여성과 성관계를 갖는 것을 근절할 수는 없었다. 조선정부는 이러한 매춘 행위를 잠간(潛奸), 범간(犯奸), 교간(交奸), 화간(和奸), 간음(姦淫) 등으로 불렀다. 매춘 사실이 발각 되면 당사자는 물론 이를 주선한 중개인도 극형을 당하였다.

일본측 기록에도 僉官 등 왜관에 체류하는 자들에게 下男(잡역부)이 부족하여 조선의 어린이 또는 성인을 고용하는데, 그 자들이 들어오는 때를 틈타 여자를 館에 들여 우리의 숙소에 감추어 두는 불미스런 일이 있다고 하면서, 이로 인하여 (조선과의 관계에서) 곤란한 일이 일어날 것을 우려하고 있다.[61]

조선측 기록인 『邊例集要』 권14 「雜犯」조에는 교간사건이 발각되어 처벌받은 예가 기록되어 있으며, 일본측 기록인 『分類紀事大綱』에도 「交奸一件」이라는 제목의 사건 기록이 남아 있다. 두 기록을 정리하여 도표로 정리하면 다음과 같다.

〈표 14〉『邊例集要』 권14 「雜犯」조 및 『分類紀事大綱』의 교간사건 기록

연도	교간남성	교간여성	조선인 공모자	사건개요 및 처리	典據
1661(현종2)		古公(良女)	朴善同	여성과 공모자 梟示	邊
1662(현종3)		自隱德(私婢)	無應忠, 金靑南	〃	邊
1671(현종12) 9.23(分)			왜관의 조선인 下男		邊 分(1-31)
1690(숙종16) 4월	井手惣左衛門, 市山伊兵衛, 日高判右衛門,	粉伊(李明元 의 딸) 賤月(李明元	李進壽(寺奴) 權祥(寺奴) 徐富祥(烽軍)	여성 3명 梟示 權祥·徐富祥 梟示. 교간남성 4명은 조선	邊 分(1-31)

연도	교간남성	교간여성	조선인 공모자	사건개요 및 처리	典據
	小嶋利右衛門 (大工)	의 누이) 愛今(私婢)	李明元(좌수영 司令)	도해 금지	
1697(숙종23) 7.12(分)	飯束喜兵衛	玉娘, 善貞	金哲石		邊 分(1-31),
1707(숙종33) 12.28(分)	白水源七	甘玉	宋中万	甘玉과 宋中万 梟示	邊 分(1-31),
1716(숙종42)	5인	季月(기생)	金以石, 趙守命	季月은 遠地定配, 공모자 2인 효시. 교간남성 2인은 對馬 縛送	邊
1726(영조2) 5.10(分)	茂吉作左衛門	金善陽(기생)	秋順弘(私奴), 朴召史	金善陽·朴召史 遠地定配, 秋順弘 梟示	邊 分(2-28)
1738(영조14)	利右衛門, 源五 등 3명	守禮私婢), 崔愛春(良女)	田才	여자 嚴刑島配, 田才 효시, 교간남성은 對馬에서 流罪	
1786(정조10) 12.28(分)	吉臧, 善右衛門, 準助, 辰五郎, 幸助	徐一月(良女)	高甲山	여성 定配, 高甲山 梟示, 교간남성 5인은 對馬 縛送	邊 分(4-11) 正祖實 錄 (11.1.29)
1859(철종10)	藤次郎, 喜一郎	錦紅(前 기생)	金用玉	여성 定配, 金用玉 효시 교간남성 2인은 佐護鄕 給人의 永代奴로 함	

邊 : 『邊例集要』「雜犯」條
分 : 『分類紀事大綱』(集-册)

　위의 도표에서 알 수 있듯이, 1661년의 양녀 古公사건, 1662년의 私婢 自隱德사건, 1716년의 季月사건은 조선측 기록에만 보이고 일본측 기록 에는 없다. 古公사건은 양녀 古公이 사노비 貴眞, 五莫德, 士玉, 立介, 貴 非와 함께 왜관 뒷산에서 일본인들과 놀다가 朴善同이란 인물로부터 일본인과의 매매춘을 알선받았다. 사건이 발각되어 朴善同과 古公은 모두 왜관 밖에서 효시당했고, 古公과 함께 왜인들과 놀았던 사노비 5명은 먼 곳으로 유배당했다.[62)]

古公사건이 있고나서 1년 후에 私奴 無應忠, 金靑南 두 사람이 私婢 自隱德을 꾀어 일본인과 간통하도록 종용한 사건이 발생하였다. 자은덕 사건에서도 매매춘을 주선한 노비 무응충과 김청남은 모두 효시를 당했다. 자은덕의 本夫로서 처를 찾아 왜관으로 闌入한 林淡沙里는 비록 그의 처를 찾기 위한 것이라고는 하지만, 왜관에 사사로이 들어간 것은 역시 잘못이라 하여 該曹에서 죄를 묻도록 하라는 지시가 내렸고, 간통한 일본인은 법에 따라 처리하라는 뜻을 館守倭에게 책망하고 일깨우도록 하였다.[63)]

1690년의 교간사건은 관왜 井手惣左衛門과 市山伊兵衛가 결탁하여 조선 여인 粉伊, 賤月, 愛今과 간음한 사건이다. 이 사건에 대하여는 양측 모두 상세한 기록이 남아 있는데, 조선측 기록을 보면 사건의 전말은 다음과 같다.

1690년(숙종16) 4월인데, 부산의 李進壽(寺奴)·權祥(寺奴)·徐富祥·李明元이 愛今·粉伊·賤月 등 여인을 데리고 왜관에 잠입하여 왜인과 교간하게 한 후 銀子를 받은 정황이 드러나 잡아들이려고 했다. 그러나 분이와 천월이는 왜관에 머물고 있어서 잡지 못했다고 했다.[64)] 분이와 천월

---

62) 『邊例集要』 권14 「潛商路浮稅幷錄 附 雜犯」, 辛丑(현종 2) 1월(하권 309~310쪽). 양흥숙은 「'범죄'를 통해 본 조선후기 왜관 주변 지역민의 일상과 일탈」, 『한국민족문화』 40, 2011에서 단순히 일본인과 놀았다는 이유만으로 유배형을 보낸 것은 가혹한 처분일 수도 있으나, 이들에게 '絶跡於倭館', 즉 왜관에서 족적을 끊도록 함으로써 장차 계속적으로 일어날지도 모를 매매춘 사건을 사전에 방지하려는 의도가 있다고 보았다.

63) 『邊例集要』 권14 「潛商路浮稅幷錄 附 雜犯」, 壬寅(현종3, 1662) 1월(하권 310~311쪽).

64) 『邊例集要』 권14 「潛商路浮稅幷錄 附 雜犯」, 壬寅(현종3, 1662.2) 1월(하권 320쪽).

이는 7월에 왜관에서 밤을 틈타 나가려고 하다가 체포되었으므로 왜관 안에서 3개월 가량을 머문 것이 된다. 동래부에서는 이들을 즉시 가두고 사건의 전말을 조사했는데, 처벌은 신 부사가 도임하기를 기다렸다가 하는 것이 좋겠다는 계문을 올렸다.[65] 한양에서는 범죄인과 교간 왜인을 동률로 처단하도록 하고, 관수와 금도왜의 죄상을 적어서 도주에게 보내되 신임 부사가 도임한 뒤에 하도록 回啓가 내려왔다.[66]

일본측 기록에는 교간 남성인 井手惣左衛門, 市山伊兵衛, 日高伊右衛門의 상세한 공술서가 남아 있다.

"…이번에 끌어들인 당인(조선인)과는 이전부터 매우 친하게 지내던 사람입니다. 그런데 지난 2월 23일 저녁에 방을 두드리는 소리가 들려서 나가보니, 조선인이 여인을 데려와서 이 여자가 이쪽(왜관)에 약속이 있어서 데려왔다고 했습니다. 그때는 벌써 날이 밝았는데, 아무래도 성가신 일이라서 그다지 맡으려 하지 않았지만, 오늘 밤 하루만 맡아달라고억지로 맡겼습니다. 이 일은 매우 중대한 문제라고 생각하고 내보내려 했지만, 앞에서 말씀드린 것처럼 평소에 친하게 지내던 자의 일이라서 난처하게 될 수도 있으므로 하는 수 없이 맡게 되었습니다. 그런데 다음 날 약속대로 올 것으로 알고 기다렸지만 끝내 오지 않았습니다. …(중략)… 그 후 밖에 내보내려 해도 조선에서는 여자 문제가 엄격해서 밖으로 내보내는 것도 어려웠습니다. …[67]

---

65) 주) 57과 동.

66) 이때의 동래부사는 朴紳이었으며, 그는 1690년의 교간사건 때 분이와 천월이를 즉시 잡아들이지 못했다는 이유로 파직되고(1690.7.15) 南㙔가 신임부사로 도임하였다. 그러나 재임 1개월만에 남후가 卒逝하자(7.16.~8.20) 다시 李衡祥이 청주목사에서 朝辭마저 생략하고 급히 부임하여 이 사건을 처리하게 되었다.

67) MF0003041 『分類紀事大綱』 31(1집) 「交奸一件」, 元禄3년 6월 21日之日帳.
…此度某名を引出申候唐人之儀以前より成程念比仕申仁二而御座候. 然者去る二月二十三日之晩方, 某房內を敲候二付, 聞付罷出見申候處, 唐人女人召連, 此女去方江約束仕召連參候得共, 其方見掛之通最早夜茂明ケ申候間, 何共迷惑仕候別而賴可申方も無

6월 3일   이데 소자에몬

　이보다 조금 앞선 시기에 비슷한 사건이 일어났는데, 1689년(숙종15) 11월 초에 왜관에 거주하는 梅野久右衛門이라는 자가 조선인 チンセイ에게 밀무역 자금으로 추정되는 돈을 주었다.

　一. 지난 겨울 11월 초 무렵, 'チンセイ(進壽 ?)'라는 조선인에게 명주와 무명 구입용으로 은자 65匁를 들려보냈습니다. 그 후 그 사람이 오랫동안 입관하지 않아 걱정하고 있었는데, 20일경 입관한 것을 보고 물건 구입 문제를 물었더니 자신의 일에 지장이 생겨 쌀 등을 사서 당분간 돈이 없으며, 근일 중에 갚겠다고 하면서 여러 가지 변명을 늘어놓았습니다. 엄하게 따졌더니, 그렇다면 마침 관내에 여인 한 명을 맡겨 둘테니까, 돈을 마련할 때까지 4~5일 동안 그녀를 맡고 그때까지 기다려 달라고 했습니다. 진실로 생각하고 그녀를 맡아 두었는데, 약속한 날이 되어도 돈도 가져오지 않았고 그 자신도 나타나지 않아서 걱정이 되었습니다. 24일 밤 그녀를 밖으로 내보내려는데, 목수 이에몬(伊右衛門)이라는 자가 보고 4~5일만 꼭 맡겨달라고 양해를 구했으므로, 우리가 맡은 내력을 자세히 말했습니다. 그렇다면 4~5일 맡았다가 얼른 돌려보내기로 굳게 약속했습니다. 그 후 이 여성 문제를 이에몬에게 물었는데, 이에몬이 말하기를 약속대로 빨리 밖으로 내보냈다고 했습니다. …(중략)…

2월 26일 관수가 이 문제를 조사한다고 지시가 있어서 깜짝 놀라 이에몬에게 물었는데, 지난 번에 돌려보냈다고 한 말은 거짓이었다고 했습니다. 자기가 아직도 맡고 있다고 했으므로, 하는 수 없이 이 사실을 말씀드립

之候間，　某方へ今晩一夜隠置くれ候様ニ与達而賴申候. 此段大切ノ儀与存出候得共, 右申上候様ニ平生念比仕者之儀ニ御座候得者難儀ニ及後段, 見掛申候故, 無據預り申候. 然處翌日約束之通参る申哉与相待申候得共, 終ニ不参候.…(中略)…
其後外江出可申候与奉存候得と茂, 朝鮮人方女之詮議嚴敷御座候ニ付, 外ニ出申儀茂難成候.…

六月 三日   井手惣左衛門

니다. 이에몬에게 물어보시면 우리가 말씀드린 것이 사실인지 아닌지 아
실 수 있을 것입니다.
이 외에 더 말씀드릴 것은 없습니다.[68]

　　　5월 28일　　　　　이치야마 이베에
　　　　　　　　　　　　　히다카 한에몬

　이 사건에서 관수는 동래부사의 문의에 대하여 왜관 내에는 조선 여성
이 없다고 대답했다. 그러나 조선측 기록을 보면, 동래부사는 7월에 체포
한 분이와 천월이의 공술을 통해서 사건의 전말을 소상히 알고 있었다.
愛今 등 3인과 이들을 유인하여 몰래 왜관에 데려간 權祥, 徐富祥 등은
이듬해 10월 왜관 문밖에서 梟示하였다.[69] 원래 왜관과 관련된 죄인을
처벌할 때는 동래부의 監官과 왜관측에서 관수를 대신하여 禁徒倭가 입
회하는 것이 원칙이었는데, 이때는 왜관측에 아무런 연락도 하지 않았

---

68) 위의 주와 같음.
　一. 舊冬十一月初比, チンセイ与申朝鮮人ニ紬木綿調用銀子六拾五匁爲持遣候處, 其
　　後彼者久敷入館不仕候故, 無心元存罷有候處ニ, 廿日比入館仕候を見合右之調物
　　之事相尋候得ハ, 手前差支飯米等調候間, 當分銀有合不申候. 近日中ニ相拂可申
　　之由色々斷申候得共, 嚴敷申掛候得ハ, 左樣候ハ、折節館內ニ女壹人入置候, 銀
　　才覺仕候迄四五日彼女預置可申候間, 夫迄相待候樣ニ申候故, 誠ニ存彼女預り置
　　候處ニ, 約束之日數過候得共銀も不持來, 其身も不參候故氣遣存, 同廿四日之夜,
　　彼女外江出シ候を大工利右衛門与申者見合候間,　四五日是非預候樣ニ斷申候間,
　　我々預り申候首尾委申聞, 右樣ニ候ハ、四五日召置早速返し候樣ニ堅申合候. 其
　　後右之女儀利右衛門ニ相尋候處, 利右衛門申候者, 約束之通疾外江出し申候由申
　　候ニ付, …(중략)…
　　二月廿六日ニ館守より右之儀御詮議被仰付仰天仕利右衛門ニ相尋候得ハ,　先日
　　ハ返申候由申候ハ僞ニ而候. 如何ニ茂手前ニ未召置候由申候故, 不及力右之首尾
　　申上候. 利右衛門江御尋被成候へ、, 我々申上候事實不實相知可申候.
　　此外可申上儀無御座候 以上.
　　　　　五月 二十八日　　　　市山利兵衛
　　　　　　　　　　　　　　　日高判右衛門

69) 『숙종실록』 16년 10월 6일.

다.[70] 그리고 대마번에서는 이 사건을 막부까지 보고했음을 알 수 있다.

> 一. 조선측에게 사이항(裁判) 히라타 쇼자에몬(平田所左衛門)이 이야기하
> 기를, 금년 봄 왜관에 들어온 여자 3명과 유인한 남자 2명 이상 5명은
> 9월 29일 사카노시타와 화관(왜관) 사이에서 참죄에 처했습니다. 이쪽
> (왜관쪽)에는 아무런 연락도 없었습니다. 마침내 이 정도로 별 일 없
> 이 결말을 짓게 되었다고 이야기했습니다. 이 문서를 복사해 두고 막부
> 로 올립니다. 이상.
>
> 원록 3년 10월 8일 기록

　왜관 주변에는 양녀든 노비이든 매춘부 역할을 하는 조선 여인이 다수
존재했던 것으로 보이며, 왜관측에서는 조선인 남성에게 돈을 주고 조선
여성과 관계하는 것이므로 특별히 죄의식을 느끼지는 않았다.

　1707년의 甘玉사건은 部將 宋中萬(宋仲萬)이 조선 여인 甘玉을 데리고
왜관에 闌入하여 일본인 시라스 겐시치(白水源七)와 매매춘을 알선한 사
건이다. 양자 모두 사형에 처할 것을 요구하는 동래부의 주장에 대하여
관수는 왜인이 간통을 범한 일이 없는데 조선 사람이 거짓으로 자백했다
고 주장하며 이를 거부하였다. 결국 이 문제는 1708년 최상집을 당상관
으로 하는 問慰行이 대마도로 가서 교섭 후 해결을 보도록 했으나 문위
행은 예조 서계를 대마도에 정식으로 제출하지 못했고, 대마도측의 답서
도 받지 못한 채 귀국하였다.

　동래부사 권이진(1709.1~1711.4)은 문위역관 최상집 등이 나라를 욕되

---

70) MF0003041 『分類紀事大綱』 31(1집) 「交奸一件」, 元祿3년 10월 8일 기록.
　　一. 朝鮮表裁判平田所左衛門方より申越候者, 當春入館仕居候女三人幷手引仕候男貳
　　　人以上五人, 九月卅九日坂下与和館之間ニ而斬罪仕候. 此方へ者何之付届ケ茂無
　　　之候. 弥此分ニ而埒明別條有之間敷与奉存候由申越候. 此狀寫置江戶表へ差上候
　　　以上.
　　　右元祿三年十月八日之日帳

게 했다며 죄로 다스릴 것을 청하고,[71] 5차례나 장계를 올리는 등 강경한 대응을 주장하였고, 이 일로 최상집과 한중억 등은 임무를 소홀히 한 죄로 邊遠定配되었다.[72] 권이진은 犯奸者 모두를 동률로 처단하라는 예조의 서계를 수리하지 않고, 또한 답서도 발송하지 않는 대마도측의 변칙적인 대응에 대하여 외교 의례의 기본을 무시한 무례한 행위라고 비난하면서, 당사자의 심문보다 대마도주의 답서 제출을 일관되게 요구하였다.[73] 시라스 겐시치는 1709년 9월 대마도로 보내진 후 양국에 분쟁을 일으켰다는 죄로 처벌되었다. 그리고 甘玉과 宋仲萬은 1710년 7월 왜관의 수문 밖에서 처형되었다.[74]

　대마도의 답서 不給과 白水源七의 처리에 불만을 품은 조선정부는 '매매춘을 할 경우 양자를 동률로 처리한다'는 것을 약조로 규정할 것을 1711년 통신사의[75] 임무로 삼았다. 통신사는 江戸 체류 중 대마도주 宗義方에게 이를 요청했으나 일이 잘 진척되지 않았다. 결국 통신사가 이 문제를 막부장군에게 직접 탄원할 뜻을 보이자 대마도 奉行이 당황하여 일이 급속하게 진행되었고, 마침내 1711년에 대마도와 동률로 처벌하는 내용의 倭人潛奸律(犯奸約條, 交奸約條, 新定約條)를 체결하였다. 조약 내용은 ① 대마도 사람이 초량왜관을 빠져나와 여인을 強奸한 자는 율문에 따라 사형에 처한다. ② 대마도 사람이 폭력을 쓰지 않고 조선 여인

71)『숙종실록』35년 4월 13일.

72)『변례집요』권14「潛商路浮稅幷錄 附 雜犯」, 己丑(숙종35, 1709) 4월(하권 331쪽).

73) 국역『전객사별등록』(Ⅱ), 1709년 5월 초7일에서 1710년 6월 14일까지(109~127쪽) 5건의 장계에서 권이진은 조선인과 왜인을 동률로 처벌할 것을 주장하고 있다. 국역『유회당집』2, 卷5에는 권이진의 장계 내용이 상세하게 실려 있다(5~27쪽).

74)『邊例集要』권14「潛商路浮稅幷錄 附 雜犯」, 庚寅(숙종36, 1710) 7월(하권 335쪽).

75) 1711년 통신사(신묘통신사)는 德川家宣의 장군 즉위를 축하하기 위하여 파견된 사행이다. 正使는 趙泰億, 副使 任守幹, 從事官 李邦彦 등 497명이 1711년(숙종37) 5월 5일 한양을 출발하여 이듬해 3월 9일 復命하였다.

을 유인하여 화간한 자 및 强奸未成者는 永遠流에 처한다. ③ 왜관에 잡입한 조선 여성을 조선측에 통보하지 않고 交奸한 자는 次律[유배]에 처한다는 내용이다.76) 이 약조 이후 교간 여성은 모두 유배형을 받았고, 매춘을 중개한 조선 남성은 모두 효시에 처해졌다. 새 약조로 인하여 여성에 대한 처벌이 완화되는 결과를 가져왔다고 볼 수 있다.77)

1726년 6월 27일에는 초량에 사는 私奴 秋順弘이라는 남자가 처 박조이(朴召史, 박소사)를 시켜서 부산에 사는 娼女 金善陽을 유인한 후 왜관에 데리고 들어가서 일본인 武吉作左衛門과 매매춘한 사건이 일어났다. 이때 秋順弘은 쌀 3말 5되와 銀子 4전을 받았다. 그 결과 추순홍은 왜관 문밖에서 처형되었고(7월), 순홍의 처는 남편 말만 듣고 데려오는 심부름을 한 것에 불과하므로 전라도로 유배형을 받았다. 김선양은 사형을 감면받고 평안도로 유배되었으며, 일본인 두 명은 약조에 따라 永遠流刑을 받았다.78)

왜관 안에서 일어나는 交奸 사건에서 여성들 대부분은 왜관 주변에서 일하는 가족(남성), 이웃에 의해 이끌려 왜관으로 들어갔다. 처나 딸을 돈을 받고 팔았거나 간통을 용인했다고 해도 사형까지는 이르지 않는 것이 大典上의 규정이었으나 왜관에서의 처벌은 엄중했다. 간통을 알선한 조선 남자는 모두 효수되었고, 교간약조 이전의 교간 여성도 극형에 처해졌다. 간통한 일본인 남자는 대부분 대마도로 압송되는 것으로 마무리

---

76) 『증정교린지』 제4권 「약조」, 137쪽. 三十五年己丑定任譯及倭人出入式. 『증정교린지』에는 약조의 내용이 실려 있지 않으며, 『변례집요』 권14 「潛商路浮稅幷錄 附 雜犯」, 壬辰(숙종38, 1712) 2월에 약조의 자세한 내용이 나온다.

77) Louis James, 前揭 논문에서는 '이 약조가 맺어짐에 따라 조선측은 피해자인 여성을 국가의 안전 및 국가적인 도덕을 위하여 효수할 필요가 없어졌다고 보았으며, 양국 남녀의 육체적인 교섭이 위법임을 일본측이 정식으로 인정함에 따라 일본계 주민의 증대를 두려워하는 조선측의 걱정은 일단 수습되었다'고 하였다.

78) 『邊例集要』 권14 「潛商路浮稅幷錄 附 雜犯」, 丙午(영조2, 1726) 7월(하권 342쪽).

되었다.

조선정부의 왜관 대책은 이처럼 엄형주의로 일관하였다. 아마도 浦所倭館 시절의 恒居倭로 인한 소란과 임진왜란을 경험한 탓이 컸을 것이다. 그러나 포소왜관에 비하여 임란 이후의 왜관은 격리된 정도라든가 통제 강도, 폐쇄성에서 비교할 수 없을만큼 강력한 제도적·물리적 시설을 갖추고 있었다. 따라서 왜관 거주자에게 가족을 데려와서 함께 살도록 한다든가, 날을 정해서 왜관 밖으로 외출을 허락하는 정도의 인간적인 배려는 고려할 수도 있었다. 이런 방법은 난출이나 交奸에 대처하는 방편이 될 수도 있을 것이다. 그러나 가족과 떨어져 이국에서 살아가는 사람들을 위하여 이와 같은 문제로 고심했던 흔적은 찾아볼 수 없다.

조선정부가 왜관에서 양국인의 성적 교섭을 금지시킨 이유는, 교간사건이 단순한 남녀간의 문제를 넘어서 조선사회의 기본적인 가치관을 위협하기 때문이라는 의견이 있다.[79] 이러한 해석은 조선왕조가 유교도덕을 기반으로 하고 있다는 전제 아래, 교간을 도덕률 위반 사건으로 이해한 것으로 볼 수 있다. 도시문화가 융성하고, 각지에 遊女가 널리 퍼져서 매매춘이 비교적 자유롭게 행해지고 있던 당시의 일본사회에서도 매매춘은 엄연한 불법이었다. 『古事類苑』「犯姦」조에는 '엄격하게 밀매음을 금지하며, 그 請人 및 家主, 地主, 五人組, 名主 등까지도 각기 연루된 형을 받고, 그 여성은 新吉原町의 娼家에 下付하기로 한다'는 기록이 있다.[80] 그러나 왜관은 설립 당초부터 조선의 정치적 판단에 따라 세워졌

---

79) 孫承喆, 「『倭人作挐謄錄』을 통하여 본 倭館」, 『港都釜山』 제10호, 1993, 70쪽 이하.

80) 『古事類苑』 法律部 47, 下篇(上) 「犯姦」조, 952쪽 ; 痛ク密賣婬ヲ禁ジ、其請人及ビ 家主、地主、五人組、名主等マデモ各連累ノ刑ヲ受ケ、其女ハ新吉原町ノ娼家ニ下付 スルコトヽス。
   『德川禁令考』 後集 권21, 刑律條例之部 ○47 「隱買女御仕置之事」에서도 隱買女에 게 매춘을 하게 한자, 무용수(踊子)에게 매춘을 하게 한 자 등에게 각 신분에 응 하여 처벌하는 기준을 두고 있다.

고, 이후의 운영과 통제에서도『經國大典』등의 실정법보다 정치적 고려
가 앞설 수 밖에 없는 정치적 공간이었다. 따라서 교간 당사자인 조선 여
성을 중하게 처벌함으로써 사건이 장기화하여 일본과 외교분쟁으로 발
전할 여지를 미연에 방지하려는 조선측의 정치적 계산이 깔려 있었다고
보아야 한다.81) 결국 교간 문제로 극형을 당한 조선 여인들은 근세 조일
외교의 희생자들이었다고 볼 수 있다.

『御觸書寶曆集成』31,「隱賣女之部」1480 延享3 戊寅年 정월(1746, 영조22) 기록에
도 寺社 門前 등의 茶屋에서 隱賣女를 두고 장사(매춘)를 하는 자는 그 名主, 五人
組를 엄하게 조사하여 향후 정지시킬 것이며, 茶屋 밖에서 매음녀를 불러 영업
을 하는 자가 있으면 체포 후 조사하여 名主, 五人組까지 반드시 처벌할 것이므
로 이 뜻을 잘 이해하고 엄수할 것을 지시하고 있다.

81) Louis James,「釜山倭館을 中心으로 한 朝日交流 -교간사건에 나타난 권력·문화의
갈등」,『정신문화연구』20권 1호, 1997. 그는 이 글에서 조선정부가 매매춘과 같
은 불법적인 접촉을 금지하려던 이유는 단순한 도덕적인 문제로서만이 이나라,
당시의 정치적인 요구이기도 하다고 보았다. 즉 조선측은 과거의 국난을 되풀이
하지 않기 위하여 일본인과의 '교간'을 완전히 끊고자 했기 때문에 교간 여성들
을 엄벌에 처했다고 보았다.

3. 폭행사건(喧譁·打擲)

왜관에서 일어난 폭행사건에 대하여는 이미 상세한 연구가 나와 있다.[82] 다만 이 연구에서는 喧譁 사건과 打擲 사건을 구별하지 않고 모두 폭행사건으로 다루고 있다. 사전적인 의미로 볼 때 喧譁는 '쟁론(口論)' 내지 '말싸움' 정도의 의미이며, 打擲은 물리적 폭력이 수반된 폭행을 의미한다.

왜관에서 일어난 폭행(打擲)사건 가운데 최초의 기록은 1648년 9월에 보인다.[83] 기록에 의하면 이 사건은 왜관의 東館成造差使員이었던 多大浦僉使가 말을 타고 왜관의 代官倭家 앞을 지나가다가 代官倭의 下倭에

---

82) 장순순, 「조선후기 韓日 兩國人의 마찰을 통해서 본 倭館 -喧譁사건의 실태와 처리를 중심으로」, 『韓國民族文化』 31집, 2008년 4월, 69~102쪽.

위의 논문 주6)에서 저자는 『分類紀事大綱』을 비롯한 대마도종가문서에서 口論과 喧譁, 打擲을 구별하여 언급하고 있음을 지적하고, "喧譁는 무력을 행사하여 상대방에게 폭행이나 살인과 같은 물리적인 피해를 동반한 사건을 말한다"고 하였다. 그러나 분류기사대강에 口論 사건에 관한 기록은 없으며, 喧譁와 打擲을 분명히 구분해서 기록하고 있다. 『分類紀事大綱』에는 打擲 사건에 관하여 5건의 기록이 있으며, 喧譁 사건은 30책(1집)에 1건이 있을 뿐인데, '朝鮮人日本人喧譁集書'라는 제목 아래 14건이 수록되어 있다.

[부표] 『分類紀事大綱』의 폭행(打擲) 사건

集	冊	건명	시기	소장처
3	4	• 人足利八朝鮮人を致打擲之事 • 佐々木文左衛門下人朝鮮人より打擲ニ逢候事	寬延 4(1751) 寬延 4(1751)	MF_0000756(국편_4530)
	5	• 朝鮮人より打擲ニ逢候者之事	宝暦 3(1753)	MF_0000756(국편_4532)
4	11	• 朝鮮人を令打擲候一件		對馬·Ⅳ-p.228 (일본간본 G63-1)
5	15	• 日本人朝鮮人を令打擲候一件	文化 6(1809)~ 文化 8(1811)	MF_0000760 (국편_4564)

83) 『邊例集要』 권14 「潛商路浮稅幷錄 附雜犯」 戊子(1648년); 『分類紀事大綱』 30(1집) 「日本人朝鮮人喧譁一件」

게 구타를 당한 사건이다.[84] 조선측은 지금까지 구타한 왜인에 대한 論罪의 근거가 없음을 이유로 구타한 왜인에 대하여 왜관측에게 처벌을 요구하고 있는데, 이것으로 미루어 적어도 1648년 다대포첨사 구타사건이 있기까지 양국간에는 '喧嘩'사건에 대한 합의된 전례 내지 처벌 규정이 없었던 것으로 보인다.

이 사건은 대마도측이 "外大廳에서는 양국인 모두 말에서 내리는 것이 관례"임을 들어서 과실을 인정하지 않았고,[85] 조선 관리의 처벌에 대해서도 당연하다는 입장을 취하였다. 조선정부는 먼저 훈도와 별차를 처벌하고 동래부사를 파직함과 동시에 다대포첨사를 구타한 왜인에 대해서 왜관측에 처벌을 요구하였다. 그러나 일본측이 조선의 처벌 요구를 거부하자 왜관에 대한 撤供撤市를 단행, 일본측을 압박하기에 이르렀다. 결국 일본측(對馬藩)은 차왜 藤智繩을 파견하여 자신들의 과실을 인정하는 서계를 보내왔고, 문제를 일으킨 왜인은 대마번으로 이송하였으며, 관수와 1, 2代官을 교체하는 것으로 사건을 마무리지었다. 이 사건은 이후 양국간 '喧嘩'사건 처리의 前例가 되었다고 한다.[86] 조선인이 일본인에 대해 행패를 부린 사건에 대한 처벌 규정은 1703년에서야 비로소 만들어졌으

---

84) 『分類紀事大綱』 30(1집) 1648(인조26) 慶安元年;
 …東館之作事二付、当十九日晚方、多太浦之地頭入館被申候處、御代官方より作事場江金僉知迄使者を以被申候ハ、多太浦之地頭入館之刻、御代官衆屋鋪之前を乗打被仕候儀近比無作法之儀二候間、…

85) 위의 주, 같은 책, 같은 날자;
 …東萊釜山浦へ可被申理様子ハ、外太廳之儀ハ朝廷より宴席をも被仰付所二候得ハ、中之門ハ左右方共出入をも不仕所之儀二候得ハ、此方之僉官封進之時茂下馬仕候,…

86) 앞의 논문(2008) 72쪽.
 『邊例集要』 권13 「闌出」 庚寅(1710년) 3월.
 …"庚寅(1710년)三月 府使權以鎮時……在前己丑冬間 以代館倭從人 扶執多大僉使事 撤市撤供是白如可 待島中捉去 館守代官治罪後 致書推謝 而扶執從倭死生乙 請於廟堂 然後方許依前是白去乎 此最今日之可依以施行事 啓" …

며, 왜인을 구타한 조선인에게는 定配와 徒配의 처벌이 정해졌다.[87]

양국인 사이에 발생한 喧譁와 같은 물리적 갈등에 대한 규정은 이미 두모포왜관 시절인 1653년부터 보이기 시작하고, 이후 1683년 계해약조에서 구체적인 항목으로 제시된 것으로 미루어 이러한 물리적 마찰은 상당히 빠른 시기부터 양국 모두에게 심각한 문제로 인식되었음을 알 수 있다. 예컨대 계해조약의 규정은 일본인의 난출, 밀무역 관계, 喧嘩에 관한 것이 주된 내용인데, 이것은 난출·밀무역·喧嘩가 왜관 주민을 둘러싼 조선측의 가장 큰 고민이었다는 점을 단적으로 보여준다고 하겠다[88]. 또한 이들 규정이 처음에는 일본인 내부의 규정으로 한정되어 있다가 계해약조에 이르러 양국간에 합의되고 규정되었다는 점이 주목할 만하다. 그러나 이들 조약의 내용은 주로 조선측이 왜관업무를 수행하는 과정에서 발생하기 쉬운 양국인의 마찰에 대한 규정일 뿐 사적인 관계 속에서 발생한 사건에 대한 규정은 없으며, 아울러 가해자에 대한 처벌규정이 없다는 점도 주목할 만하다. 그나마 정해진 규정조차도 종종 지켜지지 않아서 조일 양국간에는 사건의 처리를 둘러싸고 논쟁이 상존해 있었다.

조선인이 館倭에게 폭행을 행사하여 문제가 된 사건은 1665년(현종6)과 1827년(순조 27)에 왜관을 이탈한 館倭를 다대포에 거주하는 조선인들이 구타한 사건, 1672년(현종 13)에 있었던 宮崎庄兵衛를 金於夫同이라는 조선인이 살해한 사건, 1697년 8월 울릉도 문제를 둘러싸고 조선측 답서의 개찬을 요구하면서 관왜들이 난출하였을 때 일본인 소총수(御鐵砲) 市右衛門이 부산포에서 조선인이 던진 돌에 맞아 혼절하였고, 이 과정에서 칼과 총을 분실한 사건이다.

---

87) 『新補受教輯錄』「刑典」禁制
   "攔入倭館 打傷倭人罪人 不限年定配 餘徒配 康熙癸未(1703년)承傳"

88) 田代和生저 정성일역, 『倭館, 조선은 왜 일본사람들을 가두었을까?』, 논형 2005. 187쪽 이하 참조.

조선측은 이 사건을 왜인의 불법적인 闌出로 간주하여 대응하였고, 일본측은 왜인에 대한 조선인의 폭행사건으로 규정하여 구타한 조선인의 색출을 요구하였다. 이렇듯 양국은 사건을 보는 관점에 상당한 차이를 보이는데, 주목할 만한 사실은 일본측이 범인 색출에 적극적이었던 이전의 사건들과는 다르게 범인의 색출 보다는 '구타사건', 즉 양국간에 일어난 '喧嘩'를 조선과의 교섭에서 협상카드로 사용하려고 했다는 점이다.

1827년의 사건은 社日을 맞이하여 왜관을 나갔던 왜인들이 豆毛鎭에 들어가 술에 취해 행패를 부리자 豆毛鎭의 鎭屬이 구타한 사건이다. 이 사건은 일본에 표류하였던 진도인을 호송해 왔던 표차왜 일행이 茶禮에서 조선측 通引에게 행패를 부린 사건과 겹쳐 결국엔 조선측이 왜관의 撤供撤市를 논의하게 되기까지 하였으며, 관수는 사건에 연루된 왜인들을 대마도로 縛送하였다.

조선인이 왜관 거류자를 폭행한 사건은 모두 왜관 밖에서 일어난 사건들이었다. 왜관 관리가 업무 수행과정에서 발생한 구타사건의 경우와 김어부동이 宮崎庄兵衛를 살해한 사건을 제외하고는 일본측이 가해자의 처벌에 의외로 소극적이이었다는 점이 주목된다. 이는 대부분의 사건이 관왜의 불법적인 闌出을 금지한 상황에서 일어났고, 또한 폭행사건을 대조선협상 카드로 이용하기 위한 대마번의 전략에서 기인한 것으로 보인다.

양국인 간에 폭행사건이 발생하면 어떻게 처리하였을까? 1683년 계해약조에 의하면 양국인은 "피차간에 죄를 범한 사람은 모두 관문 밖에서 형을 行한다"[89]고 규정되었다. 이 밖에 조선과 대마도 사이에 만들어진 규정에 의하면 왜관을 둘러싸고 일어난 사건과 사고에 대해서는 양국인들은 모두 자국의 법에 따라 처벌하도록 되어 있다. 예컨대, 조선측은 왜관 관련 조선인 범죄자에 대하여 조선의 국내법에 따라 처벌하되 일본측

---

89) MF0003041 『分類紀事大綱』 33(1집) 「和館制札一件」에는 '同罪로 처벌한다'고 기록되어 있다.

(대마도인) 범죄자에 에 대해서 同律을 적용시켜 처벌을 요구할 수 있었다. 물론 왜관관련 일본인 범죄자도 일본의 국내법에 따라 처리하였고, 조선측 범죄자에게 동률을 적용시켜 처벌을 요구하였다. 따라서 범죄자의 신병을 어느 쪽에서 확보하더라도 조선인 범죄자의 경우는 처벌권이 조선에 있었으므로 그 신병은 반드시 兩譯(訓導·別差)에게 인계되었고, 범죄자의 신병이 일단 동래부로 넘어오게 되면 그 내용이 아무리 사소한 것이라 하더라도 동래부사가 중앙정부에 계문하여 중앙의 조치를 받아 형벌이 가해졌다. 한편 일본인 범죄자는 通事를 통해서 왜관의 관수에게 인계하였고, 관수가 그 내용을 대마번에 알린 후 번의 지시에 따라 처벌하였다. 그리고 한 번 문제가 된 왜인은 강제 귀환시키고 다시는 왜관에 올 수 없도록 하였다.

양국간에 발생한 폭행사건의 처리는 사건이 일어나게 된 배경에 따라 조금씩 차이가 있었다. 예컨대 왜관업무와 관련된 공적인 업무 수행과정에서 일어난 사건의 경우는 구타를 당하였거나 설령 피해자에게 가시적인 外傷이 없다 할지라도 가해자에 대한 처벌이 있었다. 즉, 관왜가 왜관업무로 관 밖에 나갔다가 조선인에게 구타당한 경우나 동래부사·부산첨사·다대포첨사 등이 왜관업무를 수행하는 과정에서 관왜에게 무례한 행위를 당했을 때는 예외없이 가해자에 대한 처벌이 내려져 동래부의 감옥에 가두거나, 혹은 대마도로부터 사죄를 받고, 대마도로 縛送하여 처벌하도록 하였다. 특히 조선정부는 자국의 권위를 손상시켰다고 판단되는 행위 예컨대, 동래부사 등 관리들에 대한 무례의 경우는 훨씬 엄격하게 처리하였는데, 이때는 주로 대마도를 압박하는 수단으로써 撤供撤市가 종종 동원되었다.

그러나 양국민간의 사적인 접촉과정에서 발생한 사건의 경우 살인사건을 제외하고는 사건화하는데 소극적이었을 뿐만 아니라 그 처벌도 극소화하였다. 그러나 1697년 8월에 울릉도 문제와 관련하여 서계의 개찬을 요구하면서 관왜들이 난출하였을 때 발생한 조선인이 관왜를 구타한 사건이나, 1683년 왜관의 大工이 술에 취해 조선인에게 상처를 입힌 사건 등에 대해서 달리 조처하였다. 1697년 사건의 경우 조선정부는 관왜의 난출이라는 점에 비중을 두어 조선인 가해자를 찾아서 처벌하는데 소극적이었다. 그리고 1683년의 사건은 동래부에서는 아예 문제를 삼지 않았다. 1712년 牧場에 사는 辛尙礼가 술취한 관왜에게 찔린 사건도 단적인 예라고 할 수 있다. 신상례가 왜관 밖 柴炭幕 뒷길에서 番七衛 외 2명의 왜인과 마주쳤는데, 왜인들이 술에 취한 상태에서 칼을 휘둘러 신상례가 심하게 다친 사건이다. 왜관측은 番七衛는 물론 동행했던 茂左衛門도 함께 감옥에 가두고, 醫倭를 보내서 편의를 도모하기를 요청하였으나, 조선측에서 거절하였다. 결국 고한을 기다려 처벌하기로 하였는데, 신상례의 상처가 다 나앗으므로 양국은 '償命의 律'을 시행하지 않고 범인을 島中縛送하는 것으로 사건을 마무리하였다. 그러나 살인 사건의 경우는 가해자의 처벌을 명확히 하였다. 사건이 발생하면 양국은 먼저 진상규명을 위한 조사를 하였는데, 살인사건의 경우는 먼저 피해자의 시신에 대한 檢屍절차를 실시하였다. 살인자의 경우는 형벌이 결정되면 '償命의 律'에 따라 왜관 관문 밖에서 사형이 이루어졌고 효시되었는데,[90] 사형은 양쪽의 담당 役人이 입회한 가운데 왜관 밖에서 이루어졌다. 처형 후에는 동래부에서는 中軍과 將校가, 왜관측에서는 禁徒倭가 입회하여 사체에 대한 검시를 하였다.[91] 원래 죽은 자를 검시할 때는 해당 지방의 수령이 반드시 시체가 있는 곳으로 가서 검시해야 했지만[92], 검시 현장

---

90) 왜관 밖 二嶽을 말한다. 宗家文書 등 일본측 사료에 의하면 '坂ノ下'이다. 이곳에서 왜관 관련 양국인 범죄자에 대한 사형뿐만 아니라 왜관 내에서 죄를 범한 왜인들에 대해서도 사형이 행해졌다.

91) 『邊例集要』 권14 「雜犯」 甲申(1704년) 7월.

92) 『新補受敎輯錄』 「刑典」 檢驗.

에 동래부사가 나가는 일은 없었다. 왜관측에서도 관수를 대신하여 禁徒倭가 나오는데 對馬島主와 抗禮之官인 동래부사가 직접 형장에 나가는 것은 격에 맞지 않는다는 이유 때문이었다.[93] 사형당한 시체는 왜관 문 밖에 효시하여 왜관 주변의 양국인에게 본보기로 삼았다.

사건의 처리과정에 대한 예로 1704년 발생한 관왜의 김은봉 살해사건의 처리 과정을 보면 다음과 같다. 당시 小通事였던 김은봉이 훈도의 심부름으로 왜관에 들어갔는데 며칠이 지나도 돌아오지 않았다. 동래부사는 훈도와 별차에게 그 族屬을 거느리고 왜관에 들어가 수색을 해보니 김은봉이 살해된 채로 왜관 南川의 潮水가 통하지 않는 곳에 묻혀 있었다. 발견해 끌어낸 후에 鄕所軍官을 보내어 任譯과 釜山軍官를 통하여 초검을 하였다. 초검 결과 김은봉은 환도로 咽喉를 찔린 것으로 확인되었다. 그래서 다시 覆劍을 실시하니 그 결과가 똑같아서 왜인이 살해한 것이라고 확신하고 관수에게 범인 색출을 요구하였다. 右衛門이라는 자의 소행이었는데, 그 이유는 은봉에게 은자 30냥을 빌려주었으니 갚지 않고 오히려 욕설을 하여서 차고 다니던 칼로 찔러 죽이고, 시체를 숨겨놓았던 것이다. 관수는 이 사실을 對馬島中에게 통보하였으며, 同月 對馬島中의 回報로 右衛門은 관문효시를 당하였다. 형이 집행되기 전에 관수는 동래부에 알렸고, 동래부는 中軍과 將校를 發送하여 형의 집행을 보게 하였다.[94] 김은봉의 경우 두 차례에 걸친 검시절차를 거쳤는데, 이것은 이후 부검의 예가 되었다.[95]

한편 범인이 관문 밖에서 사형이 시행되기 전인 조사과정 중에 사망한 경우에도 양국의 役人들이 당사자 여부를 확인하는 檢屍에 참여하였다.[96] 양국이 범인의 身柄을 확보하고 수사하는 과정에서 고문을 견디지

---

93) 『邊例集要』 권14 「雜犯」 己未(1739년) 정월.

94) 『邊例集要』 권14 「雜犯」 甲申(1704년) 7월.

95) 『邊例集要』 권14 「雜犯」 丙午(1756년) 11월.

못하고 죽은 죄인이라고 할지라도 죄인을 왜관 관문 밖에서 형을 행하였던 예에 의거하여 직접 검시를 하였다. 실제로 신초량에 사는 추응덕을 구타하여 살해한 관왜 嘉六이 왜관 내의 조사에서 水刑 과정에서 사망하였는데, 사망한 사실을 왜관에서 동래부에 알려오자 동래부에서는 군관과 훈도·별차를 파견하여 관문 밖에서 검시를 하였다.[97]

양국은 자국인이 피해를 입었을 경우에 가해자의 처벌을 집요하게 요구하였다. 대체로 사건에 연루된 범죄인의 처벌은 자국에서 행하도록 되어 있으나 때로는 범죄인을 양도하지 않고 구금해 두기도 하였다.[98]

이처럼 사건의 처리를 둘러싸고 이견이 나타났을 때 동래부에서 왜관 쪽을 압박하는 수단으로 가장 많이 사용한 방법은 撤供撤市였다. 즉 동래부의 요구에 왜관의 대응이 만족스럽지 못할 경우, 동래부사는 왜관에 지급하는 五日雜物을 중단하고 시장을 철폐하였다. 철공철시는 동래부가 왜관에 대하여 압박을 가하면서 문제해결을 위하여 종종 활용했던 카드였고, 동시에 왜관측이 가장 우려하던 상황이었던 것으로 보인다. 아메노모리 호슈(雨森芳洲) 역시 『交隣提醒』에서 "撤供撤市는 對馬 사람들한테는 어린애의 젖을 끊는 것과 같은 것이다"[99]라고 언급하였다.

---

96) 『邊例集要』 권14 「潛商路浮稅幷錄」 辛巳(1761년) 3월.
　　"辛巳三月 罪倭安右衛門 潛商罪倭 明白無疑 自島中連加嚴訊 不勝毒刑 仍爲刑斃 故 依館門外行刑例 眼同檢屍次 載來是如 訓別等手本據 發見率帶軍官 與訓別等 眼同檢 驗於館門外 則果是安右衛門屍體的實事 啓……."

97) 『邊例集要』 권14 「潛商路浮稅幷錄 附雜犯」 丙午(1756년) 11월

98) 『邊例集要』 권14 「潛商路浮稅幷錄 附雜犯」 壬子(1672년) 3월

99) 『역주 交隣提醒』 (3)잡물 지급의 중지와 시장철폐(撤供撤市), 國學資料院, 2001. 19쪽에서는 1704년에 소통사 金銀奉이 관내에서 倭債 때문에 관왜 右衛門에게 칼로 찔려 살해당한 사건의 경우에도 왜관에서는 바로 범인 색출을 하지 않았다. 이에 훈도와 별차가 공식적인 범인 처벌 요구를 하기 전에 별차인 吳判事가 당시 관내에 있는 범인을 만약 일본인이 내놓지 않으면 '撤供撤市'한다는 전갈을 호주머니 속에 품고 있다가 보여줌으로써 그 사실을 안 관수가 범인을 곧장 잡아들임으로써 신속하게 사건을 마무리지었다는 일례를 소개하고 있다.

VI. 결론

초량왜관은 조선후기 왜관 중에서 그 체계가 가장 완비된 왜관이다. 따라서 조선후기 왜관의 구체적인 운영실태는 초량왜관을 통하여 이해할 수 있다.

조선정부가 초량왜관의 규모를 10만평에 이를 정도로 크게 지었던 이유는 왜인들에 대한 단속과 통제를 더욱 강화하려는 데 그 목적이 있었다. 남쪽 국경의 안정, 왜인들의 상경 금지, 밀무역을 비롯한 각종 폐단 근절 등 3포왜관 이래의 왜관운영 경험과 교훈에 비추어 볼 때, 입국 왜인들이 점점 늘어가는 추세 속에서 두모포왜관 정도의 규모로는 왜인들의 통교무역과 외교사무를 처리하기가 어려웠기 때문이었다. 대마번의 입장에서는 왜관무역을 확대하여 더 많은 무역이익을 추구하는 한편, 입국 선박과 왜인들을 대대적으로 끌어들여 많은 왜인(대마도인)을 체류시키려는 것이다. 또한 이들 館倭(왜관에 체류하는 대마도인)를 통해서 조선의 각종 비밀을 탐지하여 대마번의 대조선정책에 활용하고, 막부가 원하는 내용을 신속히 보고함으로써 막부에 대하여 자신들(대마번)의 존재감을 과시하려는 목적도 있었다고 볼 수 있다. 결국 조선과 대마번의 이와 같은 입장이 반영되어 왜관의 규모가 커졌던 것으로 생각된다.

왜관 신축공사는 1677년에 들어서 본격적으로 진행되었는데, 초량왜관의 대규모 신축공사 때문에 당시 경상도 백성들의 고통은 다른 도에 비하여 더욱 심했다. 대규모의 왜관 공사는 영남의 모든 도에서 재정을 고갈시키고 백성들에게 극심한 고통을 주었다. 조정에서도 왜인들이 잠깐 거처하는 곳을 너무 크게 짓는다고 하며 마땅치 않게 여기는 분위기가 있었다. 비변사에서는 왜관 공사에 동원된 경상도 백성들의 고통을 덜어주기 위하여 3년간 身貢을 줄이자는 제의가 나오기도 하였다. 왜관 신축공사로 인한 피해가 비변사에서 논의될 정도로 심각했던 것이다.

왜관에 대한 조선정부의 시각은 대체로 긍정적으로 보는 측면과 부정적으로 보는 측면이 동시에 존재했으며, 격리시키고 통제해야 할 대상으로 보는 부정적인 의견이 지배적이다. 실록 등 조선쪽 사료에는 이국 생활을 하는 왜관 거류민에 대한 긍정적인 시각을 거의 찾을 수 없으며, 왜관에 대한 지속적인 통제와 규제는 결국 闌出, 潛商, 交奸, 폭행사건 등의 회피책을 만들어 낸 것이라고 볼 수 있다.

일본인들이 柴炭이나 공작미 문제의 개선을 요구하며 난출 또는 폭행사건(打擲 내지 喧譁)을 일으킨 원인은 조선쪽 관리의 지급 태만에도 그 책임이 있지만, 公作米에 대한 인식의 차이 역시 원인이 되었다고 할 수 있다. 대마도는 공작미를 반드시 받아야 할 무역대금으로 인식했지만, 조선에서는 시혜적으로 주는 하사품 정도로 인식했던 탓에 다소 늦게 주거나 안주어도 그만이라는 인식이 팽배했던 것이다. 이러한 인식의 차이로 인하여 결국 왜관 거주 일본인들의 난출과 폭행사건을 야기하게 된 것이다.

왜관에서 범죄가 발생하는 근본적인 이유는 동래부의 役 부담이 과중하여 쌀이든 시탄이든 지급할 여유가 없었다는 구조적인 문제를 들 수 있다. 흔히 말하기를, 기유조약 이후 왜관이 강제로 점탈당하기까지를 '선린우호'의 시대라고 하는데, 이와 같은 선린우호도 동래부 인근 주민들의 막대한 희생을 바탕으로 가능했던 일이며, 250년간의 평화유지비용은 결국 동래 주민들이 부담했다고 볼 수 있다.

에도시대의 일본은 대외적으로는 海禁政策을 표방했지만, 이른바 '네 개의 창구(四つの口)'를 열어 두고 외국과 교류하였다. 특히 나가사키(長崎) 창구를 통해서 포르투갈에 이어 네덜란드와 적극적으로 교류하면서 유럽의 선진문물을 받아들였고, 이렇게 해서 축적된 국력을 바탕으로 메이지 유신에 성공할 수 있었다. 대외적으로 鎖國을 표방했던 조선에서도 어떠한 대일정책을 펴느냐에 따라 왜관은 밖으로 열려 있는 창구의 역할

을 수행할 수도 있었다. 긍정적인 입장에서 보면, 왜관은 조선의 수출품이 나가는 창구인 동시에 수입품이 들어오는 창구이기도 했다. 특히 조선에서 생산되지 않는 丹木과 물소뿔은 왜관을 통한 수입이 중요한 루트였으며, 일본산 구리와 유황 역시 무기와 화폐제조 등에 필요한 물품이었다. 조선의 입장에서는 이와 같은 물품을 들여오는 창구로서 왜관이 중요한 의미를 가졌다. 그리고 국가 경영에 필요한 인접국에 대한 정보수집은 대마번이나 막부만이 행했던 것은 아니며 조선도 마찬가지였다. 북쪽 국경이 여진족의 위협에 노출되어 있는 상황에서 임진왜란 이후 일본의 정세를 파악하는 것은 절대적으로 필요했으며, 통신사가 가져오는 부정기적인 정보와 왜관을 통하여 얻는 일상적인 정보를 기초로 대일정책을 결정하였다. 이러한 의미에서 왜관은 조선 및 중국관련 정보가 유출되는 창구인 동시에 일본 정보가 들어오는 창구역할을 하였다. 조선이 왜관 운영에 막대한 비용을 들이면서도 明治政府에 의하여 강제로 접수당할 때까지 왜관을 폐쇄하지 않았던 이유는 이처럼 조선 나름대로의 현실적인 필요성이 있었기 때문이라고 보아야 한다.

동래부사의 외교 상대는 대마도주였으며, 관수는 대마번의 使者 신분으로 조선과 대마번의 외교 현안 문제를 도주를 대리하여 처리하는 지위에 불과하다고 보는 것이 타당하다. 이렇게 보는 것이 조선국왕과 막부장군, 예조참판과 막부 家老, 예조참의 및 동래부사와 대마도주로 대응되는 통교체제를 일목요연하게 설정할 수 있기 때문이다.

근세 조일간에는 왜관을 통해서 활발한 물물교류가 있었으며, 이러한 교류는 求請이라는 형식을 통해서 이루어졌다. 구청은 대개 일본이 조선에 구청한 것이었지만, 조선이 일본에 구청한 물품도 적지 않았다. 즉 구청은 쌍방향 교류였다.

조선이 대마번에 구청했던 물품은 대개 조선 조정에서 필요한 물건이었으며, 대마번에서도 조선 정부의 「御用」임을 알고 신속히 조달해서 보내주었다. 약재의 경우 조선에서 구할 수 없는 것을 대마번에 요청했으며, 이와 동시에 청에도 구입을 의뢰하였다. 서적은 唐本보다 和本을 선호했으며, 그 이유로는 당본에 비하여 가격이 저렴하거나, 운송에 용이하다는 점 등이 고려되었을 것이다. 여하튼 당본과 화본을 비교했을 때 조선쪽에 유리한 것이 화본이라고 판단했기 때문에 일부러 화본을 지정해서 구입을 요청했던 것으로 보인다. 조선에서 구청한 물품의 조달 경로는 조선정부 의뢰 - 왜관 접수 - 대마번 접수 - 上方(大坂) 구입 - 대마번 경유 왜관 도착 - 조선에서 인수하는 과정을 거쳤으며, 대마번은 조선정부에서 필요한 물품이므로 飛船을 동원해서 신속히 조달하려고 노력하였다. 구청 물품의 대금 지급은 정해진 방법이 없었으며, 물건에 따라 代物로 지급하거나, 물화를 被執한 다음 일정 기간이 지난 후 計減하는 방법을 취했던 것으로 보인다.

왜관은 조선의 수출품이 나가는 창구인 동시에 수입품이 들어오는 창구이기도 했다. 조선의 입장에서는 이와 같은 물품을 들여오는 창구로서 왜관이 중요한 의미를 가졌다. 왜관을 통한 조일간의 무역은 국가대 국가 간의 공식적인 무역이 주된 것이었지만, 조선 왕실에서 필요한 물품이거나 일본 각지의 大名, 家老 등이 개인적으로 원하는 물건을 주고받는 창구이기도 했다. 이러한 의미에서 볼 때 초량왜관은 義州 및 慶興 등과 함께 쇄국을 표방했던 조선시대에 외부로 열려 있던 창구 중 하나였다.

長崎와 薩摩는 막부가 중국에 관한 정보를 얻을 수 있는 중요한 거점이었다. 특히 對馬口는 막부 말기에 이르기까지 조선에 관한 정보가 들어오는 유일한 통로였으며, 대마번과 왜관을 거쳐 조선으로 이어지는 정보수집 루트는 간접적으로나마 막부가 중국 대륙과 연결할 수 있는 고리이기도 했다. 막부는 이와 같은 입장에서 왜관을 중요시하였다.

대마번의 가장 큰 관심사는 조선에서 수입하는 무역품이 제대로 들어오는지 여부였으며, 조선에 관한 정보를 수집한 궁극적인 목적은 안정적인 무역품 수입을 위해서였다. 특히 대마번은 지형적인 특성상 조선에서 들여오는 쌀이 아니면 藩의 생계를 꾸려가지 못할 형편이므로 조선에서 변고가 일어나 公作米 수입에 차질이 생긴다면 당장 藩 전체의 경제가 마비될 입장이었다. 따라서 대마번은 公作米 수입과 관련된 정보에 민감할 수 밖에 없었던 것이다. 公作米 이외에 조선산 인삼과 중국산 白絲도 대마번의 무역품 중에서 중요한 비중을 차지했지만 생필품은 아니었으며, 藩 자체에서 소비한 것이 아니라 大坂이나 京都로 전매하여 무역이익을 남기는 물품이었다. 따라서 조선에서 李麟佐의 亂 같은 변란이 일어나면 亂 자체의 발생 원인이나 주모자·경과 등에 대한 관심보다도 亂의 여파로 상품의 유통망이 막혀서 대마번의 경제에 영향을 미치게 될 것을 염려했던 것이다.

대마번이 조선의 동향에 관한 정보를 치밀하게 수집했던 이유는 조선과 외교·무역상의 현안문제를 협상할 때 보다 유리한 위치에서 교섭하려던 것으로 볼 수 있다. 집권 세력의 정치적 성향이나 對日觀에 따라 대마번의 이익이 좌우될 수 있으므로, 이러한 사항을 파악하고 있어야 교섭에서 유리한 입장에 설 수 있기 때문이며, 이렇게 파악한 정보를 기록으로 남김으로써 미래에 있을 교섭에 대비하려던 것으로 파악할 수 있다. 『分類紀事大綱』을 편찬한 목적도 역시 과거의 사례(과거의 정보)를 항목별로 정리해 두고, 양국 간에 타결해야 할 외교·무역상의 문제가 발생했을 때 참고할 목적으로 편찬한 것으로 보아야 한다. 근세 조일 간의 교섭에서는 외교·무역상의 현안문제를 타결할 때 前例와 舊格에 따라 해결하는 것이 보통이었다. 따라서 과거의 처리 사례를 많이 알고 있을수록 교섭에서 유리한 위치에 서게 되는 것이며, 현재 조선의 상황을 정확히 파악하고 있어야 교섭에서 주도권을 행사할 수 있기 때문에 대마번은 조선의 동향에 관한 정보를 세밀한 부분까지 수집하고 정리했던 것이다.

대마번은 조선과 중국에 관한 정보를 수집함으로써 번의 지위 강화에 이용하였다. 즉 대마번은 藩勢가 약한 작은 번이었지만 막부의 공인 아래 조선과 외교·무역을 독점함으로써 얻는 경제적인 이익을 바탕으로 다른 번과 대등한 위치에 설 수 있었다. 특히 막부가 원하는 북방 정보는 대마번만이 왜관을 거쳐서 막부로 보고할 수 있었기 때문에 대마번은 이 점을 이용하여 막부에 대한 발언권을 높일 수 있었다.

총제적으로 평가할 때, 왜관을 접점으로 하는 근세 조일관계는 충분히 평화적인 범주에 속한다고 볼 수 있으며, 왜관은 갈등과 타협을 적절히 조화시키면서 탄력적으로 운영되었다고 할 수 있다.

참 고 문 헌

1. 사료

(1) 국내사료
『현종실록』『숙종실록』『경종실록』『영조실록』『광해군일기』
* 국사편찬위원회에서 제공하는 『조선왕조실록』을 이용함.
http://sillok.history.go.kr/main/main.jsp
『邊例集要』(상·하)『국역증정교린지』국역『통문관지』1
국역『倭人求請謄錄』
『春官志』『倭人作拏謄錄』
국역『典客司別謄錄』(Ⅰ)(Ⅱ), 부산광역사시사편찬위원회, 2009, 2010
국역『典客司別謄錄』(Ⅲ), 부산시향토사도서관 부산사료총서 eBOOK
* http://tour.busan.go.kr/kor/cyberart/CyberartAction.do
『慶尙道先生案』(상·하), 한국국학진흥원, 2005
『국역 有懷堂集』(1·2·3), 안동권씨유회당파종중, 2006
『東萊府事例』, 釜山史料叢書 제1권, 부산시사편찬위원회, 1963
『東萊史料』(1·2·3), 여강출판사, 1989
『東萊郡誌』
『蓬萊故事』, 『朝鮮學報』제57輯(영인본 자료집)
『譯註交隣提醒』, 한일관계사학회편, 국학자료원, 2001
『朝鮮通交大紀』, 田中健夫·田代和生 校訂, 名著出版, 昭和53(1978)
『釜山經濟史』, 부산상공회의소, 1981
『釜山市史』제1권, 부산직할시사편찬위원회, 1989
『忠과 信의 목민관 東萊府使』, 부산박물관, 2009

(2) 일본사료
『日鮮通交史』附釜山史(古代編·近代編), 釜山甲寅會, 大正5(1916)
『通航一覽』권25, 朝鮮國部 1, 修好始末
『通航一覽』권26, 朝鮮國部 2, 修好始末
『通航一覽』권27, 朝鮮國部 3, 修好始末

『通航一覽』 권124, 朝鮮國部 100, 和館
『通航一覽』 권125, 朝鮮國部 101, 和館
『華夷變態』(上・中・下)
『鄕土史料對馬人物誌』, 長崎縣敎育會對馬部會編, 村田書店, 大正6(1917)
『分類紀事大綱』(Ⅰ)(Ⅱ)(Ⅲ)(Ⅳ), 국사편찬위원회, 2005~2007
『分類紀事大綱』16(6集) (국편 소장번호 4580)

2. 단행본

(1) 국내단행본
국사편찬위원회, 『조선이 본 일본』, 두산동아, 2009
국사편찬위원회, 『이방인이 본 우리』, 두산동아, 2009
金玉根, 『朝鮮後期 經濟史 硏究』, 瑞文堂, 1977
민덕기, 『전근대 동아시아 세계의 韓・日 관계』, 경인문화사, 2007
손승철, 『근세조선의 한일관계연구』, 국학자료원, 1999
손승철, 『조선시대 한일관계사연구 -교린관계의 허와 실-』, 경인문화사, 2006
손승철, 『조선통신사, 일본과 通하다』, 동아시아, 2006
심재우, 『조선후기 국가권력과 범죄 통제 -審理錄 연구-』, 태학사, 2009
안상우・강연석, 『옛 지리지 속의 한의학』, 한국한의학연구원, 2009
이훈, 『대마도, 역사를 따라 걷다』, 역사공간, 2005
이훈, 『외교문서로 본 조선과 일본의 의사소통』, 경인문화사, 2011
정성일, 『朝鮮後期對日貿易』, 新書苑, 2000
田代和生저 정성일역, 『왜관』, 논형, 2005

(2) 일본단행본
歷史敎育者協議會編, 『東アジア世界と日本』, 靑木書店, 2004
姜在彦・李進熙, 『日朝交流史』, 有斐閣, 1995
西和夫, 『長崎出島 オランダ異國事情』, 角川文庫, 2004
成田吉六, 『對馬の庶民誌』, 葺書房, 1983
岩下哲典・眞榮平房昭, 『近世日本の海外情報』, 岩田書院, 2001년 3刷
岩下哲典, 『江戶の海外情報ネットワーク』, 2006, 吉川弘文館

岩下哲典, 『幕末日本の情報活動』, 雄山閣, 2008.4 改訂增補版

尹裕淑, 『近世日朝通交と倭館』, 岩田書院, 2011

長節子, 『中世日朝關係と對馬』, 吉川弘文館, 昭和62(1988)

赤瀬浩, 『鎖國下の長崎と町人』, 長崎新聞社, 坪城12(2000)

田保橋潔, 『近代日鮮關係の研究』(上·下), 민속원, 2002

田中健夫, 『中世對外關係史』, 東京大學出版會, 1975

田中健夫, 『對外關係と文化交流』, 1991년 再版

田代和生, 『江戸時代 朝鮮藥劑調査の研究』, 慶應義塾大學出版會, 1999

田代和生, 『近世日朝通交貿易史の研究』, 創文社, 2002년 제4刷

田代和生, 『日朝交易と對馬藩』, 創文社, 2007

中村榮孝, 『日鮮關係史の研究』(上)(中)(下), 吉川弘文館, 昭和44(1969)

泉澄一, 『對馬藩の研究』, 關西大學出版部, 2002

村井章介·荒野泰典·石井正敏 編, 『アジアのなかの日本史』 II. 外交と戰爭, 東京大學出版會, 1992

村井章介·荒野泰典·石井正敏 編, 『東アジア世界の成立』, 吉川弘文館, 2010

村井章介·荒野泰典·石井正敏 編, 『通交通商圈の擴大』, 吉川弘文館, 2010

萩原博文, 『平戸オランダ商館』, 長崎新聞新書, 2002

鶴田啓, 日本史リブレット41 『對馬からみた日朝關係』, 山川出版社, 2006

荒野泰典, 『江戸幕府と東アジア』, 吉川弘文館, 2003

荒野泰典, 『近世日本と東アジア』, 東京大學出版會, 1992년 4刷

3. 학위논문

양홍숙, 『조선후기 東萊 지역과 지역민 동향』, 부산대학교대학원 박사학위논문, 2009

李尙奎, 『17세기 倭學譯官 연구』, 한국학중앙연구원 박사학위논문, 2010

張舜順, 『朝鮮時代 倭館變遷史 研究』, 전북대학교대학원 박사학위논문, 2001

鄭成一, 『朝鮮後期 對日貿易의 展開科程과 그 性格에 관한 研究』, 전남대학교 대학원 박사학위논문, 1991

許芝銀, 『近世 쓰시마 朝鮮語通詞의 情報收集과 流通』, 서강대학교대학원 박사학위논문, 2008

洪性德, 『17世紀 朝·日 外交使行 研究』, 전북대학교대학원 박사학위논문, 1998

4. 일반논문

(1) 국내논문

김동철, 「17세기 日本과의 交易·交易品에 관한 연구」, 『국사관논총』 61, 1995

김동철, 「17~19세기 東萊府 小通事의 編制와 對日活動」, 『지역과 역사』 17, 2005

金義煥, 『釜山近代都市形成史研究』, 연문출판사, 1973

김재승, 「絶影島倭館의 존속기간과 그 위치」, 『동서사학』 제6·7합집, 2000. 9

손승철, 「倭人作拏謄錄을 통하여 본 왜관」, 『항도부산』 10집, 1993

양흥숙, 「17세기 두모포왜관의 경관과 변화」, 『지역과 역사』 15호, 2004

양흥숙, 「17세기 두모포왜관 운영을 위한 행정체계와 지방관의 역할」, 『한국민족
　　　문화』 31, 2008

양흥숙, 『조선후기 동래 지역과 지역민 동향 -왜관 교류를 중심으로』, 부산대학교
　　　박사학위논문, 2009

오영교, 「조선후기 지방관청 재정과 殖利活動」, 『學林』 6, 1986

윤유숙, 「18·19세기 왜관의 개건·수리실태」, 『아세아연구』 113, 2003

윤유숙, 「17세기 후반~18세기 초두 왜관통제와 한일교섭」, 한일관계사연구논집편
　　　찬위원회편 『통신사·왜관과 한일관계』, 경인문화사, 2006

윤유숙, 「조선후기 한일통교관계와 己巳約條(1809년)」, 『일본역사연구』 24, 2006

李源均, 「朝鮮時代의 首領職 交替實態 -東萊府使의 경우」, 『부대사학』 3, 1979

李源均, 「朝鮮後期 地方武官職의 交替實態 -『慶尙左水營先生案』과 『多大浦
　　　先生案』의 분석」, 『부대사학』 9, 1985

이훈, 「1836년, 南膺中의 闌入사건 취급과 근세 왜관」, 『한일관계사연구』 21, 2004

이훈, 「조선후기 東萊府와 倭館의 의사소통 -兩譯 관련 「實務文書」를 중심으로-」,
　　　『韓日關係史硏究』 제27집, 2007

장순순, 「朝鮮後期 倭館의 設置와 移館交涉」, 『한일관계사연구』 5, 1996

장순순, 「草梁倭館의 폐쇄와 일본 租界化 과정」, 『日本思想』 第7號, 2004.10

장순순, 「조선후기 通信使行의 인적구성과 對日外交의 특질 -三使를 중심으로-」,
　　　『한일관계사연구』 31, 2008

鄭景柱, 「仁祖~肅宗朝의 倭人 求請慣行과 決濟方法 -朝鮮後期 對日貿易 事
　　　例 紹介-」, 『貿易批評』 창간호, 慶星大學校貿易硏究所, 1994. 2

정성일, 「1861~62년 對馬藩의 密貿易事件 處理過程」, 『한일관계사연구』 2,
　　　1992

鄭貳根, 「17·18세기 부산지방(東萊府)의 재정」, 『항도부산』 10, 1993

하우봉, 「임진왜란 이후의 부산과 일본관계」, 항도부산 제9호, 1992, 12

Louis James, 「釜山倭館을 中心으로 한 朝·日 交流 -교간사건에 나타난 권력·문
　　　　화의 갈등-」

Louis James, 「朝鮮後期 釜山 倭館의 記錄으로 본 朝日關係 -폐·성가심(迷惑)
　　　　에서 상호 이해로-」

(2) 일본논문

金義煥, 「李朝時代に於ける釜山の倭館の起源と変遷」, 『日本文化史研究』 第
　　　　2号, 1977

金義煥, 「釜山倭館の職官構成とその機能について」, 『朝鮮學報』 108, 1983

小田省吾, 「李氏朝鮮時代に於ける倭館の變遷」, 京城帝國大學法文學會, 辺
　　　　江書院, 昭和4(1929)

尹裕淑, 「約條にみる近世の倭館統制について」, 『史觀』 138, 1998

沼田次郎, 「出島圖 その景觀と変遷」,

大場生與, 「對馬藩による朝鮮側小通事への援助」 『三田中世史研究』 4, 1997

長正統, 「日鮮關係における記錄の時代」, 『東洋學報』 50-4, 東洋學術協會, 1968.2

長正統, 「路浮稅考」, 『朝鮮學報』 58輯, 1971

荒野泰典, 「小左衛門と金右衛門 -地域と海禁」をめぐる斷章」, 『海から見た
　　　　日本文化』, 小學館, 1992.

[그림 1] 倭館繪圖
長崎縣立對馬歷史民俗資料館 소장

[그림 2] 館守屋

보 론

1. 撤供撤市 연구

1) 머리말

임진왜란이 종결된 후 조선과 일본은 1609년에 「己酉約條」를 체결함으로써 단절되었던 국교를 재개하였다. 기유약조에서는 대마번에서 조선으로 건너오는 통교자의 종류와 선박 수, 도항 형식 등을 규정했으며, 이 규정들은 근세 후기 조일관계의 기본 원칙으로 기능하였다. 그리고 근세 후기 조일관계에서는 전기와 달리 일본 사신의 상경을 일체 허락하지 않았고, 외교와 무역 업무는 동래부에 설치한 倭館에서 처리하게 하였다. 따라서 왜관에는 조일간의 외교 현안을 해결하기 위하여, 또는 무역을 목적으로 파견된 대마번의 役人과 상인들이 장기간 체류하면서 외교와 무역 업무에 임하고 있었다.1) 이들 대마번에서 파견된 사람들과 조선의 역관·상인들은 일상적으로 접촉하면서 정상적인 통교활동에 종사하였고, 이와 병행하여 양국인의 접촉과정에서 다양한 사건이 수시로 발생할

---

1) 田代和生, 앞의 책, 第1部 第7章「草梁倭館の設置と機能」172쪽에 의하면, 1678년 (숙종4, 延宝6) 4월 23일 古倭館(두모포왜관)에서 館守 이하 450여 명의 대마도인이 新館(초량왜관)으로 들어갔다고 하면서 小田省吾의 논문을 典據로 들고 있다. 小田省吾의 해당 논문에는 慶尙左水使가 4월 23일자로 당일 오전 두모포왜관에서 관수 이하 450여 명이 신관으로 이전했다는 내용의 보고서를 발송했다고 한다(小田省吾,「李氏朝鮮時代に於ける倭館の変遷」,『朝鮮支那文化の研究』, 京城帝國大學法文學會, 東京, 辺江書院, 1929).『邊例集要』卷11,「館宇」, 戊午(1678) 4월조에는 舊館倭人 489명과 大小船隻이 신왜관으로 들어갔다고 한다.
『礒竹嶋覺書』에는 「朝鮮和館ニ差置候人數之覺」이라는 제목 아래 1695년(숙종21, 元祿8) 무렵 왜관에 체류 중인 대마도인의 숫자가 648명 정도(…合上下六白四拾八人程)라는 기록이 있다. 이들 중에서 館守, 사이한(裁判), 통사(通詞), 우마마와리(馬廻) 등 직역이 명시되어 있는 役人은 253명 정도이며, 나머지는 왜관에서 어떤 직종에 종사했는지 알 수 없다.

수 있는 위험이 내포되어 있던 곳이 왜관이었다. 왜관에서 흔히 발생하는 불법적인 사건으로는 절도·강도, 폭행, 潛商(밀무역), 밀무역 자금(倭債, 路浮稅)과 관련된 마찰, 조선 여인이 왜관으로 잠입하여 매춘을 하는 행위(交奸) 등이 문제가 되었다. 이와 같은 사건을 통제하는 것은 임진왜란 이후 양국이 통교를 재개하는 당초부터 조선정부에게 있어서 중대한 과제였다.

왜관을 이해하려면 왜관의 변천과정, 왜관 구성원의 역할과 가능, 왜관에서 일어난 각종 사건에 대한 종합적인 이해가 필요하다. 아울러 조선정부(동래부)가 왜관을 어떻게 통제하고 관리했는지 파악하는 것이 반드시 필요하다.

지금까지의 연구에서는 왜관의 설치 배경과 규모, 운영에 관한 사안에 대하여 상당한 정도의 연구가 축적되어 있다.[2] 왜관 통제에 관한 연구는 약조를 통한 통제,[3] 물리적 시설을 이용한 통제[4] 등에 관한 연구가 있

---

2) 대표적인 연구로는 金義煥,「李朝時代に於ける釜山の倭館の起源と変遷」,『日本文化史研究』第2号, 日本文化史學會, 1977.12. 이 연구에서 필자는 倭館의 기원과 변천에 관하여 釜山浦倭館에서부터 강화도조약 이후 日本專管居留地로 변화해 간 과정을 자세히 분석하였다.

3) 尹裕淑,『近世日朝通交と倭館』, 岩田書院, 2011. 윤유숙은 이 책에서 임진왜란 이후 조일통교체제가 확립되어 가는 과정에서 왜관 통제를 목적으로 체결된 각종 約條에 대하여 상세하게 고찰하였다. 특히 이러한 약조는 開市貿易에서의 潛商, 조선인의 왜관 출입, 交奸, 대마도인의 왕래 범위를 규제 대상으로 했으며, 약조의 대부분은 조선의 주도로 체결한 것이라고 하였다.
이와 유사한 분석으로는 허지은,「17세기 조선의 왜관 통제책과 조일관계 -癸亥約條(1683)의 체결과정을 중심으로 -」,『韓日關係史研究』제15집, 2001. 이 있다.

4) 장순순은「조선후기 韓日 兩國人의 마찰을 통해서 본 倭館」, 韓國民族文化. 31집, 2008.4, pp.69-102에서 왜관의 물리적 통제에 관하여 상세히 고찰하였다. 이 글에서 저자는 1607년 두모포왜관이 설치될 때부터 境界를 정하여 조선인들이나 館倭들이 마음대로 넘어가지 못하도록 하는 등 양국인의 왜관 출입에 대해 물리적이고 법제적인 통제를 가하였다. 그리고 草梁으로 왜관을 옮긴 직후인 1679년에는 왜관의 東西南北에 禁標를 설정하여 대마도인들이 통행증 없이 무단으로 경

다. 그러나 撤供撤市를 통한 왜관 통제에 대한 연구는 거의 없는 실정이며, 개별 연구에서 撤供撤市를 단편적으로 언급하고 있는데 불과하다. 이와 같은 문제의식을 바탕으로, 이 글에서는 조선 후기 한일관계에 대한 이해의 폭을 넓히는 하나의 방법으로 철공철시를 분석해 보려고 한다.

2) 왜관 통제책

(1) 물리적 시설을 통한 왜관 통제

조선정부가 왜관을 설치하면서 가장 고민했던 문제는 왜관 통제 방법이었다. 임진왜란을 겪으면서 더욱 심화된 일본인에 대한 불신과 경계심 때문이라고 할 수 있다. 따라서 왜관을 설치할 때부터 각종 통제장치를 마련해 두고 왜관을 규제했는데, 1607년 두모포에 왜관을 설치할 때부터 담장을 둘러서 왜관과 지역사회를 격리시키는 조치가 단행되었다. 즉 왜관의 경계를 정하여 조선인들이 함부로 왜관에 출입하거나, 館倭들이 마음대로 왜관을 벗어나지 못하도록 하는 등 양국인의 왜관 출입에 대하여 물리적·법적인 통제를 가하였다. 草梁으로 왜관을 옮긴 다음 해인 1679년에는 왜관의 동서남북에 禁標를 설정하고 왜관 거주 쓰시마인들이 통행증 없이 무단으로 경계를 넘어가지 못하도록 하였다. 기존 연구에서는 이처럼 왜관 주변에 돌담 등 물리적인 시설을 설치하거나 약조를 정하여 왜인을 규제하는 방법들은 왜관 통제책으로서 상당한 기능을 했던 것으

계를 넘어가지 못하도록 하였다. 또 1709년에는 왜관의 흙담을 1.8m 높이의 돌담으로 改築하여 조선인이 왜관에 함부로 넘나드는 것을 통제하였고, 1739년에는 왜관 밖의 伏兵幕을 6군데로 늘려 왜관 출입자에 대한 통제를 강화했다고 하였다.

로 파악하고 있다.

(2) 約條를 통한 왜관 통제

豆毛浦倭館 때 조선정부의 왜관 통제책 중 가장 먼저 마련된 규정은 禁散入各房約條(1653)이다. 효종 4년에 체결한 이 약조는 왜관개시(倭館開市) 때 왜관 내의 각 방에 마음대로 들어가서 거래하는 것을 금지시켰고, 임의로 각 방에 들어가는 자는 잠상(潛商)으로 논하기로 약조를 체결하였다. 이 약조는 동래부사가 관수와 협의하여 정한 것으로, 그 뒤에 「朝鮮人禁制」가 제정되었다(1676). 이 규약은 開市貿易에서의 潛商 금지, 일반 조선인 및 왜관 업무와 관계가 있는 조선 관리의 왜관 출입 규정, 왜관 안팎의 수비·감찰, 조선 국내 사정을 왜관에 전달하지 말 것, 왜관 체류 대마도인의 통행 제한 등이 내용을 이루고 있으며, 조선 정부의 왜관 통제책으로서의 성격이 강하다. 대마도측은 「倭人書納約條」, 「倭館壁書」 등 독자적인 규율을 마련하여 조선의 통제에 호응하였다. 「倭人書納約條」와 「倭館壁書」는 왜관에서 외교의례와 무역업무를 수행할 때의 업무지침이며, 왜관에서의 생활과 행동을 통제하기 위하여 고안된 것이었다. 따라서 두모포 시대의 왜관 통제는 조선의 통제책과 대마번의 통제책으로 2원화되어 있었다고 할 수 있다.[5]

倭人書納約條(1653)와 倭館壁書는 왜관에 파견된 대마인이 왜관 생활에서 지켜야 할 사항을 열거한 것이며, 대마번청에서 관수를 통하여 전달되었다. 倭館壁書는 1671년 3월 19일 제15대 관수 唐坊忠左衛門 때 시작하여 역대 관수의 교체기에 전해졌고, 당초에는 19조로 이루어진 「壁書」와 橫目와의 연명으로 전한 5개조의 「覺書」 2종류로 구성되었다.

草梁倭館에서의 왜관 통제책으로는 癸亥約條 (約條制札碑, 1683)와 1711

---

5) 尹裕淑, 『近世日朝通交と倭館』, 岩田書院(東京), 2011, 23~25쪽

년의 辛卯約條(交奸約條), 18세기 전반에 체결한 任譯及倭人出入式(1710)
와 以邊禁解弛多有作奸犯科者更申節目(1738) 등 각종 節目이 있다.6) 이
들 각종 규정은 어느 것이든 개시무역에서의 潛商, 조선인의 왜관 출입,
交奸, 대마도인의 왕래 범위를 규제 대상으로 하고 있으며, 특히 「約條」
의 대부분은 조선의 주도로 체결한 것이다. 일종의 외국인 거류지라고
할 수 있는 왜관을 국내에 두고 있던 탓에, 조선 정부로서는 왜관의 관리
와 통제 문제가 매우 중요한 문제였기 때문이다. 조선과 대마번 사이에
서는 통제하는 측과 통제당하는 측이라는 입장의 차이도 있지만, 문화와
형벌 관습의 차이도 있어서 어떤 행위를 불법으로 볼 것인가 하는 판단
기준에 적지 않은 간격이 존재했던 것도 사실이다. 그 중 가장 대표적인
사례가 闌出과 交奸이었다. 따라서 위법행위의 처리를 둘러싼 갈등이 불
가피했지만, 조선 정부의 끈질긴 교섭의 결과 이와 같은 괴리를 조정하
는 형태로 만들어진 것이 癸亥約條와 辛卯約條였다고 할 수 있다. 양국
의 교섭 과정에서 발생하는 위법행위를 約條로 처벌하거나, 각종 규정을
근거로 양국인의 접촉과 행동을 상세히 규제하는 현상은 조선 전기의 한
일관계 때보다 더욱 강화된 것이다.

위와 같이 두모포왜관 이래 조선측(동래부)과 대마도측(왜관)이 협의
하여 체결한 각종 約條와 節目은 왜관 통제라는 목적에서 볼 때 왜관에
체류하는 대마도인들의 행동을 제약했을 것은 분명하지만, 실제로 어느
정도 효과를 거두었는지 알 수는 없다. 約條나 節目은 성격상 체결 이후
에 사후적으로 왜인들의 행동을 통제하는 수단이기 때문이다. 왜인들이
闌出 등 불법행위를 감행했을 때 현장에서 이들을 통제하는 수단으로서
撤供과 撤市를 주목해야 하는 이유가 바로 여기에 있다.

조일 양국 사이에 외교나 무역상 현안문제가 발생하면 조선정부가 파
견한 倭學譯官이 왜관 안으로 들어가서 협의하는 것이 정상적인 절차였

---

6) 윤유숙, 앞의 책(2011) 24~44쪽에서 참고함.

다. 그러나 왜인들은 자신들의 요구가 받아들여지지 않을 때는 금령을 어기고 闌出하여 동래부사를 상대로 무력시위를 벌이는 일이 자주 있었다. 조일 양국인 사이의 범죄사건이나 난출 등이 원만하게 해결되지 않고 외교문제로 비화하면 동래부사가 倭學譯官을 왜관으로 보내 館守를 상대로 항의하거나, 대마번측의 朝鮮語通事를 불러 戒諭함으로써 조선측의 요구를 수용하게 하였다. 이렇게 항의나 타이르는 방법으로 사태가 해결되지 않을 때 동래부에서 보다 강력한 압박수단으로 선택하는 것이 撤供과 撤市였다.

撤供은 왜관에 지급하는 雜物 지급을 중지하는 것이고, 撤市는 開市貿易을 중지하는 것이다. 즉 조선의 요구에 왜관측의 대응이 만족스럽지 못할 경우, 조선 정부는 왜관에 지급하던 식량 공급을 끊거나 무역을 중지시켜서 왜관 내지 대마번측을 통제하려 하였다. 朝鮮語通詞로 왜관에 파견되어 다년간 근무했던 아메노모리 호슈(雨森芳洲)는 그의 저서『交隣提醒』에서 "撤供撤市는 대마번 사람들한테는 어린애의 젖을 끊는 것과 같은 것이다"라고 언급한 바가 있다. 이처럼 撤供撤市는 동래부가 왜관을 압박하는 효과적인 수단이었을 것으로 생각된다.

왜관을 이해하려면 왜관의 변천과정, 왜관 구성원의 역할과 기능, 왜관에서 일어난 각종 사건에 대한 종합적인 이해가 필요하다. 지금까지의 연구에서는 이와 같은 문제에 대하여 상당한 연구가 축적되어 있다. 아울러서 조선 정부(동래부)가 왜관을 어떻게 통제하고 관리했는지 파악하는 것도 반드시 필요하다. 그러나 撤供撤市에 대한 본격적인 연구는 거의 없는 실정이며, 개별 연구에서 撤供撤市를 단편적으로 언급하고 있는 데 불과하다.

본고에서는 이와 같은 문제의식에서 출발하여 조선정부가 撤供撤市를 단행하게 된 배경, 撤供의 범위, 즉 개인에 대한 잡물 지급만을 중지하는 것인지, 또는 왜관 체류자(대마번 役人) 전원에 대하여 지급을 중지하는 것인지, 撤市는 무역(東萊開市) 만을 중지하는 것인지, 朝市까지 포함되는 것인지 등에 대하여 사료를 통해 분석해 보고, 이에 대한 왜관의 대응은 어떠했는지 알아보고자 한다. 이렇게 함으로써 왜관 연구의 공백 부분을 조금이라도 메꾸어 보려는 것이다.

3) 撤供撤市의 동기

두모포왜관을 연 이래 왜관과 이들을 관리하는 동래부의 마찰은 자주 발생했을 것으로 짐작되지만, 이로 인하여 동래부에서 撤供撤市를 단행했다는 기록은 많지 않다. 그나마 기록에 남아 있는 撤供撤市도 어떤 이유에서 철공 내지 철시를 단행했다는 사건의 개요 정도를 알아볼 수 있을 뿐이며, 어느 정도의 기간 동안 供物 지급을 중단했는지, 개시는 얼마 동안 열지 않았는지 알기는 매우 어렵다. 기록 자체가 소략하기 때문이다. 실록을 비롯하여 승정원일기, 비변사등록, 전객사별등록 등 조선측 사료에서 철공을 단행한 이유가 비교적 명확히 기록되어 있고, 단행 시기 내지 撤供撤市를 거둔 시기가 단편적으로나마 기록된 사건을 도표로 정리하면 다음과 같다.[7]

사례	연대	사건개요	처리	典據
1	인조27년 (1649) 2월 25일	다대포첨사 趙光瑗에게 왜관 짓는 일을 감독하게 하였는데, 조광원이 말을 타고 문에 이르는 것을 본 왜인이 자기를 깔본다며 무리와 함께 조광원을 구타한 사건	부사 閔應協이 開市를 停罷함	實錄

7) 실록과 비변사등록, 승정원일기는 국사편찬위원회에서 제공하는 웹서비스를 이용하였다.(http://sillok.history.go.kr/main/main.jsp; http://www.koreanhistory.or. kr/) 전객사별등록은 부산광역시사편찬위원회에서 제공하는 웹서비스를 이용하였다. (http://www.bssisa.com/index.asp)

사례	연대	사건개요	처리	典據
2	숙종15년 (1689) 윤3월 7일	인삼 밀매사건으로 부사 李德成이 開市를 정지함	오랫동안 開市를 정지하여 商賈가 서로 통하지 않아 원망이 크므로 개시를 허락함	實錄
3	숙종17년 (1691) 5월 5일	裁判差倭가 書契 改撰을 요구하며 귀국을 거부함	支供 철폐	實錄
4	숙종19년 (1693) 8월 25일(陰)	裁判差倭 귀국시 지급한 支供 1500석을 반납하고 귀국	차왜 귀국에 노력한 수역 安愼徽와 훈도 卞爾標를 加資함	비변사 등록
5	숙종23년 (1697) 9월 5일	館倭 18명이 闌出하여 舊草梁을 거쳐 仙巖寺까지 진출함	지휘한 裁判과 난출한 送使는 모두 供進을 정지하게 하고, 上船宴 등으로 행하던 일도 정지시킴	實錄
6	숙종26년 (1700) 5월 2일	새 은화(1695년 元祿銀 주조)의 일로 동래부사와 훈도·별차를 잡아와 심문하고 撤市 단행	撤市	典客司別謄錄(Ⅰ)
7	숙종29년 (1703) 3월 5일	問慰譯官 韓天錫 등의 배가 침몰된 후 7일 만에 왜인이 동래부에 보고하자 부사 朴泰恒이 늦게 보고한 것을 문책삼아 館中의 廩米와 差倭의 잔치와 代官倭의 開市를 철폐함	우의정 申琓의 건의로 供給과 開市를 도로 허가함	典客司別謄錄(Ⅰ) 비변사 등록(3.15) 승정원일기(3.15)
8	숙종 35(1709) 12월 11일	철공 후 이전에 철공한 날짜를 계산하여 추가로 지급하는 문제	이전에 撤供한 날짜를 계산하여 추가로 지급하는 것은 부당함	典客司別謄錄(Ⅰ)
9	숙종 36(1710) 4월 9일	왜인이 魚菜 구입을 핑계로 난출함	撤供	典客司別謄錄(Ⅰ)
10	숙종36년 (1710) 8월 28일(음)		撤供을 거둠	비변사등록
11	영조2년 (1726) 2월 11일(음)	下倭輩가 守直幕을 철거한 사건	수직막을 다시 지을 때까지 開市를 중지함	비변사등록
12	영조22년 (1746) 1월 15일	伏兵軍 林世望이 부특송사옥에 방화하였다는 혐의로 왜관으로 잡혀가서 고문당한 사건	撤供	비변사등록 전객사별등록(Ⅲ)
13	정조11년 (1787)	전년 12.28일 吉藏, 善右衛門, 準助, 辰五郎, 幸助 등 관왜가 초량촌 良	사건 후 撤市했으나 11년 2월 13일 撤市를 거둠	分類紀事大綱 (4-11)實錄

사례	연대	사건개요	처리	典據
	2월 13일	女 徐一月과 교간한 사건		
14	순조24년 (1824) 4월 27일	왜인이 社日에 왕래할 때 下倭 7명이 음주 후 행패를 부리다가 鎭屬에게 구타당하고, 다수의 관왜가 鎭舍에 난입하여 항의한 사건	館守倭에게 공급하는 것을 몇 개월을 한정하여 撤罷하자고 건의했으나 下倭의 음주 소란행위는 크게 邊情과 관계되지 않으니, 관수를 책망하는 선에서 처리함	실록
15	고종9년 (1872) 9월	花房義質 일행이 명치정부의 대표임을 밝히고 교섭을 하려던 사건	江戶官貝(日本政府官吏)과 火輪船의 철퇴를 명하고 왜관에 대하여 撤供撤市 단행	
16	고종10년 (1873) 5월 28일	對馬 상인을 빙자한 일본의 三井系 상인이 왜관에 잠입하여 동래상인과 밀무역을 감행한 사건	동래부사가 撤供撤市로 징계함	田保橋潔, 『近代日鮮關係の 研究』(上)

왜관에 파견된 대마번 역인들은 俸祿과 支供을 받았다. 봉록은 대마번에서 주는 것이고, 支供은 조선정부에서 주는 것이다. 조선정부는 왜관의 책임자라고 할 수 있는 館守 이하 각종 差倭들에게 각자의 직급에 따라 쌀·콩 등의 주식물과 기름·대구어·식초·소금 등의 부식물을 5일에 한 번씩 지급하였다.[8] 또한 주식과 부식물 외에 인삼, 범가죽, 베, 명주, 무명 등의 생활필수품도 別幅이라는 명목으로 지급하였다.[9] 조선정부는 왜관에 파견된 대마번 역인들을 후대하여 의식주에 부족함이 없도록 지급했으며, 이러한 물품들은 현물로 지급되어 관례상 왜관에 파견된 대마번 역인들의 개인 수입이 되었다. 그러나 兼帶制 시행 이후 供物은 차츰 쌀로 환산하여 지급하게 되었고, 3대 도주 소 요시자네(宗義眞, 1657~1692 재임)의 재정개혁 이후부터는 일단 번의 수입으로 들어왔다가 필요

---

8) 金義煥, 「釜山倭館の職官構成とその機能について-李朝の對日政策の一理解のために」『朝鮮學報』108輯, 1983.7, 133쪽

9) 김의환, 앞의 책(1983) 135쪽

경비만을 추후에 지급하는 형식으로 바뀌었다.[10] 따라서 撤供이 단행되면 왜관에 체류 중인 대마번 역인의 수입이 줄어드는 한편, 간접적으로는 대마번의 수입도 줄어드는 결과가 된다고 볼 수 있다.

撤供撤市를 단행하게 된 동기는 다양하다. 동래부 관원을 구타했거나(사례1) 이와는 반대의 경우(사례14), 闌出(사례5, 9), 交奸事件(사례13), 밀무역 사건(사례2, 16) 등이 일어났을 경우에 동래부사가 일단 撤供 또는 撤市를 단행하고 狀啓를 올려 보고하는 절차를 거치는 것이 대부분이다. 동래부사의 장계가 도착하면 備局에서는 사안을 심의하여 신중하게 撤供撤市의 당부를 결정하였다. 심의 과정에서는 上國으로서의 위엄과 왜관 통제에 주안점을 두었으며, 특히 조일 외교에 미치는 파장까지 고려하여 撤供撤市 여부를 결정한 것으로 보인다. 예를 들면, 동래부사 李奎鉉 때 왜인이 社日에 왕래할 때 下倭 7명이 술에 취해 행패를 부리면서 該鎭에 함부로 들어오므로 鎭屬이 내쫓는 과정에서 서로 때리며 싸웠는데, 왜인 두 명이 진속에게 맞은 사건이 일어났다. 이후 珍島의 漂流民을 데려 온 왜인을 접대하는 茶禮 때 본진의 通引이 항상 접위관을 陪行하는데, 왜인 수십 명이 소란을 피우며 대청으로 올라와 통인을 찾아내어 분을 풀려고 하다가 任譯輩들이 여러 차례 책망하며 타이르자 비로소 해산하였다.[11] 이때 동래부사는 이전의 法例에 따라 館守倭에게 공급하는 雜物을 몇 개월을 한정하여 撤罷할 것을 품처하였다. 그러나 비국의 의견은 달랐다. "소란을 피운 왜인은 바로 下倭로 무지한 무리인데, 한때 술에 취해서 한 일이며, 처음부터 크게 邊情과 관계되지 않으니 중벌(撤供)을 시행하는 것은 도리어 관용의 은전을 베푸는 도리에 결흠(缺欠)이 된다"고 보아 "관수왜에게 엄중히 칙유(飭諭)하여 德意를 알게 하고, 그들의 예에 따라 섬 가운데로 묶어 보내 다시는 시끄럽게 하지 못하도록

---

10) 田代和生 저, 정성일 역, 『왜관』, 논형, 2005, p.115
11) 『순조실록』 27권, 순조 24년 4월 27일

하라"는 것으로 결론을 내렸다. 사건 자체가 조선의 하급 鎭卒과 下倭들의 싸움에 불과하며, 邊情과는 무관하므로 관수를 책망하라는 선에서 마무리한 것이다.

邊情과 관련하여 撤供撤市를 단행한 대표적인 사례는 고종 9년(1872) 9월에 하나부사(花房義質) 일행이 火輪船 2척을 몰고 와서 외교 교섭을 촉구한 사건이다. 이때 하나부사는 군함 카스가마루(春日丸)에 보병 2개 소대를 승선시키고 부산에 도착하여 메이지 신정부의 대표임을 밝히고 교섭을 촉구하였다. 그러나 동래부사는 훈도·별차를 통하여 이를 거절하였고, 江戸官員(메이지정부 관리)과 火輪船은 속히 철거하도록 명하고 왜관에 대하여 撤供撤市를 단행하였다. 하나부사 일행은 별 수 없이 체류 수개월만에 귀국하였다.[12]

고종 10년(1873) 4월에는 메이지 정부 외무성의 허가를 받은 미쓰이(三井) 계열의 상인들이 대마번 상인을 참칭하며 倭館에 잠입하여 東萊商人과 密貿易을 벌였다. 당시 조선 관리들은 아직 근대 자본주의의 침투를 인식하지는 못했지만 潛商을 법으로 엄금하고 있었고, 더우기 왜관과의 관계가 좋지 않을 때라서 사태를 심각하게 파악하였다. 동래부사는 軍官을 파견하여 왜관을 수색하고 그들의 출입을 감시했으며 撤供撤市로써 징계하였다. 동래부사는 1873년 5월 28일에 왜관 출입을 감시하는 守門將과 通事에게 潛商을 엄중히 다스리라는 傳令書를 倭館守門將直舍의 後壁에 게시하게 하였다. 이 傳令書는 潛商을 단속하는 경계문이었으나 「洋夷의 風俗을 모방함은 이미 日本人이 아니며」, 「不法之國」이란 내용이 있었다.[13]

조선 정부가 撤供撤市를 단행할 때 무조건 왜관의 통제만을 의도했던 것은 아니었다. 사안을 따져서 동래부쪽에 잘못이 있으면 동래부 관원들

---

12) 外務省外交史料館, 『明治五年 花房大丞朝鮮行日渉 1』, 請求記號 1-1-2-3 _5_001

13) 田保橋潔, 『近代日鮮關係の研究』(上), pp.293~296

도 죄를 물어 처벌함으로써 왜관측의 반발을 무마하였다. 영조 2년(1726) 2월 11일(음)에 동래부사 李重協이 장계를 올려 柴炭 공급에 불만을 품은 下倭輩가 守直幕을 철거했으니 막을 새로 지을 동안 시탄 공급을 중단하고 開市도 중지할 것을 청했다. 임금은 "장계로 보면 시탄을 공급하지 않은 것은 분명하다. 평상시에 恩威를 아울러 베풀었다면 필시 이 지경에 이르지 않았을 것이다. 후일을 징계하는 도리에서도 부산첨사는 추고만 하고 그만둘 일이 아니다. 交隣의 도리가 이와 같아서는 안되니 나문하라. 동래부사는 평상시에 잘 검칙하지 못하고 한갓 공급 중단만을 청하였다. 경칙하는 도리가 없을 수 없으니 추고하는 것이 좋겠다."하였다. 開市는 수직막을 다시 지을 때까지 중지하기로 하였지만, 시탄 공급을 소홀히 하여 사단을 일으킨 동래부 관원들까지 교린의 도리를 들어 징계한 것이다. 시탄 문제로 발생했던 영조 12년(1736)의 난출사건 때도 동래부에서 館守의 접대를 연기한다고 하자 왜관 쪽에서 민감하게 대응했던 기록이 있다.[14]

동래부사가 장계를 올려 撤供撤市를 청한다고 해서 모두 받아들여지는 것은 아니었다. 숙종 36년(1710) 4월 12일 동래부사 權以鎭은 公作米 문제로 난출한 왜인들의 처벌에 관하여 장계를 올리면서, 관수왜 및 1대관왜, 구 3대관왜는 모두 供億을 거두고, 公作米는 신 3대관왜에게 줄 것을 청했다. 그러나 備局에서는, 한결같이 모두 供億을 거두는 것은 너무 지나친 듯하며, 조정의 처분은 상세하게 살핌을 귀히 여기니 먼저 責諭를 하는 것이 좋겠다고 하여 동래부사의 청을 받아들이지 않았다.

사안에 따라서는 동래부사가 이미 단행한 撤供撤市를 철회하고, 오히

---

14) 分類紀事大綱 26책(2집), 元文1년(1736);
…땔감이 들어오지 않아 관내의 하급 역인(下々)들이 新門 밖으로 나갔는데, 부산의 兩譯(훈도·별차)을 파직하도록 지시가 내렸으며, 관수의 접대(馳走)가 연기될 것이라는 소문이 있습니다(…炭柴不入來候付, 館內之下々新門之外江罷越候得者, 釜山兩譯罷職被申付, 館守之馳走方可被引と噂有之候.)

려 동래부사를 파직시키는 경우도 있었다. 숙종 29년(1703) 2월 19일에 도해역관 韓天錫 일행이 심한 풍랑으로 와니우라(鰐浦) 앞바다에서 모두 익사하는 사고가 발생하였다.15) 이들은 대마번 제3대 번주 소 요시자네 (宗義眞)의 죽음을 애도하고 제5대 번주 소 요시미치(宗義方)의 습봉을 축하하기 위하여 파견했던 문위역관이었다. 대마번측에서는 사고 7일 뒤에 동래부에 보고했는데, 동래부사 朴泰恒은 대마번의 보고가 늦었다면서 화를 냈고, 屍體와 器物을 건져 낸 것이 없다는 이유로 혹시 속임수가 있는가 의심하여 왜인을 몹시 힐책하였다. 이어서 館中의 廩米 및 差倭의 잔치와 代官倭의 開市를 철폐하여 왜관을 곤궁에 빠뜨렸다. 수십 일이 지나서 '8명의 시체를 건져 내어 棺槨과 염의(斂襲)을 갖추고, 따로 護屍하는 차왜를 정하여 바야흐로 배를 타고 바람을 기다린다.'는 왜인의 추가 보고가 있었지만 박태항은 그래도 믿지 않고 독촉하며 기한을 정해 운반해 오게 하였다. 이때 여러 屍親(죽은 자의 친척)들이 왜인의 보고가 온 것을 듣자 館門에 뛰어 들어 8명의 왜인을 구타해 상해를 입혔다. 박태항은 이들을 약간 꾸짖었지만 적극적으로 제지하지는 않았고 이 일을 조정에 보고하였다. 비국에서는 박태항의 처사가 너무 지나쳤다는 점과, 屍親의 왜관 난입을 막지 못했다는 점을 들어 告身을 빼앗고 파직했다. 철공과 철시는 조정의 관대한 뜻을 보여야 한다는 우의정 申琓의 건의에 따라 다시 허가하였다.16)

---

15) 韓天錫 일행과, 안내를 맡았던 대마번의 役人 4명 등 113명이 모두 익사한 사고였다. 임금은 戶曹에 명하여 救恤하는 恩典을 별도로 거행하게 하였다(『비변사등록』, 숙종 29년 2월 19일).

16) 국역『전객사별등록』(Ⅰ), 85쪽

4) 撤供의 대상과 철회

撤供撤市를 단행할 때 그 대상은 왜관에 체류 중인 대마번의 역인들 전체일 때도 있고, 문제를 일으킨 당사자만 供物 지급을 중지하는 경우가 있었다. 어느 경우이든 館守는 왜관을 통제해야 하는 책임자로서 撤供의 대상이 될 때가 많았던 것으로 보인다. 이때의 撤供撤市는 왜관의 통제라는 목적보다 징벌로서의 성격이 강했다.

숙종 23년(1697) 9월 5일에는 館倭 18명이 闌出하여 舊草梁을 거쳐 선암사까지 갔다 돌아오는 사건이 벌어졌다. 이때 동래부사 李世載의 건의로 난출을 지휘한 재판과 함부로 나온 送使에게는 모두 供進을 중지하였고, 上宴 등 관례에 따른 연회도 정지하였다. 난출을 감행한 관왜 개인에게 내려진 징벌적 조치라고 볼 수 있다.

사료상으로는 撤供을 개시한 시점과 종료시점이 명백하게 기록되어 있지 않다. 撤供을 개시하는 요건이 成文 규정에 명확히 기록되어 있지 않고, 왜관을 통제하는 동래부사의 장계에 의하여 시작되듯이, 撤供의 중지 역시 국왕이 비국 당상을 引見하는 자리에서 당상들의 건의를 참작하여 결정한 것으로 보인다. 撤供 기간도 일률적이지 않으며, 사태의 추이를 지켜보다가 적당한 시기에 당상관이나 동래부사의 건의로 撤供을 중지하였다. 왜인이 魚菜 구입을 핑계로 난출한 사건(사례9)의 경우 6개월의 철공기간이 지난 다음에 철회하였다는 기록이 있다.[17]

도해역관 韓天錫 일행이 와니우라(鰐浦)에서 침몰하여 전원 사망한 사

---

17) 『숙종실록』 49권, 숙종 36년8월 26일 …"동래부사가 狀啓하기를, '館守倭가 供奉을 撤廢한 후로부터 밤낮으로 눈물을 흘린다.'고 합니다.…
…임금이 말하기를, "供奉을 철폐하는 것이 일정한 기한이 없으면, 改過自新할 길이 없어질 것이니, 공봉을 허락함이 옳다." 하였다.
동일한 사안을 기록한 『비변사등록』에는 '館守倭에게 공급을 철회한 지 이미 6개월이 지났다'는 기록이 있다(8월 28일).

건(1703.2.19.)에서는 3월에 대마번에서 차왜를 통해 購物을 보내왔다. 이
에 우의정 申琓은 供饋와 시장을 철폐한 일이 오래되어 왜관에 가득한
왜인들의 식량이 아주 떨어져 날마다 간절하게 철공 중지를 바란다고 건
의하였다.[18]

5) 撤市의 범위

撤市는 한 달에 6회씩 대마번인들에게 허락한 무역(開市)을 중지시키
는 것을 말한다. 아울러서 왜관에 체류하는 대마번인들이 일상생활에 필
요한 魚菜類나 과일 등을 쉽게 구매할 수 있도록 매일 아침 왜관의 守門
밖에서 열리는 朝市를 철수시키는 것을 의미하기도 한다.

朝市를 운영하게 된 이유는 생선, 과일, 채소, 쌀 등 왜관에 머무는 대
마번인들이 생필품 구입을 요구했기 때문이다. 왜인들이 부식물 구입을
핑계로 왜관을 함부로 나오는 일이 잦았으므로 숙종 4년(1678)에 특별히
朝市를 열도록 허가한 것이다.[19] 교환 수단은 주로 쌀이었으며, 매일 아
침 동래 인근의 주민들이 어채류를 가지고 수문 앞에 이르면 수문장과
通事가 매매를 감시, 통제하며 문란한 거래를 단속하였다. 왜관측에서는
禁徒倭가 입회하여 왜인들의 난잡한 행동을 단속하게 되어 있었다.[20] 朝

18) 『비변사등록』 숙종 29년(1703) 3월 17(음); 『전객사별등록』 1703년 3월 27일
19) 『증정교린지』 제4권 約條
20) 金東哲은 開市와 朝市에 대하여 다음과 같이 설명하고 있다.
　…개시와 조시는 기본적으로 시간, 공간, 주체, 상품 등 여러 측면에서 그 성격
이 다른 경제활동이었다. 그러나 개시가 점차 쇠퇴하거나 조시가 점차 활발해지
면서 양자의 경계는 점차 무너졌으며, 조시는 일용 잡화시장에서 대규모 미곡
판매시상으로 바뀌어 갔고, 조시에 참여하는 상인도 점차 전업적인 상인으로 바
뀌어갔다. 조시에 참여하는 상인들이 왜관 안으로 들어가서 상업활동을 하는 것
이 증가되었고, 잡상인 등의 일반상인이 왜관 안에서 합법적인 상업활동 공간을

市 때 관왜들은 魚菜의 품질을 불문하고 젊은 여자가 가져온 것만을 사려고 하여 풍기가 문란해졌다. 이를 우려한 담당 관리가 개선을 호소하였고, 결국 조선정부에서는 젊은 여성의 朝市 참가를 금지하게 되었다.[21]

撤供과 撤市는 사안에 따라서 함께 시행되기도 하였고, 따로 시행되기도 하였으며, 특별히 구분해서 시행했던 것으로는 보이지 않는다. 인조 27년의 다대포첨사 구타사건에서는 개시를 정파했지만[22] 첨사를 구타한 館倭에게 공물 지급을 중단하지는 않았다. 숙종 15년에 동래 사람이 관왜에게 인삼을 팔았다가 발각된 사건에서도 개시만을 정지하였다.[23]

숙종 26년(1700) 5월에는 부사 李世白의 건의로 일본에서 새로 주조한 銀貨(元祿銀)[24]를 함부로 유통시킨 일로 훈도와 별차가 처벌을 받았고, 왜관에 대하여 撤市를 단행하였다.[25] 그러나 숙종 23년의 仙巖寺 闌出事件 때는 開市를 정지하였고, 지휘한 재판과 난출한 逢使에게 모두 공물 지급을 정지하고 上宴 등 의례적인 연회도 정지하였다.

開市는 매 三旬의 3일과 8일에 열리며, 동래부의 허가를 받은 상인들[26]이 왜관 안의 開市大廳으로 들어가서 倭商들과 거래를 하였다. 선행

확보하고, 개시상인의 특권을 일부 나누어 가졌다. 왜관의 안팎으로 구분되어 있던 개시와 조시의 주체가 왜관 안에서 혼재하게 되었다.(김동철, 「17~19세기 부산 왜관의 開市와 朝市」, 『한일관계사연구』 41집, 2012.4)

21) 『邊例集要』 卷13 「闌出」 附朝市, 1710년(숙종 36) 3월; 倭人稱以魚菜發賣者數少, 闌出門外, 而其實, 則由於痛禁女人之入賣魚菜云云事啓. 卷13 「闌出」조에서는 남성만이 朝市에 참가하고 여성은 왕래하지 못하도록 규정을 바꾸었다(「闌出」 같은 달 기사에 '…朝市, 只許男人入送切禁女人之往來…').

22) 『인조실록』 50권, 인조 27년 2월 25일

23) 『숙종실록』 20권, 숙종 15년 윤3월 7일

24) 에도막부에서는 집권 이래 은의 순도가 80%에 이르는 慶長銀을 사용했으나, 1695년(숙종 21)에 은 유량이 64%인 元祿銀을 발행하였다. 막부가 재정 타개책으로 순도가 떨어지는 惡貨를 발행한 것인데, 이로 인하여 대마번은 조선무역에서 큰 타격을 입게 되었다.

25) 국역 『전객사별등록』(Ⅰ), 庚辰(1700) 5월 초2일, 53쪽

연구에 따를 때 開市는 大廳開市, 別開市, 五日開市로 구분하기도 한
다.27) 그러나 사료상의 기록에 따를 때, 撤市는 '開市의 停罷' 또는 '朝市
撤市' 등으로 기록된 것으로 보아 開市를 구분해서 撤市한 것으로 보이
지는 않는다. 개시 때는 훈도·별차와 收稅官, 開市監官이 동행하여 매매
를 감독하는데,28) 때로는 동래 관원들의 搜檢이 심해서 거래에 불편이
많다는 주장이 나오기도 했다. 거래가 끝나면 일시에 모두 물러나왔으며,
各坊에 임의로 들어가는 자는 밀무역죄(潛商)로 논하였다. 그런데 점차
이러한 禁令이 해이해지고 장사꾼들이 각방으로 흩어져 들어가서 사사
로이 거래를 했으므로 갖가지 부정이 속출하고 빚을 지는 폐단까지 있게
되었다. 결국 효종 4년(1653)에 개시 때 각방에 散入하는 것을 금하기로
약조를 정했고,29) 동래부사 尹文擧 때는 옛날 규정을 회복하겠다고 왜인
과 담판이 벌어졌다. 이 와중에 代官倭 등 5~6명이 從倭 100여명을 거느
리고 왜관을 뛰쳐나와 몽둥이와 칼을 휘두르며 소동을 벌이는 사건이 일
어났다. 이들은 울릉도 문제30)와 관련하여 조선 측의 서계 개찬을 요구
하면서 부산첨사와 면담을 요구하였다.31) 이 사건은 왜관 裁判의 지휘
아래 100여명의 왜인이 부산진 거리를 행진하던 중 鐵砲를 담당하는 市
右衛門이란 자가 동래 주민이 던진 돌에 머리를 맞아 혼절하였고, 와중
에 군중이 달려들어 市右衛門의 일본도 2자루를 탈취하는 불상사까지

---

26) 상인의 수를 정한 것은 숙종 17년(1691)에 제정된 『東萊商賈定額節目』에 의해서
   이며, 절목 제정 이전에는 20명이었다가 10명을 증원하여 30명이 되었다고 한
   다. 『증정교린지』 제4권 「開市」, 주)89 참조.

27) 김동철, 앞의 논문; 정성일, 『조선후기 대일무역』, 신서원, 2000, 72쪽

28) 국역 『증정교린지』 제4권 「開市」 참조.

29) 국역 『증정교린지』 제4권 「約條」 참조. 이것이 이른바 「禁散入各坊約條」이다.

30) 1693년 안용복 피랍사건으로 시작된 이른바 鬱陵島爭界를 말한다.

31) 『分類紀事大綱』 30책(1집) 「日本人蘭出一件」, 丁丑(1697년) 8월; 『分類紀事大綱』
   31책(1집) 「日本人朝鮮人喧嘩一件」

발생하였다. 왜관측은 구타한 조선인의 색출과 분실한 鐵砲 수색을 요구
하였다. 조선조정에서는 난출을 막지 못한 훈도 李俊漢을 처벌했고, 館
守 唐坊新五郎을 처벌하도록 島中(대마번)에 통보하라고 지시했다. 동래
부에서는 開市 撤市를 비롯하여 館守의 宴享接待를 포함한 모든 응접을
연기하려고 하였다. 供物 지급 중단과 撤市는 闌出 사건이 벌어지면 동
래부에서 흔히 쓰는 왜관 통제책의 하나였다. 館倭에 대한 宴享接待를
연기한다는 의미는 왜관 거주 대마번인들에게 닷새마다 지급하게 되어
있는 각종 생필품(이른바 五日次)의 지급을 중단하겠다는 뜻이다. 이 사
건에서도 館守 唐坊新五郎은 결국 동래부사 李世載에게 사과하는 것으
로 타협을 보았다.[32] 조정의 신료들 역시 撤供은 왜인을 통제하는 효과
적인 방법으로 인식하고 있었다.[33] 호조판서 권이진은 동래부사 시절의
경험을 바탕으로, "(왜인을) 억누르는 방도는 撤供만한 것이 없으니 한결
같이 굳게 막아야 합니다"라고 하였다.[34] 왜인들이 伏兵軍 林世望을 부
특송사옥 방화 혐의로 잡아 가두고 고문한 사건에서는 동래부사 심악(沈
鏜)이 장계를 올려 "…가볍게는 시장을 파하고(罷市), 무겁게는 支供을
거두어야 하겠습니다" 하고 撤供을 건의하였다. 왜인에 대한 통제책으로
는 철공과 철시가 효과적이며, 그 중에서도 철공을 더 무겁게 인식하고
있었다는 취지로 볼 수 있다.

---

32) 『숙종실록』 31권, 숙종 23년 9월 5일;
    동래부사 李世載가 아뢰기를, "館倭가 말하기를, '이렇게 망령된 일을 한 것은 내
    가 지휘한 것이니, 역시 나의 죄입니다. 本府에서 전례를 따라 응접하는 일을 일
    체 막으려 한다고 생각하였는데, 어제 開市하기를 그전처럼 허락하였으므로 부
    끄럽고 황공하여 감격하였으니, 감히 명령을 따르지 않겠습니까?" 하였습니
    다.….

33) 국역 『有懷堂集』 二, 「함부로 뛰쳐나온 왜인에게 供待를 중지해야 한다는 장계」,
    경인문화사, 2006, p.57

34) 『비변사등록』 영조 4년(1728) 7월 17일(음), 「右議政 吳命恒 등이 입시하여 領漂
    差倭에게 보내는 회답서의 내용을 고치는 문제에 대해 논의함」

撤市는 대마번에서도 우려하는 사태였다. 왜인들이 왜관 신축을 감독하던 다대포첨사 趙光瑗을 구타한 사건에서, 이 일을 보고받은 인조는 크게 노하여 훈도와 별차를 잡아들이고, 나라를 욕되게 한 조광원의 죄를 다스리며, 부사 閔應協의 벼슬을 파면하라고 명하였다. 또 開市를 정파하라고 명하고, 江戶에 사신을 보내 매우 배척하는 뜻을 보이려고까지 하였다. 도주는 이 말을 듣고 두려워서 죄를 범한 왜인을 묶어 보내고, 차왜 등지승(藤智繩)을 파견하여 가신 평성춘(平成春)이 동래부사에게 보내는 글을 전하면서 조정에 죄를 청하였는데, 사연이 매우 공손하였다고 한다.[35]

대마번은 척박한 자연환경 때문에 농사가 거의 불가능하며, 동래개시(東萊開市)를 통해서 들여오는 조선산 생필품이 아니면 번의 경제를 꾸려가지 못할 형편이었다. 특히 조선산 쌀(公作米)은 번의 생계가 달려 있는 수입품이었으며, 대마번에서 조선으로 파견하는 裁判의 상당수는 公作米年限裁判이었다. 관수의 『每日記』에는 거의 매일같이 왜관과 대마번을 왕래하는 선박의 입출항에 관하여 꼼꼼하게 기록을 남기고 있는데, 이들 선박은 바로 조선이 수입하는 무역품을 싣고 왜관으로 입항했다가 공작미를 싣고 귀국하는 이른바 米漕船이었다. 쌀 이외에 조선산 인삼과 중국산 白絲도 대마번이 開市를 통해서 수입하는 무역품 가운데 중요한 비중을 차지했다. 인삼과 비단은 대마번 자체에서 소비하는 생필품은 아니었지만 오사카(大坂)나 교토(京都)로 전매하여 무역이익을 남길 수 있는 물품이었다. 이와 같은 무역이익은 막번체제 아래서 변방의 작은 부락 정도로 취급받던 대마번이 「10만석격(十萬石格)」의 다이묘로 행세할 수 있는 중요한 기반이 되었다. 따라서 조선에서 李麟佐의 亂 같은 변란이 일어나면 난 자체의 발생 원인이나 주모자·경과 등에 대한 관심보다도 난의 여파로 상품의 유통망이 막혀서 대마번의 경제에 영향을 미치게

---

35) 『인조실록』 50권, 인조 27년 2월 25일

될 것을 염려하였다.[36) 따라서 대마번의 입장에서는 번의 사활이 걸려
있는 開市에 민감할 수밖에 없었던 것이다.

6) 결론

근세 후기의 왜관을 어떻게 이해할 것인가에 대하여는 대체로 두 가지
견해가 있다. 첫째는 왜관을 규제 대상으로 파악하는 견해이다. 이와는
반대로 임진왜란 이후 200여 년 동안의 善隣外交 시대에 조일 간의 외교
와 무역이 이루어지던 곳이며, 조선후기 양국의 우호관계를 상징하는 곳
으로 보는 견해도 있다. 즉 통제와 교류가 공존하던 지역이 근세 왜관이
었다.

왜관을 규제 대상으로 파악할 때, 구체적인 통제 방법으로는 물리적
시설을 통한 통제와 약조를 통한 통제를 들 수 있다. 조선 정부는 임진왜
란을 겪으면서 더욱 심화된 일본인에 대한 불신과 경계심 때문에 왜관을
설치할 때부터 각종 물리적인 통제장치를 마련해 두고 왜관을 규제하였
다. 두모포왜관 설치 당시부터 왜관에 담장을 둘러서 왜관과 지역사회를
격리시키는 조치를 단행했고, 草梁으로 왜관을 옮긴 다음에는 왜관의 동
서남북에 禁標를 설정하고 왜관 거주 대마도인들이 통행증 없이 무단으
로 경계를 넘어가지 못하도록 하였다. 이러한 왜관 통제 방법은 나름대
로 상당한 기능을 했던 것으로 파악할 수 있다. 그러나 담장이나 禁標 등
물리적인 차단시설 만으로는 왜관 거주 대마도인들과 인근 지역민들의

---

36) 자세한 내용은 허지은, 『근세 대마번 朝鮮語通詞의 정보수집과 流通』 Ⅲ 「朝鮮語
通詞의 정보수집 방법과 내용」, 서강대학교대학원 박사학위논문, 2008 및 拙稿
「조선 후기 왜관의 정보수집에 관한 연구 -『分類紀事大綱』25 風說之事를 중심으
로」, 『한일관계사연구』 29집, 2008.4 참조.

접촉을 모두 막는 것은 불가능했다. 約條와 節目 등의 통제규정을 마련하여 왜관을 통제하는 방법도 일정한 성과를 거둔 것으로 보아야 하지만, 約條와 節目은 사전 예방적인 통제방법이라기보다는 사후 처리에 중점을 둔 통제방법이라고 보아야 할 것이다.

撤供·撤市는 闌出 등 통교규정에 위반하는 행위가 발생한 현장에서 즉각적으로 대응하여 왜관을 통제했다는 점에서 물리적인 통제규정이나 약조 등의 통제규정과는 다른 점이 있다.

撤供撤市를 단행하게 되는 동기는 다양하다. 동래부 관원을 구타했거나 이와는 반대의 경우, 闌出, 交奸事件, 밀무역 사건 등이 일어났을 경우에 동래부사가 일단 撤供 또는 撤市를 단행하고 장계를 올려 보고하는 절차를 거치는 것이 대부분이다. 동래부사의 장계가 도착하면 備局에서는 사안을 심의하여 신중하게 撤供·撤市의 당부를 결정하였다. 심의 과정에서는 上國으로서의 위엄과 왜관 통제에 주안점을 두었으며, 특히 조일 외교에 미치는 파장까지 고려하여 撤供·撤市의 지속 여부를 결정한 것으로 보인다.

撤供撤市를 단행할 때 그 대상은 왜관에 체류 중인 대마번의 역인들 전체일 때도 있고, 문제를 일으킨 당사자만 供物 지급을 중지하는 경우가 있었다. 어느 경우이든 館守는 왜관을 통제해야 하는 책임자로서 撤供의 대상이 될 때가 많았던 것으로 보인다. 이때의 撤供撤市는 왜관의 통제라는 목적보다 징벌로서의 성격이 강했다.

사료상으로는 撤供을 개시한 시점과 종료시점이 명백하게 기록되어 있지 않다. 撤供을 개시하는 요건이 成文 규정에 명확히 기록되어 있지 않고, 왜관을 통제하는 동래부사의 장계에 의하여 시작되듯이, 撤供의 중지 역시 국왕이 비국 당상을 引見하는 자리에서 당상들의 건의를 참작하여 결정한 것으로 보인다. 撤供 기간도 일률적이지 않으며, 사태의 추이를 지켜보다가 적당한 시기에 당상관이나 동래부사의 건의로 撤供을 중지하였다.

撤供과 撤市는 사안에 따라서 함께 시행되기도 하였고, 따로 시행되기도 하였으며, 특별히 구분해서 시행했던 것으로는 보이지 않는다. 供物 지급을 중단하는 撤供은 闌出 사건이 벌어지면 동래부에서 흔히 쓰는 왜관 통제책의 하나였다. 왜관 거주 대마인들에게 닷새마다 지급하게 되어 있는 각종 생필품(이른바 五日次)의 지급을 중단하면 왜인들은 당장 생활이 곤란해지기 때문에 대개의 경우 왜관 측의 사과를 받아내는 것으로 사건이 마무리되었다. 조정의 신료들 역시 撤供은 왜인을 통제하는 효과적인 방법으로 인식하고 있었다. 撤市는 대마번에서도 우려하는 사태였다. 대마번은 척박한 자연환경 때문에 농사가 거의 불가능하며, 동래개시(東萊開市)를 통해서 들여오는 조선산 생필품이 아니면 번의 경제를 꾸려가지 못할 형편이었다. 특히 조선에서 건너오는 쌀은 대마번의 사활을 좌우하는 중요한 물품이었기 때문에 조선에서 撤市를 단행하면 도주가 직접 나서서 사태 해결을 위하여 노력하였다. 따라서 撤供과 撤市는 조선 후기 왜관 통제책 중에서 왜관 체류 대마도인들을 통제하는 직접적이고 효과적인 수단이었다고 할 수 있다.

참 고 문 헌

1. 연대기사료 및 단행본

『朝鮮王朝實錄』, 국사편찬위원회 제공 원문서비스
　　(http://sillok.history.go.kr/main/main.jsp)
『承政院日記』, 국사편찬위원회 제공 원문서비스
　　(http://sjw.history.go.kr/main/main.jsp)

2. 일본사료

대마도종가문서자료집, 『分類紀事大綱』 I ~ IV, 국사편찬위원회, 2006~2007
일본국립국회도서관 소장, 『每日記』(http://dl.ndl.go.jp/)
일본국립국회도서관 소장, 『館守日記』(http://dl.ndl.go.jp/)

3. 단행본

『備邊司謄錄』, 국사편찬위원회, 2007
국역 『典客司別謄錄』 I ~ IV, 부산시사편찬위원회, 2009
『東萊府啓錄』 上·下, 부산시사편찬위원회, 1994
『東萊府事例』, 부산시사편찬위원회, 1963
『通文館志』, 서울대학교규장각 한국학연구원, 2006
『邊例集要』 上·下, 국사편찬위원회, 1984
국역 『增正交隣志』, 민족문화추진회
국역 『倭人求請謄錄』 I, 부산광역시, 2004
역주 『交隣提醒』, 한일관계사학회, 국학자료원, 2001
尹裕淑, 『近世日朝通交と倭館』, 岩田書院(東京), 2011
田代和生, 『近世日朝通交貿易史の研究』, 創文社, 2002년 제3판

4. 논문

김강일, 「동래부사와 대일외교」, 『동북아역사논총』 38호, 2012

김강일, 「조선후기 倭館의 정보수집에 관한 연구」 -『分類紀事大綱 25』風說之事를 중심으로-, 『한일관계사연구』 29집, 2008.4

金東哲, 「17~19世紀の釜山倭館周辺地域民の生活相」, 『都市史研究』 9, 2001

金東哲. 「15세기 부산포왜관에서 한일 양국민의 교류와 생활」. 『지역과 역사』 22. 27-55, 2008

김동철, 「조선후기 통제와 교류의 장소, 부산 왜관」. 『한일관계사연구』 37, 3- 36, 2010.

金義煥, 「李朝時代に於ける釜山の倭館の起源と変遷」, 『日本文化史研究』 第2号, 日本文化史學會, 1977.12

손승철, 「倭人作拏謄錄을 통하여 본 왜관」, 『항도부산』 10집, 1993.

양홍숙, 2010. 「조선후기 왜관 통제책과 동래 지역민의 대응」. 『역사와 세계』 37.

양홍숙, 「'범죄'를 통해 본 조선후기 왜관 주변 지역민의 일상과 일탈」. 『한국민족문화』 40. 233-263, 2011

윤유숙, 「近世癸亥約條の運用實態について -潛商・闌出事例を中心に-」, 『朝鮮學報』 160집, 1997

장순순, 「조선후기 倭館에서 발생한 朝日 양국인의 물리적 마찰 실태와 처리」, 『한국민족문화』 제31호, 부산대학교 한국민족문화연구소, 2008

허지은, 『17세기 조선의 왜관 통제책과 조일관계 -癸亥約條(1683)의 체결과정을 중심으로 -』, 『韓日關係史研究』 제15집, 2001

허지은, 『近世 쓰시마 朝鮮語通詞의 정보수집과 유통』, 서강대학교 박사학위논문, 2008

Louis James, 「朝鮮後期 釜山 倭館의 記錄으로 본 朝日關係 -폐・성가심(迷惑)에서 相互理解로」, 『韓日關係史研究』 제6집, 1996

米谷均, 「對馬口における朝鮮中國情報」, 『近世日本と海外情報』, 岩田書院, 2001

2. 對馬島人 退去 이전의 朝日交涉

1) 머리말

임진왜란 이후 250여년 동안 조선과 대마번은 갖가지 우여곡절을 겪으면서도 나름대로 평화로운 관계를 유지해 왔다. 그러나 1868년의 메이지유신(明治維新) 이후부터는 양국 관계가 흔들리기 시작하였다. 메이지유신은 일본에서 도쿠가와 막부가 무너지고 천황을 정점으로 하는 중앙집권적 정치체제를 탄생시켰으며, 이에 수반하여 정치·경제·사회적으로 많은 변화가 일어났다. 대마번을 매개로 하는 조일관계 역시 대마번이 외교 일선에서 물러나고, 메이지 정부가 직접 조선과 통교관계를 맺으려고 시도하는 등 큰 변화를 보이게 된다. 이와 같은 과정에서 조선과 메이지 정부, 그리고 대마번은 각자의 이해관계를 계산하면서 조일 관계는 복잡한 양상을 띠게 되었다.

이 시기의 조선과 대마번의 관계, 메이지 정부와 대마번의 관계, 그리고 조선과 메이지 정부에 관한 연구는 주로 일본 학자들이 주도해 왔으며,37) 국내에서도 몇몇 연구자들의 선도적인 연구가 있다.38) 이들 연구

---

37) 가장 대표적인 연구로는 田保橋潔의 연구를 들 수 있다(田保橋潔, 1940, 『近代日鮮關係史の硏究』上·下, 朝鮮總督府). 이 연구는 메이지유신 이전 시기부터 강화도조약에 이르기까지의 과정을 빠짐없이 다루고 있다. 그러나 이 연구를 이용할 때는 사실의 누락과 왜곡이 많다는 점을 간과해서는 안된다. 荒野泰典은 '家役'을 중심으로 조선과 대마번의 관계를 파악하려는 것으로 보인다. 즉 조일통교 업무를 주된 내용으로 하는 가역은 조선 무역에서 파생하는 각종 이익을 보장하는 것이기 때문에, 조선 무역상의 이윤을 藩의 존립기반으로 삼고 있던 대마번이 메이지 정부의 가역 환수 조치에 대하여 저항했던 것으로 보고 있다(荒野泰典, 1988, 『近世日本と東アジア』, 東京大學出版會; 石川寬, 1998, 「明治維新期における對馬藩の動向-日朝外交一元化と朝鮮·對馬關係」 『歷史學硏究』 709號, 歷史學硏究

에서는 물론 메이지 유신을 전후한 시기에 대마번이 주도했던 조일관계의 개편 시도, 메이지 정부의 외교 일원화 방침, 조선 정부의 주체적인 노력에 대하여 망라적으로 분석하였다.39) 다만 이 시기에 생산된 사료가 일본에 편중되어 있다는 사실 때문인지 기존의 연구에서는 주로 일본 사료에 의존하는 경향이 강하다고 볼 수 있다. 조선 측 사료로는 『고종실록』과 『승정원일기』에 단편적으로 보이는 약간의 기록과 『東萊府啓錄』이 중요한 사료가 된다. 최근의 연구로는 현명철의 「田保橋潔의 『近代日鮮關係の硏究』 무엇이 잘못되었을까」 가 주목된다. 현명철은 이 연구에서

會; 石川寛, 2001, 「明治維新と朝鮮·對馬關係」, 明治維新史學會編 『明治維新とアジア』, 吉川弘文館) 石川寛 2002, 「日朝關係の近代的改編と對馬藩」 『日本史硏究』 480號; 石川寛, 2002, 「明治維新期の對馬藩政と日朝關係」 『朝鮮學報』 183號, 朝鮮學會; 石川寛, 2003, 「明治期の大修參判使と對馬藩」 『歷史學硏究』 775號, 歷史學硏究會; 石川寛, 2004, 「倭館接收後の日朝關係と對馬」 『九州史學』 139號, 九州史學硏究會) 등이 있다.

38) 김흥수의 연구는 메이지 유신을 전후한 시기부터 강화도조약에 이르는 교섭과정을 모두 다루고 있다. 특히 그 동안의 연구에서 잘 다루지 않았던 국사편찬위원회 소장 宗家文書를 소개하고 있는 점이 주목된다(김흥수, 2009, 『한일관계의 근대적 개편과정』, 서울대학교출판문화원; 손승철, 1994, 「1872년 일본의 倭館占領과 朝鮮侵略」 『軍史』 28호, 국방군사연구소; 沈箕載, 1997, 『幕末維新 日朝外交史の硏究』, 臨川書店; 현명철, 2003, 『19세기 후반의 對馬州와 韓日關係』, 국학연구원; 현명철, 2010, 「幕末·明治 초기 對馬州 정치사 개관」 『부산과 대마도의 2천년』, 부경대학교 대마도연구센터; 현명철, 2011, 「한·일 역사 갈등의 뿌리를 찾아서」 『한일관계사연구』 46집, 한일관계사학회; 현명철, 2013, 「對馬藩 소멸과정과 한일관계사」 『동북아역사논총』 41호; 장순순, 2004, 「초량왜관의 폐쇄와 일본 租界化 과정」 『일본사상』 7집, 일본사상사학회 등이 있다.

39) 현명철은 최근의 연구에서 일본 사료의 신빙성에 의문을 제기하고, 일본의 역사왜곡에 대하여 비판하였다. 즉 총독부가 만든 역사교과서 『보충교재』와 『교수참고서』를 분석하고, 자신들에게 불리한 자료는 신뢰도에 의문을 제기하고 폐기했으며, 유리한 자료는 과대하게 부풀렸다고 분석하였다. 그리고 일본이 만든 왜곡된 역사인식이 아직도 남아 있다고 보았다(현명철, 2011, 「한·일 역사 갈등의 뿌리를 찾아서」 『한일관계사연구』 46집).

그 동안 메이지유신 전후의 한일관계 연구에서 텍스트 역할을 해 왔던
다보하시 키요시의 연구를 8개 항목에 걸쳐 실증적으로 비판하고 있
다.[40]

　본 연구에서는 일단 기존의 연구성과를 정리해 보고, 1868년 9월에 왕
정복고 통고 사절이 조선에 파견되면서부터 시작된 서계 개찬 논의와 조
선의 대응에 대하여 살펴보려고 한다. 자칫하면 기존 연구의 재판이 될
수도 있겠지만, 가급적이면 기존의 교린체제를 유지하려던 조선 정부의
대응에 초점을 맞추어 교섭의 전말을 살펴보겠다. 아울러서 왕정복고 이
후 조일관계의 개혁을 지향했던 대마번의 행동을 규명하는 작업으로 대
수참판사의 파견 과정과, 이들이 왜관에서 벌였던 교섭 과정을 검토하고
자 한다. 이러한 작업은 지금까지의 통설적인 견해를 다시 한 번 고찰해
본다는 의미도 있을 것이다.

2) 大修參判使의 파견

(1) 새로운 圖書의 주조

　1868년(고종5, 慶應4) 3월, 도쿠가와 막부(德川幕府)가 무너지면서 성
립한 메이지 정부(明治新政府)는 아직은 조일간의 외교를 관리할 능력이
없었다. 그리하여 모든 외국과의 교제는 원칙상 조정에서 취급하지만,
조선은 예로부터 왕래하던 나라이므로 지금까지와 마찬가지로 대마번주
소 요시아키(宗義達)에게 조일간의 통교를 「家役」으로 인정한다는 지시
를 내렸다.[41] 대마번에서는 이 기회를 이용하여 오시마 도모노죠(大島友

---

40)『한일관계사연구』5 현명철,「다보하시의 ～ 」『한일관계사연구』51, 2015.
41)『日本外交文書(韓國篇)』245, 宗義達ヘノ御沙汰書, 朝鮮卜ノ通交取扱ノ件(明治元年

之允) 등을 중심으로 메이지 정부와 교섭해서 조일 외교체제를 혁신하고, 신정부로부터 재정 원조를 얻을 수 있도록 계책을 꾸몄다. 윤4월에 대마번은 번주 명의로 조일외교의 쇄신을 요구하는 上書를 메이지 정부에 제출했다.[42] 상서에서는 종래의 조일 외교무역 체제를 비판하면서, 대마번은 식량을 韓土에서 받아먹으며, 조선에 대하여 藩臣의 禮를 취한다고 하였고, 조선측은 대마번에 公作米 등 물화를 의도적으로 지연시킨다는 점, 그 외에도 조선에서 도서를 받는 것 등 굴욕적인 형식을 취한다는 점, 조일 무역의 쇠퇴로 대마번의 재정이 궁핍해져 방위능력이 결여되고 있다는 점, 종래의 제도를 개혁하여 일본의 國威를 세우고, 조일관계를 대마번에만 맡기지 말고 전국적으로 대처해 갈 것을 주장하였다. 건의 내용의 핵심은, 대마번이 조선에 경제를 의존하고 있기 때문에 지금까지 '藩臣의 禮'를 취해 왔고, 이것은 조선과 대마번의 통교관계가 '對州의 私交'가 되어 국가의 치욕이 된다고 비판하면서 그 개혁을 원한다는 것이었다. 이와 함께 경제적으로 자립이 가능할 정도의 재정 원조를 요구하였다.

이러한 주장은 이미 1862년 이래 대마번이 취해 왔던 조선에 대한 일관된 노선이며, 1864년에 있었던 오시마 도모노조의 建白書와도 일맥상통한다. 자신의 건백서를 관철하려 했던 오시마는 메이지 정부와 교섭을 진행하여 번주 소 요시아키의 관위를 승진시키고, 조선 정부가 교부한 圖書를 폐지하며, 신정부에서 지급한 新印을 서계에 찍고, 더욱이 조선에서 淸國만을 상대로 사용하는 '皇', '勅' 등의 문자를 써서 일본 천황을 지칭하도록 하였다.[43] 그리고 이미 『朝鮮進出建白書』에서도 언급한 바

3月 3日).

원문은 다음과 같다. 「今般王政御一身、總テ外國交際之儀於朝廷御取扱被爲在候二付テハ、朝鮮國ノ儀者古ヨリ來往ノ國柄、益御誠信ヲ被爲立候御旨趣二付、是迄ノ通兩國交通ヲ掌候樣家役二被命候 …(이하 略)」.

42) 『日本外交文書(韓國篇)』 288, 宗義達ヨリノ上書(閏4月 6日).

와 같이, 조일 통교체제의 변혁에 대하여 조선측이 강하게 반발할 것을 예상하고, 서계가 조선에 전달되기도 전인 1868년 10월 대마번주로 하여 금 왜관에서의 撤供撤市 등 조선측의 조치에 미리 대비하도록 대마번에 시달하고 있다.44)

大修參判使란 王政復古를 알리기 위하여 조선 정부에 파견했던 사절 단을 말한다. 대수참판사에 관해서는 다보하시 키요시(田保橋潔)의 『近 代日鮮關係の硏究』(上卷) 이후 많은 연구에서 이 저서를 언급했다. 그러 나 이들 연구는 『日本外交文書』와 『朝鮮事務書』 등 外務省史料에 의거 해 왔기 때문에 대수참판사와 관련된 대마번의 동향에 대하여 파악할 수 없었다. 대마번은 건의활동 중 왕정복고 통고 사절이 지참한 서계에 대 하여 다음의 세 가지 점을 제기했다.

첫째, 왕정복고를 알리는 서계의 문안, 둘째는 서식인데, 소 요시아키 가 '左近衛少將從四位上'으로 승진함에 따라 '日本國左近衛少將對馬守平 朝臣義達呈書, 朝鮮國禮曹參判姓公閣下'로 정했다. 세 번째가 圖書를 바 꾼 일이다. 도서는 통교의 증빙으로 삼기 위하여 조선이 통교자에게 만 들어 준 구리도장을 말하는데, 서계라든가 文引에 반드시 찍어야 하는 것이 조선 정부와 대마번 사이에 약속한 통교규정이었다. 대마번은 조선 에서 만들어 준 도서[義達印] 대신 일본 조정에 새로운 인장을 청원하였 다. 조선에 대하여 '藩臣의 禮'를 올리는 몇 차례의 의례에서 대마번이 가장 '國辱'으로 인식했던 것이 도서였기 때문이다. 조선이 만들어 준 도 서의 사용을 중지함으로써 조선에게 '藩臣'으로 취급되는 입장을 부정하 고, 일본 조정이 만들어 준 새로운 인장을 사용함으로써 소씨가 일본 조 정의 신하라는 점을 보여주려던 것이었다. 그 결과 '平朝臣義達章'이라 는 새로운 인장을 주조할 수 있도록 허가가 내렸다.45) 그러나 도서의 변

---

43) 田保橋潔, 『近代日鮮關係の硏究』 上, 138~143쪽.

44) 田保橋潔, 앞의 책, 152~153쪽.

경은 조일 통교가 시작된 이래 가장 중대한 사안이었으며, 조선이 아무런 조건 없이 도서 변경을 수락한다는 것은 기대하기 어려웠다.[46]

왕정복고를 알리는 일본측의 서계는 두 차례에 걸쳐 전달되었다. 우선 왕정복고와 도서를 변경한다는 사실, 그리고 이 사실을 정식으로 통보하기 위한 大差使를 가까운 시일 안에 파견한다는 내용을 알리는 서신과 이를 정식으로 알리는 대수참판사가 휴대하고 온 서계 등이다. 이들 서계는 모두 '左近衛少將對馬守平朝臣義達'이라는 명의로 되어 있는데, 왕정복고와 도서변경을 알리는 서계는 禮曹大人과 東萊釜山兩令公 앞으로 한 통씩, 그리고 大修大差書契는 예조참판, 예조참의 앞으로 한 통씩 전부 4통으로 되어 있다.[47] 이 중 왕정복고와 도서 변경을 알리는 서계를 예시해 보면 다음과 같다.

> 日本國左近衛少將對馬守平調臣義達
> 奉書朝鮮國禮曹大人閣下 季秋遙惟 文候介寧 瞻依良深 告者本邦頃時勢
> 一交邊政權歸一皇室 在貴國隣誼固厚 豈不欣然哉 近差別使 具陳顚末 不
> 贅于玆 不佞嚮奉勅朝京師 朝廷特襃舊勳 加爵進官左近衛少將 更命交隣
> 職 永傳不朽 又賜證明印記 要之兩國交際益厚 誠信永遠罔渝 叡慮所在感
> 佩曷極 今般別使書翰押新印 以表朝廷誠意 貴國亦宜領可 舊來受圖書事
> 其原由全出厚誼所存 則有不可容易改者 雖然即是係朝廷特命 豈有以私
> 害公之理耶 不佞情實至此 貴國幸垂體諒 所深望也 餘冀順序保嗇 肅此
> 不備
> 慶應四年戊辰九月 左近衛少將對馬守平朝臣義達

---

45) 石川寬, 2003.5, 「日朝關係の近代的改編と對馬藩」『歷史學研究』第775号에서 인용함.

46) 현명철은 일본의 도서 변경 통고에 대하여 '조선의 출입국 권리를 무시하는 내용'이라고 설명하였다(현명철, 2011, 「한·일 역사 갈등의 뿌리를 찾아서」『한일관계사연구』46집, 11쪽).

47) 田保橋潔, 앞의 책, 151~156쪽.

초량왜관에서 이 서계의 등본을 받은 왜학훈도 安東晙은 서계 중에 '皇室奉勅' 등의 자구를 사용한 점과, 조선이 만들어 준 島主圖書를 폐지하고 마음대로 新印을 찍은 格外의 서계임을 들어 즉시 척퇴할 것을 주장했다. 그러나 다시 대수참판사가 도착했고, 안동준은 왜관에서 대수참판사 正官 히구찌 데쓰지로(樋口鐵四郎)를 만났다. 정관은 앞서와 마찬가지로 왕정복고의 개요를 설명하고, 新印을 만든 이유를 설명하면서 선례에 의한 접위관의 접대를 요구하였다. 그러나 안동준은 대수참판사는 格外일 뿐만 아니라, 서계 중에 규정 외의 문자가 많은 것을 지적하고 즉시 귀환할 것을 요구하였다. 이후 훈도는 이 사실을 동래부사에게 보고하였고, 동래부사는 1월 29일에 이를 중앙에 보고하였다. 조정에서는 꼭 한달 뒤인 2월 29일에 대마도주의 직함이 바뀌고 朝臣이라고 쓴 것, 格例에 특히 위배되는 것 등을 개수해서 다시 바치도록 책유하고, 3백년 약조의 본뜻을 지키도록 개유하고 일본의 서계를 거부하도록 의정부를 통해서 지시했다.[48]

조선의 입장에서 대마번의 이와 같은 요구는 들어줄 수 없는 문제였다. 일본 천황이 이런 종류의 문자를 사용하도록 용인한다는 것은 중국 황제와 일본 천황의 대등성을 승인하는 것이 된다. 아울러서 조선국왕보다 상위의 존재로서 일본 천황이 있다는 것을 조선측이 인정하는 것이나 마찬가지였기 때문이다. 이것은 조선 국왕과 일본국 大君의 대등성을 기초로 유지되어 온 17세기 이래의 「교린관계」에 종지부를 찍는 결과가 된다.

조선에서 서계 접수를 거부할 것이라는 점은 대마번에서도 미리 예견하고 있었다. 외교문서의 형식이 400년의 역사를 가진 조일간의 외교 관행에 어긋난다는 사실은 대마번도 잘 알고 있었다. 그럼에도 불구하고 대수참판사 파견을 감행했던 것이다. 사절 파견 직전에 대마번주가 「조일 외교체제에서 새로운 방식을 도입하는 것은 종래의 방식을 일신하고,

---

48) 『日省錄』 高宗 己巳年(1869) 12월 13일.

대마번과 조선 정부 사이에 유지되어 오던 외교관계를 파기하는 것이나 마찬가지이다. 따라서 조선측은 대마번과의 관계 단절, 무역 정지 조치로 응수할 지도 모른다. 설령 그렇다 해도 번내 일동이 일치 협력하여 난국을 타개해야 하며, 끝까지 初志를 관철하도록 노력하라」49)는 취지의 포고를 영내에 발령한 것을 보아도 명백하다.

당시 훈도 안준경 명의로 전달된 두 통의 각서에는 조선에서 문제로 삼았던 자구에 대한 상세한 이유와 함께 조선측의 입장이 잘 드러나 있다.

> 覺
> 一. 左近衛少將
> 功에 따라서 혹 붙이고 떼일 수는 있으나 본국에서 행해야 한다. 교린의 법에는 講定이 있어 바꿀 수 없는 것인데, 어찌 이와 같이 몇 자씩을 더 넣는가. 우리나라의 禮曹參議인 경우 원래 右侍郎이고, … 전부터 쓰지 않았는데, 귀국에서 어찌 마음대로 증감을 하는가. 전례를 준수하지 않는 것이다.
> 一. 平朝臣
> 지난 서첩을 보면 비록 고관대직에 있는 자라도 성명의 중간에 관직의 군더더기를 붙인 적이 없다. 이는 格外의 일이다.
> 一. 書翰押新印
> 귀국은 封彊之臣으로 원래 인장이 있어 본국에서 행했다. 그러므로 귀국에서는 반드시 아국에서 준 印章을 서계에 써서 憑信의 뜻을 보이고자 법규를 바꾸지 않았으나, 이제 다른 印으로 바꾸고자 하니 결코 받을 수 없다.
> 一. 禮曹大人公
> 公이란 君公의 칭호이며 五等侯伯의 爵으로 대인에 비교해 낮추는 것은 아니지만, 대개 서계의 칭호로는 大人을 삼백년이나 써왔는데 지금 갑자기 公을 칭하는 것은 格外이니 역시 전례를 따르는 것이 당연하다.

---

49) 『藩廳每日記』 明治1.10.8.

一. 皇室

　皇은 천하를 통일하여 온 땅을 다스리는 칭호이다. 비록 귀국에서 쓴다고 하나 귀국과 아국간에 왕래한 서계 중에는 교린 이래로 없던 일이다. 이같은 字句는 결코 받을 수 없다.

一. 奉勅

　勅은 天子의 詔令으로 비록 귀국에서 높여 쓴다고 하나 교린 이래로 쓰지 않은 문자이니 다시 논하지 않겠다.

一. 厚誼所存有不可容易改者

　貴州에서 대대로 我印을 받음은 交誼가 있음인데, 이에 이르름은 私로써 公을 害하는 문구이니 어찌 사사로이 서계에 찍을 수 있겠는가. 이는 귀국의 典州之官이 사사로이 隣國에서 인장을 받는 것과 같은 바, 귀국의 일이 어찌 이와 다르겠는가.

一. 무릇 양국의 약조는 변할 수 없는 문자이므로, 왕복 서계에는 방만한 문자가 아니더라도 한 마디라도 규격에 틀리고 한 자라도 거슬려서는 받아들일 수 없다. 비록 백년을 기다리더라도 단지 隣好를 해칠 뿐이니 어찌 일이 이루어지기를 기약할 수 있겠는가. 귀국 역시 일의 도리를 잘 아는 사람이 있겠지만 끝내 깨닫지 못하니 진실로 개탄할 뿐이다.

기사 11월

　이상의 내용을 통해 볼 때 당시 조선의 입장은, 양국의 우호를 지속하기 위해서는 종전과 마찬가지로 교린체제를 원칙으로 삼아야 하며, 이를 어길 경우에는 교섭할 수 없다는 기본입장을 취했던 것으로 볼 수 있다. 즉 일본이 종전과 마찬가지의 교린관계를 원한다면, 양국간의 약조에 따라 수백년 동안 지속되어 온 종래의 형식을 취하라는 것이 조선의 입장이었다. 일본의 國制가 변했다고 해도 그것은 일본의 사정에 불과다는 입장을 고수하고, 대마번을 배제한 외무성 관리와의 직접 교섭은 허락하지 않겠다는 태도를 보인 것이다.[50] 그리고 이 일로 인하여 일본에 대한

---

50) 손승철은, 이와 같은 조선 정부의 입장에 대하여, '종래부터 행해 온 교린체제의

뿌리 깊은 불신감과 서구에 대한 위기의식이 고조되었고, 일본과 구미
세력이 통모하여 조선을 침략할지도 모른다는 의구심이 깊어지게 되었
다.[51] 따라서 교린체제 아래에서 전례를 무시한 메이지 정부의 일방적인
통보는 조선측의 강한 반발을 야기했고, 종전의 교린체제를 지키지 않는
이상 타협할 수도 없는 상황이 될 수밖에 없었다. 한편 이러한 사실이 일
본에 전해지자 侵韓의 구실을 찾던 메이지 정부의 대한정책은 강경파의
征韓論이 득세하게 되었고, 이미 변질되기 시작한 교린체제는 메이지 정
부의 일방적인 서계 양식 변경과 그 수락 여부를 둘러싼 논란으로 더욱
붕괴되어 갔다.

(2) 왜관 교섭과 서계 문제

조선으로 파견되는 각종 사절에게는 동래부에서 사절의 격에 상응하
는 접대를 베푸는 것이 항례이다. 선례에 따르면 접대는 대체로 조선측
兩譯[훈도와 별차]과의 첫대면, 동래부사와 부산첨사가 참석하는 宴享儀
(茶禮儀라고도 하며, 이때 書契를 전달한다), 封進宴(진상품과 하사품 교
환), 서계에 대한 조선의 답서 전달, 출범의 순서가 된다.

가와모토 간사관 역시 12월 18일에 입관한 훈도 安東晙과 별차 李周
鉉에게 서계 등본을 제출하고 서계 접수를 요청하였다.[52] 대수참판사 정
관 히구찌 역시 이듬해 정월 4일에 훈도·별차와 첫대면을 했고, 도선주
코모다(薦田)로 하여금 이번의 사절은 전례에 없는 사절이지만, 구례에

형식에 의해서만, 두 나라 사이는 물론 동아시아의 전통적인 국제관계가 유지될
수 있다는 대외정책의 기본 입장을 나타낸 것'이라고 평가하였다(『朝鮮時代 韓日
關係史硏究 - 交隣關係의 허와 실 - 』, 2006, 경인문화사, 284쪽).

51) 荒野泰典, 1988, 「明治維新期の日朝外交體制'一元化'問題」 『近世日本と東アジア』,
東京大學出版會, 280쪽.

52) 田保橋潔, 昭和15年(1940), 『近世日鮮關係史の硏究』 上卷 156쪽, 朝鮮總督府中樞院.

얽메이지 말고 접대를 받을 수 있도록 주선해 달라고 전했다. 하지만 조선측은 가와모토가 지참한 서계[裁判書契]의 違式을 이유로 접수를 거부하였다. 서계가 위식이라고 판단한 점은 세 가지였다. 첫째로 소씨의 직명이 '左近衛少將'으로 바뀌었고, 성 아래 '朝臣'이라는 두 글자가 있는 점, 둘째로 문장 중에 '皇'이라든가 '以私害公' 등 부적절한 용어를 사용한 점, 셋째로 조선에서 만들어 준 도서가 아니라 새로운 도서를 사용하겠다는 통지였다.

새로운 도서의 사용에 대하여 "偏ニ天朝を被重、公私之御弁別を被爲正候御主意"라고 했던 대마번은 이것이 "是係朝廷特命, 豈有以私害公之理耶"라고 조선측에 알렸다. 그러나 조선측의 입장은 달랐다. 조일간의 통교에서 대마번은 대대로 조선에서 만들어 준 인장을 사용해 왔는데, 이것은 公이며 私가 아니었다. 새로운 인장을 사용하는 것이 公이라는 대마번의 주장은 조선의 입장에서 볼 때 참으로 놀라운 일이었다. 이와 같은 서한을 받은 훈도 안동준은 '심지어는 以私害公이라는 말, 도서 반납의 說에 이르러서는 불각 중에 입이 열려서 다물어지지 않고 혀가 올라가서 내려오지 않는다'(2월 29일)고 강하게 반박하고 있다.[53] 대마번의 주장은 요컨대 메이지 정부가 외국과의 교제를 주관하는데, 조정으로부터 '家役'으로 조일 통교권을 위임받은 현재의 입장이 '公'이며, '藩臣의 禮'를 올려야 하는 과거의 통교관계는 개혁되어야 하는 대마번의 '私交'라는 것이었다.[54] 임진왜란 이후 지속되었던 평화적인 교린관계를 '사사로운 관계'였다고 부정하고 새로운 관계를 일방적으로 강요하는 것은 260여 년간 유지되었던 기유약조를 일방적으로 파기하고 조선에 대하여 복속을 요구하는 것이나 마찬가지였다. 아울러서 조선이 서계 접수를 거

---

53) 현명철, 2003, 『19세기 후반의 대마주와 한일관계』, 국학연구원, 188~189쪽에서 인용함.

54) 石川寬, 주 1)의 논문 『明治期の大修參判使と對馬藩』에서 인용함.

부하면 무력으로 응징하겠다는 의도 아래 서계 접수를 강요하는 상황이었다. 이에 대한 조선측의 반응은 '지금 일본과 和를 잃는 것은 長策이 아니나 … 일본이 참지 못하여 전쟁을 일으키면 죄는 일본에 있다. 그러면 국력을 다 하여 싸울 뿐이다'(3월 13일)라는 각오를 보이고 있다. 조선 정부는 기존의 우호관계와 기유약조의 준수를 강조하고 서계 수정만을 요구할 뿐 전쟁의 구실을 주지 않았다. 또한 조선은 왜관에 체제 중인 쓰시마 관리들을 설득하였고, 부산진을 중심으로 수군을 훈련시키고 이를 보여줌으로써 섣부른 도발을 억제하였다.

裁判書契[先問書契]를 둘러싼 교섭이 교착상태에 빠지자 왜관측은 방침을 바꾸었는데, 먼저 왕정복고를 알려야 하는 대수참판사의 서계를 접수하도록 요청하고,[55] 이와 동시에 관수의 다례의도 요청하였다.[56] 1867년 4월에 부임한 관수 반 누이노스케(番縫殿介)[57]는 서계 문제가 해결을 보지 못하고 있는 사이에 다례의가 계속 연기되고 있었다. 여기서 다례의를 요구했던 이유는, 다례의에 참석하는 동래부사와 부산첨사 면전에서 대수참판사의 서계를 접수해 달라고 담판을 짓기 위한 것이었다.

신임 관수를 위한 다례의는 6월 15일에 열렸고,[58] 반 누이노스케는 이 자리에서 동래부사 鄭顯德에게 대수참판사의 서계를 접수하도록 의정부에 계문을 올려달라고 요청하였다. 동래부사는 당혹감을 감추지 못했지

---

55) 조선과 대마번의 교섭이 난항에 빠진 이유에 대하여 沈箕載교수는, 기본적으로 일본측의 일방적인 書契 違式에 기인하는 것이 主因이라고 보았다. 그리고 東萊府와 倭館 모두 중앙정부와 대마번의 방침에 크게 규제를 받고 있어서 先問書契 및 大修使書契 受理 교섭이 난관에 봉착한 점도 있다고 분석하였다(沈箕載, 1997, 『幕末維新日朝外交史の研究』, 臨川書店, 90쪽 참조.

56) 『館守每日記』 明治2.3.14.

57) 番縫殿介는 104대 관수로 慶応 3년(고종 4) 4월 朔日에 부임했고, 再任이었다. 初任은 文久 3년(1863, 철종 14) 4월 17일이다.

58) 『館守每日記』 明治2.6.15.

만, 다례의 거행 사실을 의정부에 보고할 때 이 요청을 함께 보고하겠다고 약속했다. 6월 28일에 동래부사는 약속대로 관수의 요청을 의정부에 보고했는데,[59] 의정부의 답신은 늦어지기만 했다. 왜관측은 훈도와 별차에게도 회답서를 재촉하였고, 특히 9월 29일에는 다시 동래부사와 부산첨사를 만나 논의할 것을 요청하면서 두 사람이 왜관으로 오든지, 아니면 왜관측에서 동래부까지 찾아가 담판을 벌이겠다고 하였다.[60]

의정부의 답서는 10월 하순이 되어서야 겨우 도착했고, 동래부사는 의정부의 방침에 따라 훈도에게 傳令書를 써 주었다. 훈도는 24일에 입관하여 왜관측에 전령서를 제시하면서, 서계 속의 몇몇 글자와 인장을 바꾼 문제 때문에 설령 왜관에 10년을 머문다 해도 접대는 허락할 수 없으니 사절은 속히 돌아가라고 전했다.[61] 이 회답서에 대하여 왜관측은 25일에 다시 훈도를 불러 別宴을 열고 논의를 거듭했다. 이 자리에서 훈도 안동준은, 서계의 문장과 새로운 도서는 결코 허용할 수 없으니까 '變通[서계 개찬]'이 필요하다는 의견을 밝혔다. 즉 대수참판사 서계 중의 '皇' 자를 '朝廷'으로 바꾸고, 舊印과 舊式에 따르면 신속히 서계를 수리할 수 있으며, 재판서계 역시 불필요하게 된다는 의견이었다.

왜관측은 이에 대하여 이번의 문제는 모두 '조정의 명령'이기 때문에 대마번이 스스로 서계를 바꿀 수는 없다고 대답하였다. 이에 대하여 훈도는 "서계의 접수 여부는 왜관이 서계를 바꾸는지 여부에 달려 있다"고 하며 거듭 설득하였다.[62] 이후 왜관측은 모든 관원이 모여 논의를 거듭

59) 『館守每日記』明治2.6.29.

60) 『館守每日記』明治2.10.9.

61) 『館守每日記』明治2.10.24, 동 11.20, 28일

62) 石川寬는 서계 개찬을 요구한 훈도의 의견을 私見으로 보고, 대수참판사 일행이 철수하지 않고 서계 개찬을 통해서 문제를 해결하려 했던 훈도의 의견은 이후 대마번의 방침에 지대한 영향을 주었다고 한다(『明治期の大修參判使と對馬藩』 4 쪽). 그러나 훈도의 의견을 사견으로 보기에는 무리가 있다. 書契가 무엇인지, 그

했고, 11월 5일에 다시 훈도를 불러 사절을 거부하는 이유를 자세히 적어서 문서로 만들어 줄 것을 요구했다.[63] 훈도는 9일에 사절 거부 이유를 적은 2통의 문서를 건네주었다[任官'覺書]. '임관각서'에는 조선측이 '左近衛少將', '平朝臣', '서계에 찍은 新印', '禮曹參判公', '皇室', '奉勅'이라는 말을 違式으로 판단하는 이유와 '以私害公'에 대한 반박 논리가 정리되어 있었다. 사태가 해결의 기미를 보이지 않게 되자 왜관측은 도선주 코모다가 일시 귀국하여 앞으로의 조치에 대하여 번의 지시를 받기로 결정하였다.[64]

당시 대마번에서는 모두가 초조해하는 상황이었다. 그 까닭은 다음과 같은 이유를 들 수 있다. 첫째, 대수참판사는 1609년의 기유약조와 비교될 만큼 그 사명이 매우 중대하다는 점이다. 그런데도 단지 구례에 어긋난다는 이유만으로 서계를 접수하지 않는다면 대마번은 메이지 정부에 대하여 위신을 잃게 되는데, 이것은 대마번의 중대한 실책이 되는 셈이다. 둘째, 대마번은 구 막부 이래의 관례에 따라 대조선 외교를 家役으로 인정받았고, 이와 동시에 외교 쇄신안을 상신하여 이번에 대수참판사가 그것을 실행하겠다고 공약하였다. 대마번이 메이지 정부에 재정 원조를 요구할 때도 표면상으로는 조일국교 쇄신을 이유로 들고 있었다. 따라서 만일 대수참판사의 교섭이 실패하여 대조선 외교를 쇄신하겠다는 공약을 이행할 수 없게 되면 家役인 조일통교권도 상실하고, 그 결과 재정 원조도 기대할 수 없는 상황이 되므로 초조하지 않을 수 없었던 것이다.

리고 書契의 改撰이 무엇을 의미하는지 누구보다 잘 알고 있었을 훈도가 이처럼 중요한 외교문제에 대하여 개인적으로 해결 방법을 제시했다고 보기는 어렵기 때문이다. 사료에 기록이 없어서 확실한 내막은 알 수 없다. 그러나 大修大差使의 書契 改撰 문제에 관하여 한양에서 모종의 처리 지침을 받은 것이 아닌지 추측할 수는 있다.

63) 『館守每日記』 明治2.11.20.

64) 『館守每日記』 明治2.11.18.

대마번이 가장 우려했던 점은 일전에 훈도 安東晙이 비밀리에 우라세 사이스케(浦瀨最助)에게 말했던 것처럼, 조선 정부가 規外의 사절이라는 이유로 대수참판사의 서계를 받아주지 않고, 관례적인 수단을 동원하여 公作米·公木의 지급을 거절하는 것이었다. 이렇게 되면 대마번은 식량을 조달할 수 있는 길이 끊어지고 만다. 이와 함께 메이지 정부로부터 대조선 외교 쇄신을 이행하지 않았다는 이유로 재정 원조마저 거부당하면 경제적으로 파탄에 이를 것이라는 위기감이었다.[65]

3) 팔송사와 차왜

도서와 서계를 바꾸는 문제는 대수참판사가 단독으로 결정할 수 있는 문제는 아니다. 대마번에서는 정기 사절인 八送使와 임시 사절인 差倭를 조선에 파견하고 있었는데, 이와 같은 각종 사절들도 도서를 찍은 서계를 지참하고 조선으로 갔다. 대수참판사에서 시작된 도서와 서계 문제는 팔송사와 차왜를 포함하는 사절 전체의 문제였다.

(1) 팔송사의 도서 문제

대조선 무역은 대마번에서 파견하는 각종 송사와 불가분의 관계에 있었다. 즉 송사가 왜관에서 거행하는 의례에는 '進上'(1635년 이후부터는 封進으로 개칭)과 '回賜'가 있었고, 여기에 부수하여 공사 무역이 행해졌다. 이와 같은 의례 절차는 대마번이 조선의 '藩臣'이라는 사실을 확인하는 형식적인 과정이었다고 볼 수 있다. 때문에 대마번은 세견선(歲遣船, 팔송사) 파견에 대하여 '藩臣의 禮'를 올리는 '對州의 私交'로 인식하고

---

65) 田保橋潔, 昭和15年(1940),『近世日鮮關係史の硏究』上卷, 朝鮮總督府中樞院, 167쪽.

폐지를 주장했던 것이다. 물론 이를 위해서는 조선 무역상의 이익을 대신하는 재원의 확보[財政援助]가 필요했다. 하지만 메이지 정부에서는 1868년에 대마번이 요청했던 원조 요구를 보류한 상태였다. 따라서 원조가 실현되기까지는 팔송사를 통한 무역, 즉 조선에서 들여오는 물자가 반드시 필요하다는 현실 때문에 대마번의 고민이 있었다.

당초 대마번 내부에서는 대수참판사가 '公命'을 전달하는 사절이기 때문에 新印을 사용하고, '御私交之八送使'에게는 舊印을 사용하자는 의견이 있었다고 한다.66) 이것은 '公命은 新印, 私交는 舊印'으로 일단 공사의 구분을 명확히 하자는 의미가 포함된 듯하지만, 실제로 결정된 방침은 모두 新印을 사용한다는 것이었다. 新印을 사용하는 이상 팔송사의 파견은 新印사용을 알리는 幹事裁判과 마찬가지의 결과를 초래할 수 밖에 없었다. 그런 까닭에 1869년의 팔송사 파견이 늦어질 수 밖에 없었다. 재정 원조가 실현되었다면 몰라도, 무역 이윤을 대신할 수 있는 재원 확보가 불투명한 상황에서 팔송사 파견이 정지되자 대마번은 즉시 경제적인 어려움에 빠지게 되었다. 조선산 쌀[公作米]의 수입이 중단되자 대마번 내에서는 물가가 등귀하고 시중의 양곡 재고도 바닥을 드러냈다. 번이 위기에 빠지자 번사들 중에는 상경 중인 번주에게 기근 문제에 대하여 직소를 올리는 자도 나왔다. 번주가 부재 중인 가운데 1868년의 대마번은 매우 심각한 기근에 시달리고 있었다.

이와 같은 상황 속에서 일단 舊印으로 팔송사를 파견하려는 움직임이 자연스럽게 생겨났다. 결국 대마번에서는 평결을 거쳐 일단 舊印을 사용한 세견선 파견을 결정하고, 특사를 에도에 올려보내 상경 중인 번주의 의향을 묻기로 했다.67) 번주 소 요시아키는 10월 19일 자신의 의향을 밝혔는데, "대수사 교섭에 대한 허가 여부의 회답이 없는 중에, 인장 때문

---

66) 石川寬, 2003.5, 「日朝關係の近代的改編と對馬藩」 5쪽, 『歷史學硏究』 第775号.

67) 『藩廳每日記』 明治2.7.25

에 비례를 보이는 것은 시의에 맞지 않으므로 팔송사와 吹噓 등에 우선 舊印을 사용하도록 지시함." 이라는 통달이 대마번에 전달되었다.68) 요 컨대 시의에 맞게 文引[吹噓] 등은 일단 舊印을 사용하여 팔송사를 파견 하는 것이 좋겠다는 의견이었다. 다만 번의 목표는 어디까지나 "지금까 지의 잘못된 관행을 바로잡고, 국가의 치욕을 설욕함에 있다"는 다짐을 두었다.69) 이리하여 10월 21일에 무역은 일본 조정과 관계 없는 對州만 의 문제이므로, 서계와 吹噓에 舊印을 찍어 사절을 보내니 잘 조치해 주 기 바란다는 의미로 諭知使 아비루 도오루(阿比留通)를 파견하게 되었 다. 아비루는 11월 18일 왜관으로 건너가 임관[훈도·별차]에게 諭知文을 전달했다.70) 이에 대하여 훈도는 서계에 舊印을 찍는 것은 당연한 일이 며, 대수사 서계도 속히 구약대로 고치라고 답했다.

우여곡절 끝에 諭知使를 파견함으로써 지체되고 있던 1869년도분 팔 송사의 파견 환경이 갖추어졌다. 세견 제1, 2, 3선은 12월 朔日에, 이정암 송사와 세견 제4선은 이듬해 정월 11일에 조선으로 건너갈 수 있었다. 하지만 이들이 정식 사절로 인정되어 접대를 받기까지는 다시 반년의 시 간이 더 필요했다.71)

(2) 팔송사의 서계 문제

차왜 역시 서계를 지참해야 하고, 정식 사절로 인정된 다음에야 접대

---

68) "大修之御用諸否不及返答中, 御印章之故を以是より非礼を御開被成候段, 時宜不可然 義二付, 八送使吹噓等二至, 先御舊印倒用被成候段尊慮被仰出候." 원문은 田保橋潔, 昭和15年(1940), 『近世日鮮關係史の研究』 上卷, 朝鮮總督府中樞院, 117쪽에서 재인 용하였다.

69) 원문은 「舊來之謬例ヲ被正, 御國辱被雪候」이며, 주 29)의 사료에서 인용함.

70) 『館守每日記』 明治2.11.18. 「歲遣船之義者元卜對州限貿易二依被差渡候使者柄 …」.

71) 石川寬, 2003.5, 「日朝關係の近代的改編と對馬藩」 『歷史學研究』 第775号, 11쪽.

를 받는다는 점에서는 팔송사와 마찬가지였다. 入送 재개를 위해서는 신속히 조선 정부와 타협점을 찾아야 했다. 관수 반 누이스케가 훈도와 타협한 결과, 대마번측이 '朝臣'이라는 두 글자를 삭제하면 '左近衛少將'의 사용에 대하여 훈도가 주선해 보겠다는 합의점을 도출하였다.[72] 이 문제를 번과 협의하기 위하여 아비루는 1870년(고종 7, 明治 3) 2월 14일 일시 귀국하게 되었다.[73] 아비루의 보고를 들은 대마번은 '朝臣'이라는 문자를 삭제하기로 결정하고, 3월 13일까지 1869년도 제1선 서계부터 제17선 서계, 이정암송사 副書, 告還書契 등의 개찬을 끝냈다.[74] 이들 개찬된 서계는 고쿠부 다테미(國分建見)가 지참하고 4월 7일에 왜관으로 건너갔다.[75] 왜관에서는 훈도와 신속히 논의한 결과 4월 15일에 동래부사가 의정부에 장계를 올렸다.[76]

이때 대마번에서는 漂差使 역시 舊印을 사용하여 파견한다는 방침을 왜관에 전달했다.[77] 반 누이노스케는 대수사 문제는 조정이 어떤 지시를 내릴지 우리가 답변하기는 어렵지만, 원래 팔송사는 대마번의 무역이니 각 송사만큼은 신속히 접대를 해 달라고 요청했다.

그런데 이때 대마번에 대한 조선 정부의 불신감을 더욱 높이는 두 사건이 일어났다. 하나는 5월 3일에 독일 군함 헤르타(Hertha)호가 부산항에 입항했는데, 대마번의 통역 나카노 교타로(中野許太郎)가 이 배에 승

---

72) 김홍수는 이 합의를 '대수참판사의 서계'와 '朝臣'의 거부를 통해서 대마번을 메이지 정부와 분리하고, 그대신 대마도주의 승진은 인정하여 조선에서 이탈하는 것을 방지하기 위하여 도출한 것이라고 분석하였다(김홍수, 『한일관계의 근대적 개편과정』, 2009, 서울대학교 규장각한국학연구원 한국문화연구총서 34, 175쪽).

73) 『館守每日記』 明治3.2.14.

74) 石川寛, 2003.5, 「日朝關係の近代的改編と對馬藩」 『歷史學研究』 第775号, 12쪽.

75) 『館守每日記』 明治3.4.7.

76) 『館守每日記』 明治3.4.17.

77) 『館守每日記』 明治3.4.7.

선한 것이 문제가 되었다. 헤르타호는 일본 외무성으로부터 허가를 받고
주고쿠(中國), 시고쿠(四國), 규슈(九州) 지방의 연안 시찰을 목적으로 항
해 중이었다. 부산항에 입항한 목적은 조선과 해난구조조약을 체결하기
위해서였다.[78] 이 요청에 대하여 5월 4일 아침 훈도와 별차는 관수에게
조선의 攘夷 방침 알리고, 대마도인이 탑승한 사실을 따지는 동래부사의
서한을 전하면서 헤르타호의 즉시 퇴각을 요구하였다. 헤르타호는 시위
삼아 공포를 쏘면서 오후 2시경 물러갔다.[79] 조선 조정은 이 사건을 일
본이 洋夷와 공모한 사건으로 여기고 대마번주에게 엄중히 항의하는 한
편, 재발 방지를 요구하는 서계를 보내기로 결정하였다.[80]

다른 하나는, 서계 접수 문제로 훈도와 우라세 사이스케가 회담을 하
던 중, 조선 정부가 계속 서계 접수를 거부하면 메이지 정부에서 군대를
보낼지도 모른다고 언급한 우라세의 발언이 문제가 되었다. 우라세는 5
월 13일 훈도의 任所에서 '이후에도 대수참판사의 교섭이 타결될 전망이
없으면 대마번주의 사직과 待罪는 물론이고, 國使가 직접 군대를 이끌고
와서 조선 국왕과 면담을 시도할 것이다. 이렇게 되면 전쟁이 일어날 수
도 있다'고 훈도를 압박하였다.[81]

두 사건이 서로 연관이 있다고 판단한 조선 정부는 대마번에 대한 불
신감이 더욱 증폭되었고, 팔송사에 대한 접대를 허락할 수 없다고 생각

---

78) 『東萊府啓錄』 1870.5.5.

79) 『東萊府啓錄』 1870.5.5.

80) 『承政院日記』 1870.5.12 (국사편찬위원회, http://sjw.history.go.kr/main/main.jsp). "議
政府啓曰, 倭館所泊異樣船, 聞旣退去矣, 此夷之倏往倏來, 已是叵測之甚, 而第其五倭
之同騎一船, 現有紹介之跡, 且中野爲名者, 以曾住和館之人, 句引洋船, 肆然來泊者, 究
其情, 極爲痛惋, 館守倭處, 雖有任譯之責諭, 日後之慮, 難保其必無, 將此顚末, 修書契
下送萊府, 仍令轉致對州, 以爲嚴辭詰責之地, 凡於倭情, 奏聞上國, 卽定例也, 以此意撰
咨, 入送, 何如? 傳曰, 允."

81) 훈도와 대마번 통역 우라세 사이스케의 회담 내용은 김흥수, 전게서에서 상세히
소개하였다.

하게 되었다.[82] 그러나 군대를 파견할지도 모른다는 압력이 효과가 있었는지, 왜관의 거듭된 설득이 효과를 보았는지 조선 정부는 7월 4일에 팔송사 및 표차사의 다례의를 열고, 공작미 지급을 재개하겠다는 취지의 답서를 왜관에 보냈다.[83] 이렇게 해서 1869년분의 세견 제1선부터 제4선 송사, 이정암송사의 다례의가 열렸고, 8월 이후에는 1870년분의 팔송사와 표차사가 차례로 건너오게 되었다.[84] 이들이 지참하고 온 서계의 서식은 '日本國左近衛少將對馬守平義達奉書 朝鮮國禮曹大人閣下'로 통일되어 있었고, 답서는 '日本國左近衛少將對馬守平公閣下'였다. 간사재판과 대수참판사를 제외한 팔송사와 각종 차왜의 서계문제는 이렇게 일단락되었다.

4) 요시오카(吉岡) 사절단과 大修參判使

대수참판사 서계의 접수 거부 이후 조일간의 교섭은 매우 혼미한 상태에 빠지게 되었다. 이 무렵부터 메이지 정부 외무성은 소씨가 관장하고 있던 대조선 외교와는 별도로 조선에 독자적으로 사절 파견을 검토하기 시작하였다. 그 배경에는 구미 열강의 조선 진출에 대한 불안감과 소씨에 대한 불신감이 작용한 결과였다[85] 그리하여 외무성은 1870년 5월에

---

82) 『館守每日記』明治3.6.21.

83) 『館守每日記』明治3.7.4.

84) 상세한 내용은 石川寬, 2003.5, 「日朝關係の近代的改編と對 馬藩」『歷史學硏究』第775号 6~9의 表1과 表2에 잘 정리되어 있다.

85) 石川寬는 외무성이 관원을 파견하여 직접 교섭에 나섬으로써 대마번(소씨)은 「家役」의 사직과 대수참판사의 철수를 고려하게 되었다고 한다. 요컨대 조일관계에서 '公'의 입장에서 물러서려는 의지를 보인 것이라고 평가하였다(「日朝關係の近代的改編と對 馬藩」『歷史學硏究』第775호 12쪽).

대마번주 소씨의 직임을 회수하고, 9월에 사다 하쿠보(佐田白茅), 모리야
마 시게루(森山茂), 요시오카 고키(吉岡弘毅) 등 외무성 관리를 파견하여
직접 대조선 교섭을 담당하도록 하였다. 그러나 요시오카 사절단의 파견
은 대마번의 의도와는 다른 정책이었다. 대마번의 구상은 먼저 대수참판
사가 개찬서계로 왕정복고를 알리는 것이었으며, 외무성 관리가 갑자기
조선으로 건너가도 조선은 응하지 않을 것이라고 보았다. 즉 외무성 관
리가 조선과 직접 교섭에 나서려면 사전에 조선측의 의향을 타진하고 교
섭을 시작하든지, 아니면 대수참판사를 철수시켜서 대마번의 대조선 교
섭을 중지한 뒤에 외무성 관리가 교섭에 나서지 않으면 안된다고 판단했
던 것이다.[86] 결과는 대마번의 판단이 옳았으며, 조선은 외무성 관리의
접대를 거부하였다.

외무성 관리의 조선 파견 소식을 알게 된 대마번에서는 3개조의 伺書
를 외무성에 제출하고 번으로서의 대응을 질문하였다.[87]

조선과 직접 교섭에 나선 외무성은 외무경 사와 요시노부(澤宣嘉)를
통해서 당시 왜관에 주재하고 있던 대수참판사 히구치 데쓰지로에게 다
음과 같은 대조선 교섭 지침을 하달했다.[88]

　一. 조선은 접양구교의 나라이므로 관원을 파견하여 친교를 구하는 것은
　　　당연하다. 그러나 그 나라에 사정이 있다 하니 잠시 방책을 강구하며
　　　그 나라의 위급함을 염려하는 뜻을 표시하고, 그 해를 피하는 일을 권
　　　함으로써 인접국의 親情을 나타내야 한다.
　一. 미국과 구교는 없었다 해도 이미 정부와 공공연히 우호를 맺고 있다.

---

86) 石川寬, 2003, 「日朝關係の近代的改編と對馬藩」 『歷史學研究』 第775호, 15쪽에서
　　인용함.
87) 田保橋潔, 앞의 책, 244쪽.
88) 원문은 三宅英利著 손승철역, 1991, 『近世韓日關係史研究』, 이론과 실천, 310쪽에
　　서 재인용함.

그러나 조선은 정부와 아직 우호를 맺고 있지 않기 때문에 일본의 공적인 입장은 미국을 돕는 일에는 義가 있고, 조선을 돕는 일은 이치가 맞지 않는다. 그러므로 조선과 일본이 우호를 맺기에 앞서 일이 일어나면 미국이 하는 일을 감히 방해할 수는 없다. 미국과 우호를 저버리는 일은 합당치 않다.

一. 조선은 접양구교를 맺고 있으니 더욱 교역을 추진해야 한다. 그러나 미국도 공적인 友國이니 필요한 것은 우리와 함께 할 수 있다. 일본에 있어 양국의 관계는 이와 같다. 따라서 만일 어느 한 나라가 우리에게 청원해 오면 즉시 우호를 나타내어 그 청한 바를 충족시켜야 한다. 따라서 지금의 형세에 잘 통해 차질이 없게 해야 한다.

一. 조선의 뜻은 지금 미국과 상반되나 우리는 지금 미국과 뜻을 동일하게 해야 한다. 그러나 갑자기 개국의 뜻을 나타내면 혐의를 면치 못해 위기에 이르게 되니 해가 될 것이다. 삼가 미국에는 신의를 지키고, 조선에서는 혐의를 받아 위기를 초래하는 일이 없도록 해야 한다.

一. 지금의 형세는 조선이 거부하지만 오래지 않을 것이다. 반드시 개국하지 않을 수 없을 것이니 장래를 잘 판단해야 한다. 이상이 미국과 조선에 대한 우리의 입장이니 함부로 조치해서 뒤에 우환을 초래하는 일이 없도록 해야 한다.

명치 4년 신미 3월 외무경

이 방침이 의미하는 것은, 조선과는 이미 수백년에 걸쳐 교린체제에 의한 우호관계를 유지해 오고 있다. 그럼에도 불구하고 두 나라 사이에 조약이 체결되어 있지 않으므로 수호통상조약을 맺은 미국과의 관계가 우선한다는 것이다. 또한 가까운 장래에 조선이 개국할 것을 예상하고, 그때에 일본이 불리한 일을 당하지 않도록 대비하라는 것이다. 이것은 메이지 정부의 공식적인 입장이 이미 서구 근대국가의 외교 원리에 입각하고 있음을 보여주는 것으로서, 종래의 교린체제를 명백히 부정하는 입장에 섰다는 것을 알 수 있다. 교섭을 진행해도 조선 정부의 입장은 변함

없이 부정적이었다. 의정부로부터는 서계를 고치라는 지시가 내려올 뿐이었으며, 신미양요로 인하여 양국의 교섭은 다시 중단되기에 이르렀다.[89]

1872년 1월 메이지 정부는 대마도주 소 요시아키를 외무대승으로 임명하고 조선에 파견할 계획을 세웠다. 이어서 대수대차사 히구찌 데쓰지로를 귀국시키고, 모리야마 시게루 및 히로즈 히로노부로 하여금 대마도주가 廢藩置縣으로 해직되었다는 사실과, 그 임무를 메이지 정부에서 행한다는 사실을 알리며 교섭을 진행시켰다. 그러나 동래부사 鄭顯德은 이 사신이 구례에도 없으며, 倭使가 기선에 탑승하는 것은 이양선으로 오해받기 쉬우므로 접대할 수 없다고 거절했다. 조일간의 교섭이 조선측의 거부로 교착상태에 빠지자 외무성 관리였던 사가라 마사키(相良正樹)는 1872년 5월 26일 관수 후카미 마사카게(深見正景)와 관원들을 이끌고 왜관을 뛰쳐나와 동래부사에게 직접 교섭을 요청했다.[90] 그러나 동래부사는 이같은 倭館闌出 행위에 대한 책임을 물어 관수의 직무를 정지시켰고, 8월에는 一代官으로 하여금 관수의 일을 대행하도록 문서로 정식 통보했다.[91] 이렇게 왜관과 통래부 사이의 관계가 악화되어 갈 무렵, 메이지 정부에서는 그동안 추진해 왔던 이른바 외무성의 '왜관접수'를 단행하기에 이르렀다. 5월 28일에는 太政官 지시로 초량왜관의 사무를 외무성 소관으로 이관하고, 왜관에 재근중이던 인원 중 외무성 직원이 아닌 구 대마번사들의 귀국을 결정했다. 표류민 처리도 나가사키현으로 이관하였다.

이미 1871년 7월에 소씨가 관장해 왔던 家役으로서의 조일외교를 정

89) 『承政院日記』, 1869.12.13.

90) 木村直也, 2004, 「慶応3年の闌出について」 『8~17世紀東アジア地域における人・物・情報の交流』, 平成12年度~15年度科學研究費補助金研究成果報告書, 363쪽.

91) 현명철은 이 난출사건에 대하여 "한일관계에서 대마도의 지위가 급속히 상실되어 가는 시점에 일어난 대마도의 마지막 행동"이라고 평가했다(현명철, 2003, 『19세기 후반의 對馬州와 韓日關係』, 국학연구원).

지시켰던 메이지 정부는 조일외교에 관한 모든 권한을 장악하게 되었고, 1872년 정월부터는 그 기능이 정지된 상태였다.[92] 당시 왜관에 새로이 파견되어 교섭을 관장하던 외무성 관리 모리야마와 히로즈는 왜관의 대마번 관리들을 모두 소환하고, 외무성에서 직접 관리를 파견하겠다는 방침을 전했다. 그리고 1872년 정월부터는 구체적인 방안을 모색하면서 6월에 다음의 세 가지 항목을 메이지 정부에 상신했다.[93]

첫째, 왜관에서 구 대마번 관리들을 모두 소환하고 외무성 직원으로 대치할 경우, 양국 관계가 극도로 악화될 것이 우려된다. 따라서 실제로 왜관 접수를 단행하더라도 이 사실을 비밀에 부쳐서 외관상으로는 대마번 소관의 옛 모습을 그대로 보일 것. 둘째, 문인은 옛 도서를 그대로 사용할 것. 셋째, 구 대마번의 부채를 청산해 줄 것 등이었다. 이에 외무성은 첫째와 둘째 조항은 그대로 허가하고, 셋째 항은 대장성과 협의하도록 했다. 그리하여 메이지 정부는 8월 18일 천황 무쓰히토가 칙서로 외무대승 하나부사에게 다음 사항과 함께 '왜관접수'를 지시했다.[94]

一. 초량 공관의 館舍와 代官所는 종전과 같이 그대로 둘 것
一. 쓸데없는 士官과 잡인 등은 모두 귀국시킬 것
一. 상인들은 스스로 판단해서 하게 할 것
一. 勘合印은 옛 것을 그대로 사용할 것
一. 세견선은 폐지할 것
一. 세견선 물품 지체분(1872년 당해년분)은 宗家의 부채가 되고 있으므로 지급해 줄 것
一. 대마번에 체류중인 (조선)표류민들을 전부 송환할 것
一. 위 사항을 조선에 출장할 외무대승 하나부사 요시모토[花房義質]에게

---

92) 『朝鮮外交事務書』 3, 757쪽.

93) 田保橋潔, 앞의 책, 215~216쪽.

94) 『朝鮮外交文書』 403쪽.

전할 것

1872년 9월 왜관접수 권한을 위임받은 외무대승 하나부사 요시모토는 히로세 나오유키(廣瀬直行), 히로즈 히로노부(廣津弘信), 모리야마 시게루(森山茂) 등과 함께 군함 카스가호(春日號)와 기선 유코마루(有功丸) 편에 보병 2개소대를 승선시키고 왜관에 상륙했다. 하나부사는 기존의 1대관 가이즈 모타로(海津茂太郎)와 우에노 케이스케(上野敬助), 나카야마 키베(中山喜兵衛) 등을 외무성 지침에 따르지 않고 조선의 의도에 따랐다는 이유로 문책 귀국시키고 왜관 정리에 들어갔다. 관수 후카미(深見六郎-正景)는 외무성 9등출사로 임명하여 신임 관수로 보임하고, 11등출사 히로세를 제1대관으로, 外務少錄 오쿠 요시노리(奧義制)를 학사 겸 감찰로, 14등출사 스미나가 유스케(住永友輔)를 제2대관 겸 大通詞로, 나머지 구 대마번의 관리들은 모두 귀국시켰다. 이어서 초량왜관에 '大日本公館'이라는 간판을 달았다. 이때부터 외무성은 표류민 송환에서 迎來差倭와 서계를 생략하였다. 이에 따라 동래부사 역시 차왜도 없고 서계도 없으므로 표류민 송환에 대해서는 연회를 할 필요도 없고 예단과 잡물을 마련할 필요도 없어지게 되었다. 하나부사는 9월 25일 대마도로 돌아갔고, 동년 11월에 귀국하여 활동 내용을 복명하였다. 9월 28일에는 마지막 세견선이 초량항에서 대마도를 향하여 출발했다.

왜관 난출사건으로 동래부와 왜관 사이의 관계가 긴장하고 있던 시기에 하나부사가 승선한 일본 군함이 갑작스럽게 출현하자 사태는 더욱 악화되었다. 하나부사는 관수 후카미 마사카게를 새로이 외무성 직속 館司라는 직함을 주고 교섭을 요청했다. 그러나 10월에 훈도 안동준과 별차 현풍서는 館司 후카미 마사카게 이하 왜관원을 인정하지 않았으며, 왜관에 대한 식량 지급과 교역을 중지하는 撤供撤市를 단행하면서 모든 潛商 행위를 엄금한다는 포고문을 왜관의 守門에 내걸었다. 포고문의 내용은

倭夷와 洋夷를 동일하게 보고 衛正斥邪의 대상으로 삼겠다는 것이었다.95)

　본래 왜관은 건립할 당시부터 조선 정부가 '倭'를 회유하기 위한 목적으로 건립한 것이다. 즉 왜관의 기본적인 성격은 외국 사절이 임시로 머무는 '客館'이며, 부수적으로 '商館'으로서의 성격도 가지고 있는 대마도인들의 특수 거주구역이었다. 따라서 건축비와 왜관 관원의 체재비 등 모든 비용을 조선에서 부담했고, 대마도주의 책임 아래 사용을 허가한데 지나지 않는다. 그러나 메이지 정부가 왜관을 마치 자신들의 대외공관인 것처럼 강제로 차지한 것은 1609년 기유약조 이래 유지되어 오던 조일간의 외교 관례를 무시한 행위였다.

　1872년 9월 하나부사 일행이 왜관에 입관하여 대마도인들을 철수시킨 사건은 근세 한일관계가 종말을 고한 사건으로 매우 중요하다. 지금까지의 연구에서는 이 문제에 대하여 연구자마다 각기 다른 평가를 하고 있다. 1872년 9월 명치정부의 왜관접수는 접수가 아니라 분명히 '조선에 대한 침략적인 최초의 행위'라고 보는 견해,96) 왜관 점거를 메이지 신정부

---

95) 田保橋潔, 앞의 책, 295쪽에서 인용한 원문 중 "近聞來接館中 其形貌衣服 多非日本人 彼之變形易俗 非我所管 … 狎有洋船洋艦之至者 不可謂日本人也."

96) 손승철, 『조선시대 한일관계사 연구』, 경인문화사, 2006. 287~290쪽. '왜관침탈'이라는 표현에 대하여 현명철은 「1872년 일본 화륜선의 왜관 입항」(『동북아역사논총』 49호, 동북아역사재단, 2015.9.)에서 "일본의 침략성을 부각시키려는 의도에서 '왜관침탈'이라는 표현을 사용하는 사람도 있으나 침탈을 당하면 소유권이 뺏은 사람에게 가는 것이다. 1872년 대마도인들의 퇴거 이후에도 왜관의 수리와 관리는 동래부가 계속 유지하고 있었기 때문에 왜관은 접수되거나 침탈당하지 않았고 따라서 이러한 표현은 매우 부당하다."고 지적하였다. 그리고 「기유약조체제의 붕괴 과정에 대하여」(『한일관계사연구』 54집, 2016)에서는 1872년의 상황을 "기유약조 체제의 붕괴"로 명명한다는 의견을 피력하였다. 이 명칭은 당시의 상황을 객관적으로 파악했을 때 타당한 용어이기는 하지만, 명칭 자체에서 조선의 대응이라든가 메이지 정부의 의도를 파악하기 힘들다. '왜관 접수'라든가 '왜관 침탈'이라는 용어가 비록 부정확한 용어 할지라도 용어 자체에서 일본

의 외교창구 단일화 과정으로 이해하고 '왜관 개혁'이라는 용어를 사용한 경우[97] 등이 대표적이다. 최근의 연구에서 현명철은 조선쪽 사료인 『東萊府啓錄』과 『東萊府事例』, 『應接類書』 등을 면밀하게 분석하고 '왜관 접수'와 '왜관 침탈'이 잘못된 표현임을 주장하였다.[98] 그리고 "다보하시의 주장처럼 일본의 정당한 국교 개정 교섭에 대해서 훈도와 동래부사와 조선정부의 의견차이, 혹은 훈도의 무성의와 독단으로 인하여 교섭이 파탄을 맞이하게 되었다고 역사를 왜곡해 나갔던 부분에 대해서 엄밀한 비판이 필요하다."고 지적하였다.

이와 같은 주장은 지금까지 일본 사료를 중심으로, 메이지 정부의 입장만을 분석해 온 기존 연구의 단점을 지적하고 새로운 연구 방향을 제시했다는 점에서 매우 주목할 만한 연구라고 생각한다. 외무성 관리가 입관한 것을 허용한 조선 정부의 평화 유지 의도, 군사력을 동원하지 않은 점 등 조선 정부의 노력도 평가해야 할 것이다. 동아시아의 국제관계 속에서 조선 정부가 지향했던 교린체제는 기본적으로 조일관계를 평화적으로 유지하려는 상호관계였기 때문이다. 당시 조선에서는 '위정척사사상'이 대외정책을 주도하였지만 일본을 종래와 같이 '교린대상국'으로

의 의도 내지 왜곡을 짐작할 수는 있기 때문이다.

97) 심기재, 「메이지5년 하나부사(花房) 일행의 조선 파견」 『동양학』 34, 2003; 「明治政府의 대조선 外交·貿易 일원화 과정의 일고찰 – 대관 처리를 중심으로 – 」 『日語日文學硏究』 48-2, 2004. 이 연구는 메이지 신정부의 입장에서만 하나부사 일행의 왜관 점거를 파악한 것으로 보이며, 조선 정부의 대응은 분석하지 않았다. 그리고 조선 정부의 양해 없이 왜관 점거가 이루어졌다는 점에서 '불법 점거'라고 표현하였다.
김흥수 역시 '왜관 점거'라는 표현을 사용하였고, 군대를 이끌고 온 이유는 대마도인의 저항을 억누르고 왜관을 개항장으로 만들기 위한 것으로 파악하였다 (『한일관계의 근대적 개편 과정』, 서울대학교출판문화원, 2009, 311~313쪽 참조).

98) 현명철, 「1872년 일본 화륜선의 왜관 입항」 『동북아역사논총』 49호, 동북아역사재단, 2015.9.

생각하고 있었으며, 양국이 우호관계를 지속하기 위해서는 종전대로 교린체제가 지켜져야 할 것을 주장하였다. 즉 일본이 종래와 같이 교린관계를 원한다면 과거 양국간에 맺어진 '기유약조'에 의해 수백년 간 취해온 교린체제의 형식을 취하라는 것이며, 메이지 유신으로 일본의 國制가 변했다 해도 그것은 일본측의 사정에 불과하다는 입장을 고수하며, 종래의 교린체제를 무시한 교섭은 불허한다는 태도를 보였던 것이다.[99] 1872년 9월 하나부사 일행의 왜관 입관은 조선에 대한 최초의 침략행위라고 볼 수 있으며, 일본측의 이러한 행위로 인하여 서계 변경 사건 이후 흔들리기 시작하던 교린체제도 조선측의 撤供撤市로 종말을 고했다고 볼 수 있다.

메이지 정부의 기만된 왜관 점령으로 임진왜란 이후 재개된 조일간의 교린체제도 막을 내리게 되고, 이후 양국관계는 교린체제 하에서의 교섭 형태가 아닌 메이지 정부의 외무성 관리와 직접 교섭하는 단계로 접어들게 되었다. 뿐만 아니라 이러한 침략행위는 이후 메이지 정부의 대조선 정책을 주도해 갔던 기도 다카요시(木戶孝允)와 사이고 다카모리(西鄕隆盛) 등에 의하여 더욱 구체적인 무력도발 행위로 이어졌다. 사이고 다카모리 등의 征韓論은 1873년 10월 시기상조론으로 일단 가라앉았지만, 그 본질은 이와쿠라 도모미(岩倉具視)와 오쿠보 도시미치(大久保利通) 등에게 그대로 이어졌다. 메이지 정부가 직접 사절을 파견하여 조선이 새로운 외교체제를 받아들이도록 교섭하고, 그것이 이루어지지 않을 경우 무력행사를 감행한다는 조선침략의 도식[100]에 따라 마침내 1875년 雲揚號

---

99) 현명철은 「기유약조체제의 붕괴 과정에 대하여」(『한일관계사연구』 54집, 2016)에서 기유약조가 붕괴되는 과정에 대한 기존의 연구는 "조선의 외교 능력과 동래부의 교섭 태도에 대한 철저한 멸시로 일관되어 있으며, 메이지 일본이 우호를 요청했으나 쇄국을 고집하는 조선이 사소한 자구를 문제 삼아 거절을 반복하였다"는 이미지를 부각시키면서 "모든 외교적 갈등을 조선의 책임으로 돌렸다."고 주장하였다.

事件을 도발하였다. 이로써 본격적인 조선침략 행위가 구체화되면서 이후의 한일관계를 돌이킬 수 없는 수렁으로 몰아 갔다. 임진왜란 이후 지속되어 왔던 교린체제는 이렇게 붕괴되고 말았다.

5) 결론

근세 후기 조일관계에 대한 대마번의 시각은, 조선에 대한 우월감과 멸시 의식을 기반으로 하는 것이며, 대마번이 조선에 대하여 '藩臣의 禮'를 취하는 '對州私交'는 皇國 日本의 권위를 손상시키는 것으로서 개혁되어야 할 대상이라고 보았다. 그러나 이러한 인식의 이면에는 진정한 외교관계의 개혁을 의도했다기보다는 당면한 재정난을 타개하려는 숨겨진 목적이 있었음을 간과할 수 없다.

대마번이 조선에 제출한 서계에는 단순히 왕정복고 사실을 알리는 내용뿐만 아니라, '황(皇)', '봉칙(奉勅)', '좌근위소장(左近衛少將)' 등 지금까지 사용하지 않던 문자를 사용했고, 날인한 인장도 조선이 지급한 것(舊印)이 아니라 메이지 정부에서 허락한 신인(新印)이었다. 이에 대하여 조선 정부는 외교적 관례에 어긋난다는 이유로 대마번이 요구하는 서계 접수를 허락하지 않았다. 그러나 조선이 대마도번 요구를 무조건 거절한 것은 아니며, 舊例를 들어 논리적으로 반박하면서 서계 수정을 요구하였다.

외교적 관례(舊例)의 준수를 요구하는 조선 정부의 입장은 대마번을 교린체제(交隣體制)의 틀 안에 예속시키려는 것이었다. 대마번은 조선 초부터 수직인(受職人)의 입장에서 매년 조선에 조공(朝貢)을 했고, 현실적으로 조선에 의지해 왔다. 이러한 대마번이 일방적으로 교린체제에서

---

100) 荒野泰典, 1988, 「明治維新期の日朝外交體制一元化問題」『近世日本と東アジア』, 東京大學出版會, 260쪽.

벗어나겠다고 통고하는 것은 양국의 외교관례에 어긋나는 행위였다. 조선은 대마번의 태도를 이해하기 어려웠으며, 구례에 따른 외교의례를 지킬 것을 강조하면서 거듭 서계 수정을 요구했다. 그 결과 재정 문제로 곤란을 겪던 대마번은 서계에 新印 사용을 중단하고 舊印을 사용할 수 밖에 없었다.

1871년 7월 14일 천황은 폐번치현(廢藩治縣)을 단행하였다. 대마번주 소 요시아키는 외무성 관리인 외무대승에 임명되었다. 외무대승 소 요시아키는 조선에 서한을 보내 폐번치현으로 자신이 외무대승에 임명되었다는 사실과, 앞으로 대조선 외교는 외무성에서 관장하게 되었다는 사실을 알리려고 하였다. 그러나 조선측은 전례가 없으므로 면접할 수 없다고 거절하고, 구례에 입각한 교섭을 주장하였다.

서계접수 문제가 타결되지 않자 왜관에서는 1872년 5월 26일부터 10여일간 자신들의 요구를 관철하기 위한 난출을 감행하였다. 난출 후 차사와 관수는 차비관 한인진을 통해 동래부사와 회견을 주선해 달라고 요구했으나 받아들여지지 않았다. 결국 난출은 실패로 끝나고 말았다. 1872년 9월에 무단으로 감행된 메이지 정부의 왜관 점령으로 임란 이후 재개된 조일간의 교린체제도 막을 내리게 되었고, 이후 양국관계는 교린체제 하에서의 교섭형태가 아닌 메이지 정부의 외무성 관리와 직접 교섭하는 단계로 접어들게 되었다.

참 고 문 헌

1. 사료

『承政院日記』『東萊府啓錄』『館守每日記』
『朝鮮外交事務書』1-4, 한국일본문제연구회, 1971, 成進文化社
泰東文化社 편집부, 1981,『日本外交文書』(한국편) 제1책, 泰東文化社

2. 저서

김흥수,『한일관계의 근대적 개편과정』, 서울대학교출판문화원, 2009.
沈箕載,『幕末維新 日朝外交史の硏究』, 臨川書店, 1997.
현명철,『19세기 후반의 對馬州와 韓日關係』, 국학연구원, 2003.
田保橋潔,『近代日鮮關係史の硏究』上, 朝鮮總督府, 1940.
石川寬,『近代移行期における日朝關係刷新交涉の硏究』, 早稻田大學大學院
　　　　政治學硏究科 博士學位論文, 2007.

3. 논문

沈箕載,「明治政府의 對朝 外交·貿易 一元化 科程의 一考察」『日語日文學
　　　　硏究』49輯, 日語日文學會, 2004.
현명철,「한·일 역사 갈등의 뿌리를 찾아서」『한일관계사연구』46집, 한일관계사
　　　　학회, 2011.
_____,「對馬藩 소멸과정과 한일관계사」『동북아역사논총』41호, 동북아역사재
　　　　단, 2013.
_____,「田保橋潔의『近代日鮮關係の硏究』무엇이 잘못되었을까」『한일관계
　　　　사연구』51집, 한일관계사학회, 2015.
_____,「1872년 일본 화륜선의 왜관 입항」『동북아역사논총』49호, 동북아역사

재단, 2015.9

_____, 「기유약조체제의 붕괴 과정에 대하여」『한일관계사연구』54집, 한일관계
사학회, 2016

石川寬, 「明治維新期における對馬藩の動向 – 日朝外交一元化と朝鮮·對馬關係」
『歷史學硏究』709號, 歷史學硏究會, 1998.

_____, 「日朝關係の近代的改編と對馬藩」『日本史硏究』480號, 2002.

_____, 「明治期の大修參判使と對馬藩」『歷史學硏究』775號, 歷史學硏究
會, 2003.

부 록

1. 宗家 歴代 島主 명단

순위	藩主名	官位	戒名	初名, 假名, 通稱 등
1	義智(よしとし) 1568~1615.1.3. (47세亡) 1588.12(20세) 종가상속		万松院	初名 昭景(あきかげ), 仮名 彦三郎, 彦七, 세례명은 다리오(ダリオ) 正室 마리아(小西行長의 딸)
2	義成(よしなり) 1604.1.15~1657.10.26(53세) 1615.2(11세) 종가상속		光雲院	義智의 子, 初名 貞光(さだみつ), 彦七郎, 彦三(通称) 正室은 養玉院
3	義眞(よしざね) 1639.11.18~1702.8.7(63세) 1657.12.27(18세)~1692.6.27	刑部大輔	天龍院	義成의 子, 彦滿(幼名)
4	義倫(よしつぐ) 1671.3.26~1694.9.27(23세) 1692.6.27(21세) 종가상속	右京大夫	靈光院	義眞의 子, 初名 義龍(よしたつ) 右京(通称)
5	義方(よしみち) 1684.1.19~1718.9.5(34세) 1694.11.25(10세) 종가상속		大衍院	義眞의 子 次郎(幼名), 眞氏(別名)
6	義誠(よしのぶ) 1692.2.15~1730.11.6(38세) 1718.11.22(26세) 종가상속		大雲院	義眞의 子, 初名 方誠(みちのぶ) 增之介(幼名), 式部(通称)
7	方熙(みちひろ) 1696.9.27~1759.11.29(63세) 1731.2.21.(35세)~1732.9.11	民部大輔	清淨院	義眞의 子 竹壽(幼名), 主馬(通称)
8	義如(よしゆき) 1716.10.18~1752.1.5(36세) 1732.9.11(16세)~1752.1.5	刑部大輔	円鏡院	義誠의 子 弥一(幼名)
9	義蕃(よしあり, よししげ) 1717.7.25~1775.8.12(58세) 1752.2.23(35세)~1762.閏4.28	式部大輔	大順院	義誠의 子, 初名 如苗(ゆきなえ)
10	義暢(よしなが) 1741.6.27~1778.1.5(37세) 1762.閏4.28(21세) 종가상속		眞常院	義如의 子 直丸, 槌之介, 直之介(幼名), 如資(別名)
11	義功(よしかつ), 猪三郎 1771.10.4~1785.7.8(15세) 1778.3.7(5세)		高源院	義暢의 4남, 初名은 富壽 猪三郎(通称)
12	義功(よしかつ), 富壽		淨元院	義暢의 子

순위	藩主名	官位	戒名	初名, 假名, 通稱 등
	(1773.2.29~1813.5.17(41세) 1785(13세) 종가상속			幼名 富壽(猪三郎의 弟)
13	義質(よしかた) 1800.7.3~1838.8.9(39세) 1812.10.2(13세) 종가상속	左近衛少將	啓祐院	義功(富壽)의 子 岩千代(幼名), 功茂(別名)
14	義章(よしあや) 1817.11.26~1842.5.29(26세) 1839.2.2(23세) 종가상속	右京大夫	兆德院	義質의 長子 彦滿(通稱)
15	義和(よしより)) 1818.8.4~1890.8.13(73세) 1842.8(24세)~1862.12.25	播磨守	嚴光院	義質의 차남, 養父는 義章 兵次郎(幼名), 兵部(通称), 樋口章貞(別名)
16	義達(よしあき) 1847.11.6~1902.5.25(56세) 1863.2(17세)~1871.7.14.		攝政院	義和의 子, 善之丞(幼名), 版籍奉還 이후(1869) 重正으로 개명

* 典據 : 九州國立博物館(http://www.kyuhaku-db.j p/souke/database/public/)
* 宗義功(猪三郎)은 將軍 德川家治를 알현하지 못하고 죽었으며, 그 후 동생이 대신 島主가 되었다.
* 外樣 10万石格.   官位官職은 上記 이외에는 모두 從四位下, 對馬守·侍從.
義智는 對馬領主 宗氏의 20代 当主. 對馬府中藩의 初代藩主.
아즈치 모모야마(安土桃山) 시대부터 에도(江戸) 시대 前期에 걸친 다이묘(大名)이다.

2. 역대 館守 명단

	館 守 名	實 名	館務諸取年月日	西 曆	朝 鮮
1	內野權兵衛	平 成連	寬永14·11月	1637	仁祖15
2	嶋雄權之介	平 智連	〃 16· 5月	1639	〃 17
3	寺田市郎兵衛	橘 成般	〃 19· 6月	1642	〃 20
4	吉川伊右衛門	平 成倫	正保元· 4月	1644	〃 22
5	高瀨外記	平 成仍	〃 4· 4月	1647	〃 25
6	佐護淸兵衛	平 成里	慶安 2· 6月	1649	〃 27
7	吉川弥次右衛門	平 成行	〃 4· 8月	1651	孝宗 2
8	平田齊宮(初任)	平 成久	承応 2年	1653	〃 4
9	多田源右衛門	橘 成稅	明曆 2· 6月	1656	〃 7
10	仁位格兵衛	平 成直	万治元·10月	1658	〃 9
11	三浦內藏丞	平 成幸	寬文元· 3月	1661	顯宗 2
12	吉川六郎右衛門	平 成尙	〃 3· 3月	1663	〃 4
13	仁位孫右衛門	平 成之	〃 4·11月	1664	〃 5
14	幾度判右衛門	平 成稔	〃 7·10月	1667	〃 8
15	唐坊忠右衛門	平 成辰	〃 10· 3月	1670	〃 11
16	高瀨八右衛門	平 成常	延宝元·12月	1673	〃 14
17	平田所左衛門	平 成尙	〃 3· 7月	1675	肅宗 1
18	內山鄕左衛門	平 成友	〃 7·正月	1679	〃 5
19	淺井平左衛門	藤 成尙	〃 8· 9月	1680	〃 6
20	平田齊宮(再任)	平 成久	天和 3· 4月	1683	〃 9
21	幾度弟右衛門(六)	平 成常	貞享 2· 8月	1685	〃 11
22	吉田作右衛門	橘 雪勝	〃 4· 9.26日	1687	〃 13
	사망, 貞享 5년 3월 이후 裁判 唐坊忠右衛門·平田勝右衛門이 겸직				
23	深見彈右衛門	平 成紀	〃 5· 8· 6日	1688	〃 14
24	嶋雄八左衛門(初任)	平 一正	元祿 3· 9.16日	1690	〃 16
25	仁位助之進	平 成勝	〃 5· 7·11日	1692	〃 18
	사망, 元祿 6년 8월 4일 이후 一代官 高崎仙右衛門이 겸직				
26	幾度六右衛門	平 負直	〃 6·11·朔日	1693	〃 19
27	內野權兵衛	平 信豊	〃 8· 6.24日	1695	〃 21
28	唐坊新五郎	平 一好	〃 10· 6· 2日	1697	〃 23
29	寺田市郎兵衛	橘 武久	〃 12· 8.23日	1699	〃 25
30	嶋雄八左衛門(再任)	平 方正	〃 14· 9.22日	1701	〃 27
31	小川又三郎	橘 方之	〃 16·12.21日	1703	〃 29
32	俵五郎左衛門	藤 方元	宝永 2· 9· 7日	1705	〃 31
33	樋口久米右衛門	平 方利	〃 4· 8·晦日	1707	〃 33
34	平田所左衛門	平 成尙	〃 6·11.26日	1709	〃 35

	館 守 名	實 名	館務諸取年月日	西 曆	朝 鮮
35	樋 口 內 記	平 眞致	〃 8·3·25日	1711	〃 37
36	吉川六郎左衛門	平 尙誠	正德 2·12·15日	1712	〃 38
37	吉田兵左衛門	橘 雪親	〃 4·11·12日	1714	〃 40
38	井田四兵衛	橘 経郎	亨保 2· 4·23日	1717	〃 43
39	淺井與左衛門(初任)	藤 久敬	〃 4· 2·19日	1719	〃 45
40	樋口弥五左衛門	平 順正	〃 6· 5·15日	1721	景宗 1
41	仁 位 孫右衛門	平 信明	亨保 8· 7· 2日	1723	景宗 3
	사망, 亨保9년 9월 4일 이후 一代官 中原伝藏·老頭古川伊右衛門이 겸직				
42	平田所左衛門(初任?)	平 尙致	〃 9·10·17日	1724	〃 4
43	吉川內藏允	平 勝美	〃 11·11·22日	1726	英祖 2
44	平 田 內 膳 (直右衛門)	平 方泰	〃 13·10·29日	1728	〃 4
45	杉 村 帶 刀	平 方亮	〃 15· 9· 6日	1730	〃 6
46	幾 度 六右衛門	平 守経	〃 17· 2·15日	1732	〃 8
47	松 尾 杢	平 方廣	〃 18·10·21日	1733	〃 9
	사망, 亨保20년 정월 14일 이후 裁判 淺井與左衛門이 겸직				
48	嶋雄八左衛門	平 矩房	〃 20· 3·20日	1735	〃 11
49	平田直右衛門(再任)	平 方泰	元文 2· 4· 9日	1737	〃 13
50	俵 主 膳	藤 方紹	〃 4· 4· 8日	1739	〃 15
51	淺井與左衛門(再任)	藤 誠久	寬保 元· 4·16日	1741	〃 17
52	內野市郎左衛門 (一)	平 如尙	〃 2·11· 4日	1742	〃 18
53	平田所左衛門(再任)	平 如亮	〃 3· 8· 9日	1743	〃 19
	병으로 延亨 원년 8월 13일 이후 裁判 平田直右衛門이 겸직				
54	幾 度 治左衛門	平 如親	延亨元·10·19日	1744	〃 20
55	內 野 權兵衛	平 隆豊	〃 3·10·23日	1746	〃 22
56	多 田 平左衛門	橘 如棟	寬延 元·11· 7日	1748	〃 24
57	樋 口 勘 吾	平 治信	〃 3· 9·20日	1750	〃 26
58	吉 田 七左衛門	平 久敬	宝曆 3·正·20日	1751	〃 27
	사망, 宝曆4년 9월 16일 이후 裁判 幾度九左衛門이 겸직. 이어서 동년 10월 7일 이후 一代官 平田權右衛門·老頭 小嶋平右衛門이 겸직				
59	杉 村 帶 刀	平 久任	〃 4·11· 7日	1754	〃 30
60	多 田 主 計	橘 如棟	〃 5· 2·10日	1755	〃 31
61	平 田 所左衛門	平 如任	〃 8· 4· 7日	1758	〃 34
62	平 田 內 膳	平 蕃泰	〃 10· 5·11日	1760	〃 36
	사망, 宝曆12년 정월 朔日 이후 一代官 高木安達·老頭 村勢作兵衛가 겸직				
63	戶 重左衛門	源 久一	〃 12· 4·26日	1762	〃 38
64	杉村弁之進(初任)	平 弘毅	明和 元· 9·21日	1764	〃 40
65	小河右近右衛門	平 元德	〃 4· 2· 3日	1767	〃 43

	館 守 名	實 名	館務諸取年月日	西 曆	朝 鮮
66	田嶋左近右衛門	平 長泰	〃 7・2・28日	1770	〃 46
67	岩崎喜左衛門	源 令德	〃 9・3・10日	1772	〃 48
68	杉村弁之進(再任)	平 暢弘	安永 3・4・19日	1774	〃 50
69	原宅右衛門	藤 暢規	〃 6・2・4日	1777	正祖 1
70	戶田賴母(初任)	源 暢明	〃 8・3・17日	1779	〃 3
71	幾 度 主 膳	平 圓	天明元・6・17日	1781	〃 5
72	嶋 雄 太 膳	平 良以	〃 4・正・25日	1784	〃 8
73	吉田彦右衛門	橘 功叙	〃 6・3・28日	1786	〃 10
	파면, 天明7년 (3월?) 이후 一代官 味木左衛가 겸직				
74	戶田賴母(再任)	源 暢明	〃 7・4・22日	1787	〃 11
75	多 田 左 膳	橘 種棟	寬政 2・5・4日	1790	〃 14
76	小 川 縫殿介	橘 德久	〃 3・8・晦日	1791	〃 15
77	戶田賴母(三任)	源 暢明	寬政 5・4・18日	1793	正祖17
78	樋 口 左 近	平 致孝	〃 7・10・9日	1795	〃 19
	사망, 寬政8년 정월 18일부터 裁判 黑木勝見・一代官 山崎初右衛門이 겸직				
79	戶田賴母(四任)	源 暢明	〃 8・3・24日	1796	〃 20
80	大浦兵左衛門	平 英勝	〃 12・12・10日	1800	〃 24
81	番 盛 之 介	平 時之	文化 2・2・9日	1805	純祖 5
82	鈴 木 一之進	藤 則定	〃 4・10・14日	1807	〃 7
83	田中所左衛門	藤 久一	〃 7・4・15日	1810	〃 10
84	小 河 三四郎	平 功永	〃 10・9・23日	1813	〃 13
85	小 野 十郎兵衛	源 功世	〃 12・5・20日	1815	〃 15
	질병으로 사임, 文化13년 6월 그믐 이후 一代官 中村伝次郎이 겸직				
86	平 田 帶 刀	平 質直	〃 14・4・2日	1817	〃 17
87	幾度八郎左衛門	平 允	文政 3・4・22日	1820	〃 20
88	原 大 作	藤 功雄	〃 5・4・18日	1822	〃 21
89	小川外記(初任)	橘 敏行	〃 7・5・14日	1824	〃 24
90	三 浦 大 藏	平 功直	〃 9・5・17日	1826	〃 26
91	小川外記(再任)	橘 敏行	〃 9・11・6日	1826	〃 26
92	三 浦 內藏允	平 直見	〃10・閏6・16日	1827	〃 27
93	仁 位 久兵衛	平 功生	〃 12・8・朔日	1829	〃 29
	사망, 文政13년 3월 26일 이후 裁判 小野十郎兵衛가 겸직, 4월 21일 이후 裁判 嶋雄權左衛門이 겸직				
94	仁 位 孫一郎	平 信復	〃 13・9・14日	1830	〃 30
95	樋 口 亘 理	平 質連	天保 5・7・8日	1834	〃 34
96	吉 川 右 近	平 勝輝	〃 7・11・18日	1836	憲宗 2
97	吉 川 采 女	平 敏德	〃 11・7・12日	1840	〃 6
98	樋 口 彈 正		弘化 3・9・12日	1846	〃 12

	館 守 名	實 名	館務諸取年月日	西 曆	朝 鮮
99	吉 川 大 藏 ^(外守)		嘉永 3·正·21日	1850	哲宗 1
100	俵 郡 左 衛 門		〃 6· 2· 3日	1853	〃 4
질병으로 万延 원년 7월 초하루 이후 購正使 吉川采女가 겸직					
101	吉 川 內 記		文久 元· 6·22日	1861	〃 12
귀국명령으로 文久 3년 정월 21일 이후 一代官 倉田壯右衛門이 겸직					
102	番 縫 殿 介 (初任) ^(高麗造)		〃 3· 4·17日	1863	〃 14
103	原 宅 右 衛 門		元治 2· 6·11日	1865	高宗 2
104	番 縫 殿 介 (再任)		慶応 3· 4·朔日	1867	〃 4
105	深 見 六 郎		?		
明治 6년 왜관접수 때까지 근무					

* 이 표는 長正統의 「日鮮關係における記錄の時代」(『東洋學報』 50-4, 東洋學術協會, 1968.2)를 토대로 西曆을 추가하여 만든 것이다.

|찾아보기|

ㄱ

監董 50
甘玉사건 200
康熙帝 사망 142
開市 186
開市監官 186
開市大廳 186
開市日 67
客館 101
겐포 53
兼帶制 71
經國大典 55
癸亥約條 234
古公사건 195
公貿易·私貿易 107
공작미(公作米) 177, 182
空靑의 求請 113
관수왜 61
館守條書 93
館直(의 종류) 59, 60
交奸 192
交奸約條 201
交奸一件 194
求請 107
권이진 200
禁徒倭 63
金東哲 26
禁散入各房約條 234
金義煥 21

禁標 66
羈縻關係 99
羈縻圈 8
己酉約條 20, 89
김덕원 47
김재승 22

ㄴ

蘭入 173
亂出 174
네 개의 창구 11
路浮稅 68

ㄷ

唐船風說書 145
大監董 50
代官倭 62
대등관계 8
對馬口 11
대마도측 역원 60
大修參判使 259
大日本公館 279
도서 변경 260
東館 48
동래도호부사 77
동래부 77
東萊府啓錄 256
동래부사 명단 80
동래부사 56, 77

東萊商賈 67
東醫寶鑑 119
豆毛浦(倭館) 20
두모포왜관 40

ㄹ
闌出 42, 172, 174
Louis James 27

ㅁ
막부의 家役 20
每日記 137
문정관 57

ㅂ
犯奸約條 201
변례집요 119
별견당상관 57
별차 56
伏兵幕 66
本草綱目 117
부산진왜관 41
부산훈도 56
北京의 지진 146
分類紀事大綱 110
불신과 경계심 250

ㅅ
3포왜관 38
商館 101
상하관계 8
西館 48
서적 수입 116
선위사 53
設門闌出 189

設門將 59
성신당 56
小監董 50
小童 59
소통사(의 명칭) 57, 58
손문욱 40
손승철 27
守門將 59
수호통상조약 276
柴炭 177
辛卯約條 235
新定約條 201
신후재 42

ㅇ
約條와 節目 251
約條制札碑 234
양흥숙 28
御文庫 120
역관 매수 161
역원의 구성 52
譯學 56
燃藜室記述 90
연례송사 103
五日雜物 212
왕정복고 260
왜관 개혁 281
왜관 신축공사 47
倭館 6, 19
왜관 이전문제 42
왜관 점거 280
왜관 접수 281
왜관 침탈 281
倭館開市 68
倭館壁書 234

왜관시대 20
왜관의 성격 64
왜관의 수리 50
왜관접수 278
倭人書納約條 234
倭人潛奸律 201
왜학역관 69
왜학훈도 55
외상판매 126
龍頭山 48
울릉도 문제 186
웅천 43
遠人厚待 103
衛正斥邪 280
유정 40
尹裕淑 23
윤휴 46
李元翼 56
李麟佐의 난 158
이훈 27
7개 조항 49
日本館 6
임관 55
임시왜관 20

ㅈ

潛商 186
潛入 173
장순순 21, 28
長正統 23, 24
재판차왜 62
敵禮關係 99
田代和生 24
절영도왜관(絶影島倭館) 20, 22, 37
접위관 53

정도령 154
정보유통 130
정석 42
정태화 45
征韓論 264
정홍명 53
朝貢과 回賜 9
조사석 45
조선 통제의 役 100
조선관련 정보 148
朝鮮屋敷 6
조선의 구청 사례 111
朝鮮人禁制 234
朝鮮進出建白書 258
朝廷의 동향 149
朱一貴의 난 138
중화적 교린체제 8
증정교린지(增正交隣志) 54, 55
職方外紀 121
진상(進上) 8, 106
進上과 回賜 106

ㅊ

차비관 54
撤供(의 대상) 236, 244, 245
撤供撤市(의 동기) 206, 231, 236, 237, 279
撤市 236
초량왜관(草梁倭館) 6, 20, 42, 45, 46
최상집 200
春官志 108

ㅌ

타치바나 도모마사(橘智正) 40
太政官 277

통영　43
통제와 교류　250
投入　173

ㅍ
팔송사　269
平成太　42
평지광(平智光)　53
폐번치현　284
浦所倭館　101

風說書　131

ㅎ
鶴田啓　25
허적　46
華夷變態　131
荒野泰典　26
回賜　8, 106
훈도　55
喧嘩(사건)　187, 206

김 강일 선생을 처음 만난 건, 2005년 10월쯤으로 기억된다. 연구실에 불쑥 들어 선 그의 모습은 초면임에도 그리 낯설지가 않았다. "저 이훈선 생님의 소개로 찾아왔습니다." "무슨 일인가요?" "선생님의 문하생이 되고 싶습니다." 그와의 만남은 이렇게 시작되었다.

일찍이 동국대학교 사학과를 졸업(연민수 선생과 동기)하고, 고등학교 역사교사를 하던 중, 국사편찬위원회 일본어초서 연수과정에서 이훈선생 님의 소개로 나를 찾게 된 것이다. 김선생은 그 이듬해 2월 강원대 대학 원 석사과정에 입학했고, 조선시대 한일관계사 연구의 하나의 축인 倭館 研究를 시작했다. 당시만 해도 한국에는 김동철선생의 상업사 분야를 제 하고는 왜관에 관한 연구가 전무한 상황이었다.

참 열심히 했다. 2년 만에 <조선후기 倭館의 정보수집에 관한 연구>로 석사학위를 받았다. 그리고 바로 박사과정에 입학하여 2012년 8월, <조 선후기 왜관의 운영실태에 관한 연구>로 학위를 받았다.

이 책은 김강일 박사의 박사학위논문과 그 이후 발표된 논문을 모아 단행본으로 엮은 것이다. 학위를 받은 후에 곧바로 단행본으로 출간하라 고 권유를 했는데, 좀 더 보완해야 한다고 하면서 차일피일 미루다가 교 통사고가 났고, 이후 투병생활을 하다가 결국 마무리를 못한 채 유명을 달리했다. 너무 아쉬었다. 그러던 중 올해 초에 현명철 회장과 허지은 총 무, 이상규 선생을 만난 자리에서 김박사 이야기를 하다가 내가 유고집 의 형태로 단행본 출간을 제안했고 모두 흔쾌히 받아들여 마무리하게 되 었다.

김선생과의 추억은 아주 많다. 2006년 동경대학의 무라이쇼스케[村井 章介]교수와 「중세 항만도시유적의 입지·환경에 대한 한일비교연구」로 함께 울릉도를 답사한 일이 있다. 답사를 계기로 김선생은 무라이 교수와의 친분을 시작했고, 무라이교수의 한국관련 논문을 번역·정리해서 《동아시아속의 중세한국과 일본》로 출판했다. 그리고 2007년 <해동제국기의 세계>의 공동연구로 규슈지역을 답사했을 때, 규슈대학의 사에키코치[佐伯弘次]교수를 소개해 준일 있었다. 그 후 사에키교수의 한국관련 논문에 심취해 번역·정리해서 《조선전기 한일관계와 博多·對馬》를 출판했다.

김선생은 그 때마다 강원대학 대학원에 입학하지 않았으면 일본의 석학들을 만날 수 없었을 것이라고 말하며 강대 대학원생에 대한 자부심을 유난히 강조했다. 물론 나도 김박사를 만나게 된 것을 큰 자랑과 보람으로 생각한다.

한편 김선생은 기회가 있을 때마다 총각임을 과시했지만 외롭기도 했다. 2007년 해동제국기팀이 울산 염포를 답사할 때, 마침 생일날이었다. 일행 중 황은영과 정지연선생이 당시 한창 인기가 있었던 '초코파이'로 케익을 만들어 생일파티를 했다. '초코파이'로 쌓아 만든 케익에 촛불을 켜고 '해피버스데이'를 합창해 주는 순간 갑자기 눈물을 주루룩 흘리며 이렇게 행복한 적은 다시없을 것이라는 말을 거듭했다. 지금도 그때를 생각하면 왠지 가슴이 찡하다.

북한강과 춘천을 유난히 좋아했던 김선생은 박사학위를 받고, 강사생활을 하면서 춘천을 왕래했다. 2017년 내가 정년퇴임을 하던 해, '교강사협의회'날 사이클을 타고 춘천에 왔다. 회식이 끝나고 돌아갈 때, 나는 밤이라 위험하니 기차를 타고 가라고 했다. 그런데 분명히 그러겠다고 건성으로 대답을 하고는 자전거를 타고 갔다. 나중에 밝혔지만, 김선생은 나의 퇴임회고록에서 '야밤의 북한강 자전거길은 그야말로 환상의 코스였다. 조용히 흐르는 북한강가를 4시간 넘게 자전거로 달리는 일은 몸

과 마음이 모두 힐링이 되는 시간이었다'고 할만큼 그는 낭만적이기도
했다.

"'인생은 무거운 짐을 지고 먼 길을 걷는 나그네와 같다. 결코 서두르
거나 조급해 하면 안된다'는 도쿠가와 이에야스의 말이 생각난다. 학문
의 길도 이와 같을 진대, 내가 선택한 길이니까 나도 부지런히 걸어볼 생
각이다'라고 했던 김박사의 말이 생각난다.

이 한권의 책으로 故人의 삶과 學德이 제대로 표현될지 모르겠다. 그
러나 지도교수로서 그리고 한일관계사를 전공하는 同學으로서 내가 할
수 있는 마지막 성의로 생각한다. 혹시 세상사에 섭섭함이 있었다면 이
젠 다 풀어버리시고 영면하시기를 빈다. 삼가 故人의 명복을 빌며 이 책
을 바치고 싶다.

2020년 3월

손 승철 拜上

저자 소개

김강일(金剛一)

1955년 9월 24일 出生
1984년 2월 동국대학교 사학과 졸업
2008년 8월 강원대학교 대학원 석사
2011년 8월 강원대학교 사학과 연구교수
2012년 8월 강원대학교 대학원 문학박사
2015년 3월 단국대학교 교양학부 강사
2019년 4월 22일 別世

역서

『동아시아속의 중세 한국과 일본』(경인문화사, 2008)
『조선전기 한일관계와 박다·대마』(경인문화사, 2010)
『울릉도 독도 일본사료집』Ⅰ, Ⅱ(동북아역사재단.2012-3)
『독도관계 일본고문서』(경상북도, 2015)

논문

「조선후기 倭館의 정보 수집에 관한 연구」(한일관계사연구, 29)
「闌出, 조선의 고민과 그 대책」(전북사학, 36)
「전근대 한국의 해난구조와 표류민구조시스템」(동북아역사 논총, 28)
「왜관을 통해 본 조선후기 求請物品」(일본역사연구, 34)
「왜관의 범죄」(전북사학, 41)
「동래부사와 대일외교」(동북아역사논총, 38)
「근세후기 왜관의 교간사건과 데지마의 유녀들」(전북사학, 46)

조선후기 倭館의 운영실태 연구

2020년 03월 23일 초판 인쇄
2020년 03월 30일 초판 발행

지 은 이   김강일
발 행 인   한정희
발 행 처   경인문화사
편 집 부   한주연 김지선 박지현 유지혜
마 케 팅   전병관 하재일 유인순
출판신고   제406-1973-000003호
주   소   (10881) 파주시 회동길 445-1 경인빌딩 B동 4층
대 표 전 화   031-955-9300   팩 스   031-955-9310
홈 페 이 지   http://www.kyunginp.co.kr
이 메 일   kyungin@kyunginp.co.kr

ISBN 978-89-499-4883-6   93910
값 22,000원